시흥의 지역사회와 생태환경

서울대학교 국사학과 BK21교육연구단 총서 02
시흥학 총서 02

시흥의 지역사회와 생태환경

이동원 외 지음

혜안

| 총 론 |

인문도시지원사업, 〈역사와 함께 호흡하는 생태 인문도시 시흥〉의 연구성과를 결산하며

이 동 원

　서울대학교 국사학과 대학원과 시흥시가 함께 2022년 7월부터 2025년 6월까지 3년 동안 진행한 한국연구재단의 인문도시지원사업, 〈역사와 함께 호흡하는 생태 인문도시 시흥〉의 연구성과를 결산하여 '시흥학 총서'로서 두 권의 책, 1권『시흥 사람들의 역사』와 2권『시흥의 지역사회와 생태환경』을 펴낼 수 있게 된 것을 매우 기쁘게 생각합니다.
　특정 지역의 특수성과 보편성에 대한 통합적 이해를 목표로 하는 지역학은 한국에서 지방 자치 시대의 화두가 된 지 오래지만, '중앙'과 차별화된 '지역'만의 서사를 만들어내는 것은 여전히 쉽지 않은 일입니다. 여기에는 중앙 중심의 사료 편제도 큰 요인으로 작용하지만, 전문 연구자의 중앙 중심적 사고와 지역사 및 지역성에 대한 진지한 고민 결여도 중요한 원인 중 하나일 것입니다. 이와 관련하여 사회과학계에서는 다중 스케일(scale)의 관점에서 '방법론적 국가주의'를 넘어설 것을 제안한 바 있고,[1] 각 지역 대학에서 다양한 '글로컬(glocal)' 연구 사업들도 진행 중이지만 글로

---

[1] 박배균, 김동완 편(2013),『국가와 지역: 다중스케일 관점에서 본 한국의 지역』, 알트.

벌주의, 국가주의, 로컬주의를 넘어서는 다중 스케일적 사고와 실천이 실질적 연구 차원에서 얼마나 진행되었는가를 묻는다면 대표적 사례를 떠올리는 것이 쉽지 않을 것입니다.

필자도 인문도시지원사업으로 〈역사와 함께 호흡하는 생태 인문도시 시흥〉의 연구책임자를 맡게 되면서부터 본격적으로 지역사 연구에 대한 고민을 시작하게 되었습니다. 인문도시지원사업은 대학과 지역사회가 함께 지역의 인문자산을 발굴하고 이를 시민에게 확산함으로써 인문학을 대중화하려는 목적을 갖고 있습니다. 서울대학교 시흥캠퍼스가 자리하고 있는 시흥은 1989년 시로 승격된 이후 2022년 인구 50만을 넘어 전국에서 17번째로 '대도시' 지위를 획득했습니다. 그러나 시흥 지역사회는 인천, 안산, 광명·안양에 접한 3개 중심 권역의 원심력 문제와 신도시 개발로 유입된 주민들의 부족한 지역 정체성 문제를 고민하고 있었습니다.

외부인의 입장에서 지역사회의 고민을 온전히 이해하고 해결책을 함께 모색하는 것은 쉽지 않은 일이었습니다. 그러나 2022년 10월, 인문도시지원사업의 첫 번째 인문주간 학술대회로, 〈시흥이 걸어온 길: 시흥의 역사, 문화, 사상〉을 개최하고 고대부터 조선 후기까지 시흥 지역의 변화상을 살펴보면서 시흥 지역사회의 독특한 역사적 특성을 이해할 수 있게 되었습니다. 시흥(始興)이라는 지명은 조선시대 금천현이 정조대인 1795년 시흥현으로 개칭되며 등장한 것이었는데, 원래 시흥현 관아 자리는 오늘날의 서울시 금천구 시흥동에 있었고 시흥현은 1895년 시흥군으로 승격되었습니다.

그런데 1895년의 시흥군과 1989년의 시흥시 영역은 놀랍게도 조금도 중복되는 부분이 없습니다. 이는 조선총독부의 행정구역 통폐합과 '대경성' 계획에 따라 과천군, 안산군 일부와 영등포 지역까지 포괄했던 시흥군의 영역이 1960~80년대 서울의 확장에 따라 영등포구에 편입되거나 안양시, 광명시, 과천시, 안산시, 의왕시, 군포시로 승격, 분리되었기 때문입니다. 시흥시는 1989년, 남은 지역인 소래읍, 군자면, 수암면에 자리 잡은 행정 구역으로 과거 부천군의 소래권과 안산군의 군자권, 수암권이 오늘날 시흥시의 근간이 된 셈입니다.

따라서 오늘날 시흥시에 남은 시흥현과 시흥군의 유산은 시흥(始興)이라는 지명뿐이라고 해도 과언이 아닙니다. 시흥시는 서울의 급속한 팽창과 위성도시 개발에 따라 이리저리 쪼개지고 합쳐지며 전통적인 시흥군과는 전혀 무관한 그야말로 새로운 도시가 되었습니다. 따라서 3개 중심 권역의 원심력 문제나 부족한 지역 정체성 문제는 시흥시의 태생적 특성에서 기인한 것으로, 그 자체로서 한국의 압축적 성장과 변화를 내포한 시흥시만의 독특한 '지역성'이라 할 수 있습니다.

저희 연구사업단은 이러한 시흥의 독특한 '지역성'을 역사학의 시선에서 새롭게 조명하기 위해 매년 인문주간 학술대회를 개최했고, 연구사업에 참여 중인 교수 및 학과 대학원생들의 전공과 연구 관심에 따라 연구발표와 토론을 진행했습니다.

앞서 설명한 첫 번째 인문주간 학술대회, 〈시흥이 걸어온 길: 시흥의 역사, 문화, 사상〉에서 발표된 글들은 공동연구원인 정요근 교수의 기조강연, 「시흥의 역사적 전통과 역사적 정체적 수립 방향의 모색」과 함께 오늘날의 시흥시 권역을 대상으로 전근대 시기를 다루었고, 이후 다섯 편을 연구논문으로 발전시켜 서울대학교 규장각한국학연구원에서 발간하는 학술지, 『규장각』 63호에 기획논문으로 게재하였습니다.[2]

2023년 11월에는 두 번째 인문주간 학술대회로 〈근현대 시흥의 변화와

---

[2] 『규장각』 63호에 게재된 논문들은 다음과 같다. 한지선(2023), 「원삼국~백제 한성기 시흥 지역 집단의 존재 양상과 변화」; 김원혁(2023), 「조선초기 近畿 士族의 정착과 존재 양상 - 시흥지역 사족가문을 중심으로 -」; 장래건(2023), 「姜希孟의 『衿陽雜錄』 저술 의도와 '士'로서의 정체성」; 강나은(2023), 「15~16세기 사족의 혼인 네트워크와 지속여부 - 시흥 세거 사족 姜碩德·姜希孟 가계를 중심으로 -」; 정승화(2023), 「조선후기 경기 지역의 재정운영과 시흥」.

발전〉을 개최했습니다. 연구책임자인 이동원 교수의 기조강연, 「근현대 시흥의 역사와 현재적 가치」와 함께 시흥의 근현대 시기를 다루는 연구 발표와 토론이 있었고, 이후 다섯 편을 연구논문으로 발전시켜 서울대학교 인문학연구원이 발간하는 학술지, 『인문논총』 81권 제3호에 이동원 교수의 새로운 연구논문과 함께 기획논문으로 게재하였습니다.3)

2024년 11월에는 세 번째 인문주간 학술대회로 〈역사적 접근으로서의 시흥학: 사회변동과 생태환경〉을 개최했습니다. 공동연구원인 고태우 교수의 기조강연, 「시흥지역 생태환경의 변화: 오염과 개선의 이중주 - 시화호를 중심으로」와 함께 시흥의 산업과 생태를 중심으로 한 연구 발표와 토론이 있었고, 이 중 다섯 편을 연구논문으로 발전시켜 『인문논총』 82권 제1호와 2호에 기획논문과 일반논문으로 게재하였습니다.4)

이렇게 3년 동안 세 차례 인문주간 학술대회를 통해 발표 및 토론 과정을 거치고, 연구재단 등재 학술지인 『규장각』과 『인문논총』의 논문 심사를 거쳐 게재된 시흥 관련 논문은 모두 16편으로 '시흥학 총서' 1권, 『시흥 사람들의 역사』와 2권, 『시흥의 지역사회와 생태환경』을 펴내는 데 근간이

---

3) 『인문논총』 81권 제3호에 기획논문으로 게재된 논문들은 다음과 같다. 김혜원(2024), 「19세기 말 시흥지역 개신교 전래 과정 연구」 ; 김한빛(2024), 「1910년대 초반 석장둔 인근 간척지 소유 양상」 ; 이원식(2024), 「1914년 경기도 군·면 통폐합 논의와 계획 수립: 시흥군 및 소재 면의 사례를 중심으로」 ; 박정민(2024), 「1920~30년대 후반 소래 지역의 성쇠와 지역사회의 대응」 ; 홍수현(2024), 「1970~80년대 '사회의학'의 실천과 신천연합의원의 설립」 ; 이동원(2024), 「1970~80년대 시흥지역 도시빈민 운동의 성장과 진화」.

4) 『인문논총』 82권 제1호에 기획논문으로 게재된 논문들은 다음과 같다. 박지현(2025), 「1945~1948년 미군정의 소금 수급정책과 군자·소래염전」 ; 윤성민(2025), 「유엔한국재건단(UNKRA)의 광업 원조: '시흥흑연광산' 원조 사업을 중심으로」 ; 고태우(2025), 「어디까지 개발해야 할까?: 시화호 30년, 오염과 개선의 이중주」. 또한 『인문논총』 82권 제2호에 게재된 논문들은 다음과 같다. 정다혜·정요근(2025), 「조선 후기 경기도 중서부 호조벌 일대의 동리(洞里)와 인구 증가 양상」 ; 허현주(2025), 「1990~2000년대 지역 여성운동의 조직과 활동: 시흥 여성의전화를 중심으로」.

되었습니다. 특히 인문도시지원사업을 통해 확보한 지역학 연구 성과 및 자료, 인적 네트워크가 새로운 사료와 시각에 기반하여 지역사를 이해하는 데 중요한 역할을 했습니다. 여기에 공동연구원인 정요근 교수가 「역사 지리적 관점에서 본 시흥시의 과거와 현재」를 2권 첫 번째 장으로 추가하여 역사지리학의 차원에서도 시흥의 역사를 조망할 수 있게 되었습니다.

시흥시는 앞서 지적한 대로 서울의 급속한 팽창과 위성도시 개발에 따른 행정구역의 이합집산으로 탄생한 도시이며, 그것이 한국의 압축적 성장과 변화를 내포한 시흥시만의 독특한 '지역성'이라 할 수 있습니다. 두 권의 '시흥학 총서'가 시흥시 오이도박물관과 평생교육원이 주관하는 〈시민 마을기록가 양성과정〉, 〈각양각색 우리동네 별난역사〉, 〈시흥 사람들의 발자취〉 등에 교재로 활용되면서 그 독특한 지역성이 시흥 시민들에게도 널리 알려지기를 기대합니다. 이를 통해 '시흥학 총서'가 포착한 시흥만의 지역성과 역사상이 향후 시흥시의 지역 정체성 형성에도 일조할 수 있기를 기대합니다.

3년 동안 인문도시지원사업을 진행하면서 많은 분들의 도움을 받았습니다. 특히 서울대학교 국사학과 대학원 인문도시지원사업의 파트너로서 적극적 지원을 아끼지 않았던 시흥시청 평생학습과의 민지선 팀장님, 김태일 주무관님께 깊은 감사의 인사를 전합니다. 인문학 대중화 사업이라는 인문도시지원사업의 본래 취지에 맞게 다양한 강연 및 체험 활동을 지원해주신 시흥시 평생교육원, 오이도박물관, 시흥문화원, KACE 시흥인문교육원, 시흥에코센터, 시화호지속가능파트너십, 시흥시향토민속보존회 등의 시흥시 산하 기관 및 시민단체 관계자 여러분들께도 감사와 존경의 마음을 전합니다. 부족한 연구책임자를 도와 사실상 인문도시지원사업을 이끌어 주신 공동연구원 정요근, 고태우 교수님, 규장각한국학연구원의 김원혁 연구원, 국사학과 대학원의 허서연, 이현지, 홍수현, 허장원,

이영주 학생에게도 감사의 마음을 전합니다. 마지막으로 어려운 인문학 출판 시장 상황에도 불구하고 두 권의 책을 출간할 수 있도록 도와주신 혜안 출판사에도 진심으로 감사드립니다. 여러분 덕분에 3년 간의 인문도시지원사업을 잘 마무리할 수 있게 되었습니다. 감사합니다.

| 차례 |

이동원 **총론** · 5
　　　인문도시지원사업, 〈역사와 함께 호흡하는 생태 인문도시 시흥〉의 연구성과를
　　　결산하며

정요근 **역사 지리적 관점에서 본 시흥시의 과거와 현재** · 15

　　　1. 들어가며 : 시흥시의 독특한 역사 문화적 배경 ·············· 15
　　　2. 시흥 지명의 유래와 시흥시의 탄생 ······················· 16
　　　3. 보통천과 호조벌, 그리고 시흥시 영역의 권역 구분 ·········· 22
　　　4. 권역별 인구 변동의 역사적 추이 ························· 32
　　　5. 나가며 : 역사 문화 자산 확충의 필요성 ··················· 40

정승화 **조선 후기 경기 지역의 재정운영과 시흥** · 45

　　　1. 들어가며 ··· 45
　　　2. 경기 지역의 재원 분포양상 및 특징 ······················ 48
　　　3. 경기 지역의 재정 규모와 비중 ··························· 54
　　　4. 시흥 지역의 재원 분포와 재정 규모 ······················ 62
　　　5. 나가며 ··· 69

김한빛 1910년대 초반 시흥 지역 간척지 소유 양상 · 75

1. 들어가며 ··· 75
2. 지역 개관 및 연구 방법 ································· 79
3. 과세가격과 비옥도 ·· 86
4. 토지소유 현황 ·· 90
5. 최상위 지주들 ·· 93
6. 나가며 ··· 100

김혜원 19세기 말 시흥 지역 개신교 전래 과정 연구 · 105

1. 들어가며 ··· 105
2. 시흥 지역 개신교 전래 서사 검토 ················ 109
3. 19세기 말 시흥 지역 개신교 전래 과정의 재구성 ······ 115
4. 나가며 ··· 130

이원식 1914년 경기도 군·면 통폐합 논의와 계획 수립
: 시흥군 및 소재 면의 사례를 중심으로 · 133

1. 들어가며 ··· 133
2. 경기도의 부·군 통폐합 계획 과정 ················ 137
3. 시흥 지역의 면 통폐합 계획 과정 ················ 150
4. 나가며 ··· 164

박정민 1920~30년대 후반 소래 지역의 성쇠와 지역사회의 대응 · 169

1. 들어가며 ··· 169
2. 1920~1930년대 중반 소래면의 사회경제적 기반과 지역사회 ······ 172
3. 1930년대 후반 하향식 지역개발에 대한 소래 지역사회의 대응 : '소사', '부평'
   과의 경쟁을 중심으로 ···································· 180
4. 나가며 ··· 191

박지현 광복을 맞이한 군자·소래염전과 소금 이야기 · 195

    1. 한국인들에게 소금이란? ··· 195
    2. 일제 식민의 유산 : 전매국과 천일염전 ······························· 199
    3. 광복 후 임무 : 김장 소금을 사수하라 ································ 201
    4. "빛과 소금 같은" 군자소래염전 ··· 209
    5. 군자소래염전이 남긴 유산 ··· 211

윤성민 유엔한국재건단(UNKRA)의 광업 원조
    : '시흥흑연광산' 원조사업을 중심으로 · 215

    1. 들어가며 ·· 215
    2. 유엔한국재건단(UNKRA)의 한국경제 재건 계획과 광업 계획 ········ 219
    3. 유엔한국재건단(UNKRA)의 시흥흑연광산 사업계획의 실행과 부침 ·· 231
    4. 나가며 ·· 245

고태우 어디까지 개발해야 할까? : 시화호 30년, 오염과 개선의 이중주 · 249

    1. 들어가며 ·· 249
    2. 시화지역 생태환경 변화와 '죽음의 호수' 시화호의 형성 ········ 254
    3. 2000년대 이후, 생명이 돌아오지만 계속 개발되는 시화호 ········ 271
    4. 나가며 : 시화호가 개발을 거부할 수 있을까? ······················· 285

논문 출전 ·· 293

역사 지리적 관점에서 본 시흥시의 과거와 현재

정 요 근

1. 들어가며 : 시흥시의 독특한 역사 문화적 배경

1989년 시로 승격한 시흥시는 오늘날에도 꾸준히 성장하고 있는 국내의 대표적인 도시 중 하나이다. 그런데 시흥시의 '시흥'(始興)이라는 명칭은 꽤 특이하고 복잡한 역사를 지니고 있다. '시흥'이라는 지명은 고려 초기부터 확인되지만, 당시 시흥은 오늘날 시흥시와는 영역적으로 아무 상관이 없다. 오늘날 시흥시는 늦어도 고려시대, 이르면 신라 때부터 오랜 기간 남부 권역은 안산(安山), 북부 권역은 인천(仁川)의 영역에 속해 있다가, 20세기에 들어서야 모두 시흥의 영역에 포함되었다. 따라서 오늘날 시흥시는 역사 문화적으로 서로 다른 지역의 전통을 지닌 남북 두 권역이 결합하여 형성된 도시라고 이해할 수 있다.

오랜 기간 서로 다른 역사적 전통을 지닌 남북 두 권역이 하나의 도시로 묶인 데에는, 20세기 중·후반부터 본격적으로 진행된 서울과 수도권의 도시화 및 산업화와 밀접한 관련이 있다. 시흥시는 1989년 시 승격 이래로 오늘날에 이르기까지, 불과 40년이 되지 않는 기간에 다섯 배가 넘는 폭발적인 인구 증가가 이루어진 도시이다. 따라서 대대로 오랜 기간 한 지역에 토착해 온 주민보다, 20세기 후반 이래 외부 각지에서 이주해 온 인구의 비율이 훨씬 높은 비중을 차지하고 있다. 게다가 다양한 이유로 인구의 전출과 전입이 활발한 점도 오늘날 시흥시의 주요한 특징 중 하나이다. 그러므로 시흥시에서는 남북 두 권역의 통합적 정체성을 높이는 것뿐만 아니라, 외지에서 전입해 온 주민들의 소속감을 높이고 인구의 전출을 막는 것도 중요한 과제가 되고 있다.

이 글에서는 과거로부터 오늘날까지 이어져 온 시흥시 영역의 역사적 흐름을 행정구역 변천과 인구 변동을 중심으로 검토하면서, 시흥시의 역사 문화적 자산이 지니는 미래 가치를 전망하고자 한다. 먼저 시흥 지명의 유래와 시흥시의 탄생 과정을 살펴보고, 다음으로 남북 권역이 구분되었던 역사 지리적 배경을 다루고자 한다. 그리고 인구 변동을 중심으로 조선 후기 이래 최근까지 전개된 두 권역의 역사적 변천을 서술할 것이며, 시흥시의 미래 자산으로서 역사 문화적 전통의 가치와 중요성을 짚어보고자 한다.

2. 시흥 지명의 유래와 시흥시의 탄생

시흥이라는 지명은 고려 초기 성종 연간(981~997)에 금주(衿州)라는 고을의 별호(別號)로 만들어진 명칭이다.[1] 별호는 고을의 정식 명칭은 아니지만, 해당 고을을 우아하고 품격 있게 부르기 위해 붙여진 명칭이다. 『고려사』(高麗史) 지리지(地理志)에는 고려 성종 연간에 전국 각지의 53개 고을에 정한 별호, 즉 '성묘(成廟) 별호'가 기재되어 있다.[2] 그와 관련하여

---

1) 『高麗史』 권56, 志10 地理1 楊廣道 安南都護府樹州 衿州.
2) 윤경진(2002), 「고려 성종 11년의 읍호개정에 대한 연구 - 고려초기 군현제의 구성과 관련하여 -」, 『역사와 현실』 45, pp.163-169.

고려 성종 11년(992)에 '주(州)·부(府)·군(郡)·현(縣)'과 '관(關)·역(驛)·강(江)·포(浦)'의 명칭을 고쳤다는 기록이 확인된다.3) 『고려사』 지리지에 기록된 '성묘 별호'는 이때 정해진 고을 명칭과 관련이 있다고 여겨진다.

『고려사』에 따르면, 고려 초기에는 시흥이 금주의 별호가 아니라 정식 지명으로 불렸던 정황도 찾아진다. 고려 초기의 명신(名臣)인 강감찬(姜邯贊, 948~1031)이 시흥군(始興郡)에서 태어났다는 기록,4) 성종 11년(992) 조운(漕運)과 관련된 규정에서 심축포(深逐浦)나 단천포(丹川浦)가 시흥군에 있던 포구로서 언급된 기록5) 등이 그 주요 근거가 된다. 이 두 사례는 고려 초기 짧은 기간이나마 시흥이 고을의 정식 지명으로 사용되었을 가능성을 보여준다. 하지만 고려 성종 연간 이후에 오랜 세월 동안 시흥은 금주의 별호로만 불렸다. 조선시대에 들어와서 태종 13년(1413)에 금주가 금천으로 명칭이 바뀌었을 뿐이다. 이후 오랜 세월이 지나, 조선 정조 19년(1795)에 기존의 금천을 대신하여 시흥이 정식 지명으로 정해졌다.6)

조선시대의 시흥, 즉 금천은 삼국시대 이래 고려를 거쳐 조선시대에 이르기까지 오랜 연혁(沿革)을 가지고 있다. 고구려 때의 잉벌노(仍伐奴), 통일신라 때의 곡양(穀壤), 고려 때의 금주(衿州) 등을 거쳐, 조선시대에는 금천(衿川)으로 불리다가 시흥으로 지명이 바뀌었다. 조선시대 시흥의 영역은 오늘날 서울특별시 서남부 지역과 경기도의 광명, 안양 등에 걸쳐 있었다. 오늘날 시흥시와 이웃하거나 가까운 지역이기는 하지만 겹치는 영역은 없다. 즉 영역 면에서 보자면, 오늘날 시흥시 지역은 조선시대 시흥이나 그 전신인 잉벌노, 곡양, 금주, 금천 등과 아무런 상관이 없다.

---

3) 『고려사』 권3, 成宗 11년 11월 계사.
4) 『고려사』 권94, 列傳7 姜邯贊.
5) 『고려사』 권79, 지33 食貨2 漕運 성종 11년. 심축포와 단천포의 위치는 한강의 노량진이나 동작진 정도로 추정되나, 그 위치에 대한 더 이상의 정확한 정보는 알기 어렵다.
6) 『正祖實錄』 권42, 正祖 19년 윤2월 계미(1일).

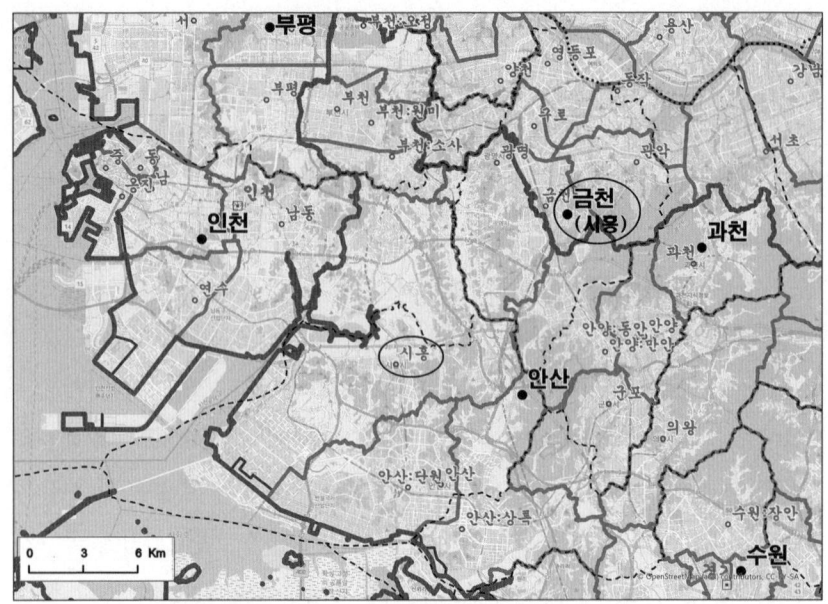

〈그림 1〉 시흥시 일대의 현대와 조선시대 행정구역 중첩도(바탕지도 : 오픈스트리트 맵)
※ 굵은 실선은 현대의 행정 경계, 점선은 조선시대의 행정 경계임.

시흥시의 북부 권역은 인천과 그 전신이었던 고을에 속해 있었고, 시흥시의 남부 권역은 안산과 그 전신이었던 고을에 속해 있었다. 따라서 조선시대 시흥의 영역과는 아무 상관이 없었던 오늘날 시흥시 지역이 언제부터 어떻게 시흥이라는 지명을 사용하게 되었는지 좀 더 구체적으로 살펴볼 필요가 있다.

일제강점기인 1914년에는 전국의 지방제도가 대대적으로 개편되었다. 이를 통해 조선시대에 별다른 변화 없이 오랫동안 유지되었던 지방제도의 틀이 크게 바뀌었다. 기존의 전국 12부(府) 317군(郡) 4,322면(面)이 12부 220군 2,521면으로 통폐합되었다.7) 면 아래의 리(里)와 동(洞) 또한 대대적으로 통폐합되었다. 적어도 남한 지역에서는 이때 만들어진 군과 면, 동리

---

7) 孫楨睦(1992), 『韓國地方制度·自治史研究(上)』, 서울 : 일지사, pp.154-164.

단위가 현재까지도 이어지는 곳들이 많다.[8] 오늘날의 시흥시 지역과 그 주변 일대도 지방제도 개편의 파고 속에서 통폐합이 이루어졌다. 이에 조선시대까지 별개의 고을로 존속하였던 시흥군과 안산군, 과천군이 통합되어, 시흥군이라는 하나의 행정구역 안에 포함되었다. 1914년에 3개 군이 통합되어 만들어진 시흥군은 이전의 시흥군과 구분하여 '통합 시흥군'이라고도 부를 수 있을 것이다. 따라서 1914년에 출범한 시흥군, 즉 '통합 시흥군'이 오늘날 시흥시의 직접적인 기원이 되는 셈이다.

'통합 시흥군'(이하 시흥군)의 영역은 오늘날의 시흥시 남부 권역과 서울시 서남부, 그리고 과천시, 광명시, 안양시, 군포시 등에 걸쳐 있었다. 오늘날의 시흥시 남부 권역, 즉 오래전 과거부터 당시까지 안산에 속해 있던 지역은 1914년에 이르러 처음으로 시흥의 영역 범위 안에 들어오게 되었다. 이는 오늘날의 시흥시 지역이 1914년이 되어서야 시흥이라는 지명과 처음으로 직접적인 관계를 맺게 되었음을 의미한다. 하지만 당시 시흥군의 전체 영역 중에서 오늘날 시흥시에 속하는 영역은 수암면(秀岩面)과 군자면(君子面)의 북쪽 일부분, 즉 오늘날 시흥시 남부 권역에 지나지 않았고, 시흥시 북부 권역은 인천과 부평의 통합으로 생겨난 부천군에 속하게 되었다. 한편, 당시 시흥군의 영역 중에서 오늘날 시흥시에 속하지 않는 나머지 영역은 오늘날 서울시와 안양시, 광명시, 과천시, 안산시 등에 속해 있다.

20세기에 들어와 서울의 영역이 지속적으로 확장되고, 서울을 포함하여 수도권 지역의 도시화가 급속하게 진행되었다. 그 영향으로 시흥군 일대의 행정구역 편제가 크게 변화하면서, 시흥군의 영역은 점차 축소되었다. 1936년과 1949년 두 차례에 걸쳐서 시흥군의 북쪽 영역이 서울시로 편입되었다. 이 시기에 서울시로 편입된 지역은 오늘날 서울시 영등포구와 동작

---

8) 정요근·김현종(2022), 「역사 GIS 기반 1910년 기준 면(面) 단위 행정구역의 복원」, 『한국사연구』 197, pp.74-75.

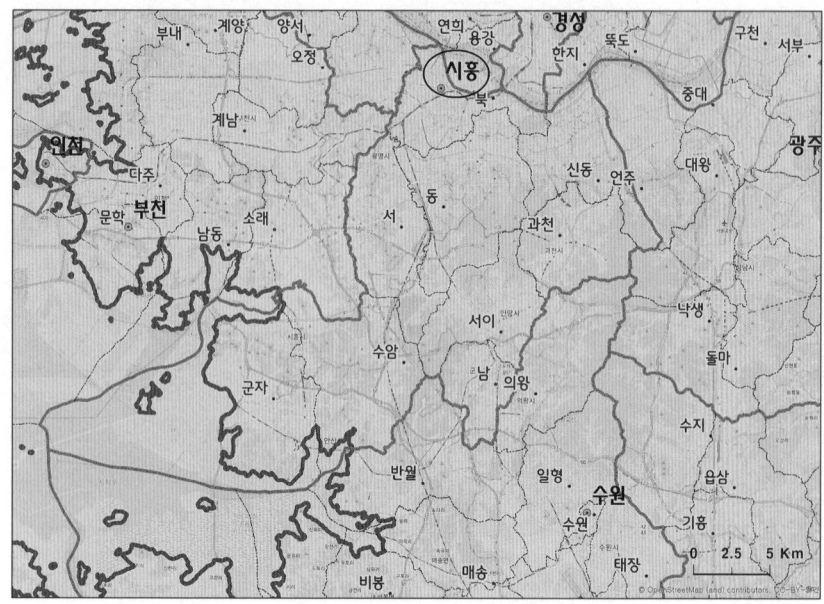

〈그림 2〉 1914년 지방제도 개편 이후 시흥군 일대의 행정구역도(바탕지도 : 오픈스트리트 맵)

구, 구로구 등으로 편제되어 있다. 이어서 1963년에는 시흥군의 영역 중에 현재의 서울시 금천구, 관악구, 서초구 등에 속한 영역이 서울로 편입되었다. 다만 당시에는 남쪽으로 이웃한 화성군의 영역 일부가 시흥군으로 넘어왔는데, 이때 화성군에서 시흥군으로 편입된 영역은 오늘날 의왕시 지역이다.

이후 1970~80년대에 이르면, 서울 외곽 지역에서도 본격적인 도시화가 진행되었다. 그에 따라 시흥군 관할 아래에 있던 지역이 별도로 분리되어 시로 승격하는 현상이 나타났으며, 그 결과 시흥군의 영역은 더욱 축소되었다.

먼저 1973년에는 시흥군 안양읍이 안양시로 승격하면서 시흥군에서 분리되었다. 다만 같은 시기 부천군 소사읍이 부천시로 승격하고 부천군이 폐지되면서, 부천시에 들어가지 못한 부천군의 면 지역 중에 소래면 지역이 시흥군에 편입되었다. 이때 편입된 소래면 지역이 오늘날 시흥시의 북부 권역에 해당하며, 조선시대에는 인천에 속했던 지역이다. 또한 1979년에는 시흥군의 남쪽에 반월지구출장소가 신설되어, 시흥군의 수암면과 군자면 일부 지역이 반월지구출장소로 편입되었다. 반월지구출장소는 1986년에 안산시로 승격하였다. 1981년에는 시흥군에서 광명이 분리되어 시로 승격하였고, 1986년에는 과천이 시흥군에서 분리되어 시로 승격하였다. 이후 1989년에는 군포와 의왕이 시로 승격하여 분리되었으며, 그와 동시에 시흥군의 남은 영역도 시흥시로 승격하여 오늘날 시흥시 영역의 윤곽이 만들어졌다.[9] 이후 1995년에 수암동과 장상동, 장하동 전체와 화정동의 일부 지역이 안산시로 넘어가면서, 현재의 시흥시 영역이 완성되었다.[10]

요컨대, 오늘날의 시흥시 영역은 조선시대에는 안산과 인천의 영역이었다. 따라서 오늘날의 시흥시는 조선시대의 시흥과는 명칭만 같을 뿐 영역적으로는 직접적인 관련성이 없다. 오늘날 시흥시의 영역적 기원은 두 계통에서 찾을 수 있다. 조선시대에 안산의 영역이었던 시흥시 남부 권역은 1914년 안산과 시흥, 과천의 통합으로 생겨난 시흥군, 즉 '통합 시흥군'으로부터 여러 차례에 걸친 행정구역 소속 관계의 변동을 거쳐 오늘날 시흥시의 영역을 이루게 되었다. 한편, 조선시대에 인천의 영역이었던 시흥시 북부 권역은 1914년 이후 부천군의 관할 아래에 있다가, 1973년에 이르러 시흥군에 편입된 후에 오늘날 시흥시의 영역을 구성하게 되었다. 이상과 같은 시흥시 지역의 복잡한 연혁 관계는 서울의 인구 증가 및 영역 확장, 그리고 수도권의 팽창 및 도시화의 급속한 진전과 깊은 관련을 맺고 있다.

---

[9] 1914년 통합 시흥군의 출범 이후 시흥군의 행정구역 개편과 관련된 이상의 내용은 '시흥시사편찬위원회(2007), 『시흥시사 3, 시흥의 근현대』, 시흥 : 시흥시사편찬위원회, pp.98-110 및 pp.439-461'을 참조하여 서술하였음.
[10] 시흥시사편찬위원회(2007), 『시흥시사 4, 시흥시의 출범과 성장』, 시흥 : 시흥시사편찬위원회, pp.36-42.

3. 보통천과 호조벌, 그리고 시흥시 영역의 권역 구분

1914년부터 시흥군의 영역이 된 오늘날 시흥시 남부 권역은 조선시대에 안산 영역에 속했고, 1973년에야 시흥군의 영역이 된 오늘날 시흥시 북부 권역은 조선시대에 인천 영역에 속했다. 과거에는 편의상 시흥시 남부 권역을 원 안산 지역, 시흥시 북부 권역을 소래권 지역으로 부르기도 했다. 원 안산 지역에 해당하는 시흥시 남부 권역은 동쪽 내륙 방면의 동남부 권역과 서쪽 해안 방면의 서남부 권역으로 다시 나눌 수 있다. 과거 시흥시 동남부 권역은 수암권 지역, 시흥시 서남부 권역은 군자권 지역으로 부르기도 했는데, 수암과 군자는 모두 1914년 시흥군의 영역이 확장될 때 생겨난 면의 이름에서 유래한 명칭이다.

그런데 오늘날 시흥시 남부 권역을 수암권이나 군자권으로 칭하기는 조심스럽다. 그 주된 이유로는 옛 수암면과 군자면 전 영역이 오늘날 시흥시의 영역으로 계승되지 않는다는 점을 들 수 있다. 옛 수암면과 군자면의 북쪽 지역은 오늘날 시흥시의 남부 권역으로 이어지지만, 남쪽 지역은 안산시의 영역으로 계승되고 있다. 특히 옛 수암면의 소재지가 있던 수암동 일대는 조선시대 안산의 관아가 있던 곳인데, 1989년 시 승격 당시에는 시흥시에 속해 있었으나 1995년에 안산시 소속으로 바뀌었다. 따라서 수암은 사실상 안산시의 지명으로 사용되고 있으므로, 시흥시의 세부 권역 명칭으로 사용하기에는 현실적인 한계가 있다.

옛 수암면과 군자면은 1914년 일제의 전국적인 행정구역 개편 때에 생겨났다. 수암면은 그 이전의 군내면(郡內面)과 초산면(草山面), 잉화면(仍火面)[11])이 통합되어 만들어졌으며, 군자면은 마유면(馬遊面)과 대월면(大月面), 와리면(瓦里面)이 통합되어 형성되었다. 오늘날 시흥시 동남부 권역은

---

11) 『민적통계표(民籍統計表)』에는 잉화면이 인화면(仁化面)으로 기재되어 있다.

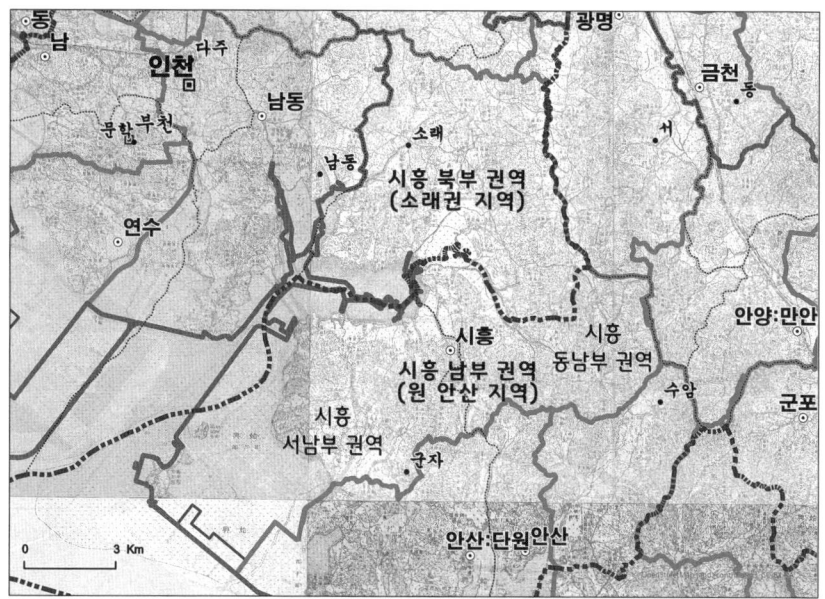

〈그림 3〉 시흥시 일대의 현대와 일제강점기 행정구역 중첩지도 (바탕지도: 일제강점기 제작 1:50,000 조선지형도와 오픈스트리트 맵의 중첩)
※ 실선은 현대의 행정 경계, 점선은 일제강점기의 행정 경계임.

조선시대 초산면의 영역 전체를 위주로 하여 잉화면의 일부 영역[12])이 포함되었으며, 시흥시 서남부 권역은 조선시대 마유면의 영역과 대체로 일치한다. 따라서 오늘날 시흥시 동남부 권역과 서남부 권역의 영역적 기원을 찾는다면, 1914년 이후의 수암면이나 군자면보다는, 조선시대의 초산면과 마유면에서 찾는 편이 더 정확하다.

한편, '소래권'은 과거 시흥시 북부 권역이 1914년에 소래면(蘇萊面)[13])으로 편제되었던 까닭에 생겨난 명칭이다. 소래면은 그 이전의 신현면(新峴面)[14])과 전반면(田反面), 황등천면(黃等川面)이 합쳐져서 만들어졌다. 그런

---

12) 오늘날 시흥시 능곡동과 화정동이 옛 잉화면 관할 아래에 있던 영역이었다.
13) 옛 소래면은 1914년 인천과 부평이 통합되어 만들어진 부천군 관할 아래의 면이었으며, 조선시대에는 인천도호부(仁川都護府) 신현면, 전반면의 전체 영역과 황등천면의 일부 영역으로 편성되었다.

데 '소래'(蘇萊 또는 蘇來)는 일찍이 고려시대부터 문헌 기록에서 확인되는 유서 깊은 지명이다. 『고려사』에 따르면, 몽골의 침입이 극에 달했던 고려 고종 43년(1256) 대부도에 주둔하던 별초 부대가 인주(仁州) 경내의 소래산(蘇來山)으로 가서 몽골군 100인을 공격하여 쫓아내었다고 한다.[15] 이 기록을 통해 소래산은 고려시대에도 인천의 전신인 인주의 영역에 포함되었음을 알 수 있다. 인천은 고려 중기 이래 인주로 불리다가 조선 초기인 태종 13년(1413)에 인천으로 명칭이 바뀌었다. 또한, 조선 전기에 편찬된 지리서인 『신증동국여지승람(新增東國輿地勝覽)』에는 소래산(蘇來山)이 인천도호부 관아의 동쪽 24리 지점에 있는 인천도호부의 진산(鎭山)으로 기록되어 있다.[16] 『고려사』와 『신증동국여지승람』의 기록을 통하여, '소래'라는 지명은 소래산에서 기원했음을 유추할 수 있으며 소래산은 늦어도 고려시대부터 인천의 관할 영역 안에 있었음을 알 수 있다.

풍수지리와 관련되어 사용되는 개념인 진산은 보통 고을을 대표하는 산을 의미한다. 소래산이 조선시대에 인천의 진산으로 인식되었다는 점에서, 조선시대 당시에도 소래산은 이미 인천을 대표하는 산으로 중시되었음을 알 수 있다. 소래산은 오늘날 시흥시 대야동과 신천동, 그리고 인천광역시 남동구 장수동에 걸쳐 있으며, 높이는 해발 300미터에 불과하나 주변 일대에서는 가장 높은 산인 까닭에 정상에서는 서해가 한눈에 바라다보인다. 또한 소래산에는 고려시대에 제작된 '시흥 소래산 마애보살입상'이 있다. 이 불상은 현재 보물로 지정되어 있는데, 소래산에 이렇듯 뛰어난 고려시대의 불상이 조성되었다는 사실은 조선시대뿐만 아니라 고려시대에도 소래산이 중요하고 신성하게 인식되었음을 의미한다.

---

14) 『호구총수(戶口總數)』에는 신현면이 신고개면(新古介面)으로 표기되어 있다.
15) 『고려사』 권24, 世家24 高宗 43년 4월 경진.
16) 『新增東國輿地勝覽』 권9, 京畿 仁川都護府 山川.

〈그림 4〉 시흥 소래산 마애보살입상 (출처 : 국가유산청 국가유산포털)

'소래면'과 그를 뒤이은 '소래읍'17)은 1989년 시흥시 출범과 함께 사라진 옛 지명이 되었다. 그러나 '소래' 자체는 오랜 전통을 지닌 지명인 까닭에, 오늘날에도 여전히 시흥시 북부 권역뿐만 아니라 인천광역시 남동구 일대에서도 널리 사용되고 있다.

한편, 과거에는 시흥시 남부 권역과 북부 권역의 중간 지대에 보통천과 은행천을 따라 넓게 간석지가 형성되어 있었다. 이 간석지는 오랜 옛날부

---

17) 1973년 시흥군에 편입된 소래면은 1980년에 소래읍으로 승격하였다.

터 두 지역 사이를 갈라놓는 경계가 되었다. 보통천은 조선시대에도 안산과 인천의 경계를 이루고 있었다. 그 이전에도 이 일대의 고을 편제에는 차이가 없었으므로, 고려시대에도 보통천은 안산과 인주(인천의 옛 지명)의 경계였을 것이다. 즉, 보통천의 남쪽인 시흥시 남부 권역은 안산, 북쪽인 시흥시 북부 권역은 인천의 영역이었다.

보통천은 시흥시 조남동에서 발원하여 서쪽 방면으로 흐르는 하천이다. 보통천의 물줄기는 물왕호수를 지나 서북 방면으로 향하다가, 시흥시 포동과 하중동의 경계 지점에서 은행천과 합류한 후에 바다로 흘러 나간다. 한편 은행천은 시흥시 계수동에서 발원하여 남쪽 방면으로 흐르다가 보통천에 합류한다. 오늘날 보통천과 은행천은 직강화된 소규모 하천으로 존재하고 있지만, 예전에는 밀물 때 두 하천을 따라 바닷물이 넓고 깊게 내륙으로 흘러들어왔다. 바닷물이 들어오는 간석지의 범위는 두 하천의 물줄기 좌우로 수백 미터의 폭을 유지한 채 상류 방면으로 몇 킬로나 거슬러 올라올 정도로 광범위했다고 여겨진다. 오늘날 호조벌은 물론이고 옛 소래 염전의 자리였던 시흥갯골생태공원, 그리고 시흥연꽃테마파크 일대도 보통천 물줄기를 따라 바닷물이 들어왔던 간석지였다.

바닷물이 드나들면서 넓게 발달했던 보통천과 은행천 일대의 간석지는 조선 후기에 대규모로 개간되면서, 본격적인 농경지로 변모하기 시작하였다.[18] 조선 후기인 경종 즉위년(1720)에는 진휼청(賑恤廳) 당상(堂上) 민진원(閔鎭遠)이 주도하여 안산과 인천의 경계에 해당하는 석장포(石塲浦)에 제방을 쌓기 시작하였다. 민진원은 강화유수(江華留守) 재임 시절인 숙종 33년(1707) 강화도 선두포(船頭浦) 간척을 통하여 농경지를 대대적으로

---

18) 보통천 간석지와 호조방죽, 호조벌 등과 관련된 이하의 서술은 '정요근(2025), 「시흥의 옛 지명 연성(蓮城)과 강희맹(姜希孟)의 전당홍(錢塘紅) 이야기」, 『강희맹의 삶과 시흥』, 시흥 : 시흥문화원, pp.278-280'을 직접 인용하거나 참조하여 서술하였다.

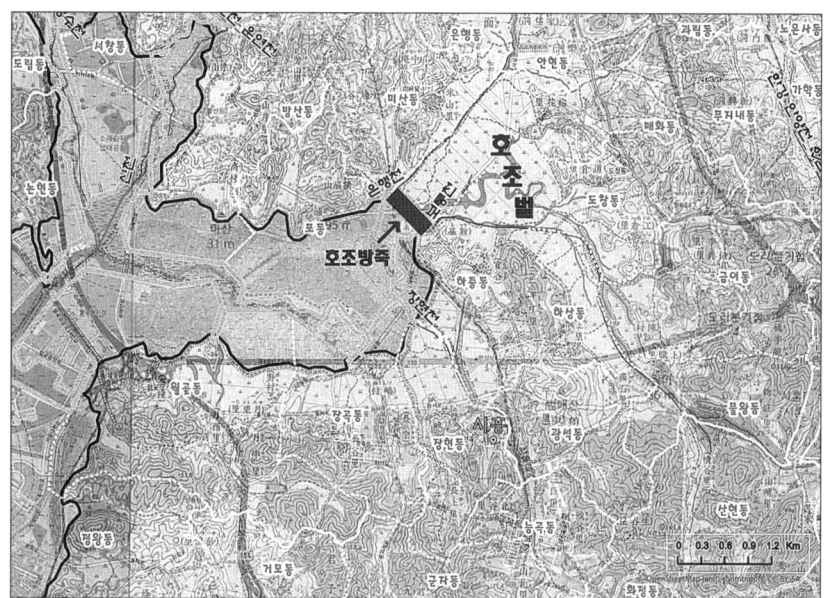

〈그림 5〉 호조방죽과 호조벌 일대 지도 (바탕지도: 일제강점기 제작 1:50,000 조선지형도와 오픈스트리트 맵의 중첩)
※ 검은색 굵은 선은 일제강점기 제작 1:50,000 지형도의 해안선임.

개척한 경험이 있었다. 그 경험을 바탕으로 진휼청의 재정 확충을 위하여 석장포에 제방 축조 작업을 추진하였다.[19]

석장포는 오늘날 시흥시 하중동과 포동 사이 보통천과 은행천이 합류하여 바다로 흘러 나가는 지점에 해당한다. 석장포에 제방을 쌓으면 그 내부로 바닷물이 들어오지 못하게 되므로, 넓게 분포했던 간석지를 서서히 농경지로 개간할 수 있었다. 경종 즉위년에 시작된 석장포의 제방 축조 공사는 다음 해에 마무리되었다.[20] 제방이 축조된 후에는 땅에 소금기를 빼고 본격적으로 농사를 짓기 시작하였다. 석장포의 제방이 축조된 후

---

19) 석장포 제방 축조에 관한 자세한 내용은 '이영호(2018), 『토지소유의 장기변동 - 경기도 시흥 석장둔의 250년 역사』, 서울 : 경인문화사, pp.65-74'을 참조할 것.
20) 시흥시사편찬위원회(2007), 『시흥시사 5, 시흥 농촌 사람들의 생활과 문화』, 시흥 : 시흥시사편찬위원회, pp.132-134.

제방 내부에 개간된 농경지는 석장둔(石場屯)이라고 불렸으며, 축조된 제방은 진청신언(賑廳新堰) 등의 명칭으로 조선 후기 당대의 문헌 자료에 기재되어 있다.21)

이때 개간된 석장둔은 오늘날 호조벌 또는 호조들로 불리고 있으며, 진청신언은 호조방축(戶曹防築), 즉 호조방죽이라는 이름으로 널리 알려져 있다. 진청신언은 '진휼청에서 축조한 새로운 둑'이라는 뜻이고, 호조방축은 '호조에서 만든 제방'이라는 뜻이다. 호조방축(호조방죽)이나 호조벌에 '호조'의 이름이 들어간 이유는 진휼청이 호조의 하부 관서였던 까닭으로 여겨진다. 호조방죽은 오늘날 시흥시 하중동과 포동 사이를 잇는 도로인 하중로와 시흥대로789번길의 구간을 따라 축조되었으며, 보통천을 건너는 교량과 은행천을 건너는 교량의 옆에는 지금도 갑문이 설치되어 있어서 물의 흐름을 통제하고 있다.

그러나 시흥시 남부 권역과 시흥시 북부 권역은 보통천을 따라 넓게 형성되었던 간석지로 인하여 자연 지리적으로 오랫동안 분리되었던 까닭에, 서로 역사적 공통성이나 친연성이 높지 않았다. 시흥시 남부 권역이 옛 안산의 일부분으로서 역사적 전통을 가지고 있었다면, 시흥시 북부 권역은 옛 인천의 일부분으로서 역사적 전통을 지니고 있었다. 사실 1973년에 소래권 지역, 즉 시흥시 북부 권역이 시흥군에 편입될 때도 행정적 편의가 주로 반영되었을 뿐, 두 지역 사이에 존재했던 역사적 전통의 차이는 그다지 고려되지 않았다.

시흥시 남부 권역 중 동남부 권역에는 조남동과 목감동, 논곡동, 물왕동, 산현동, 광석동, 하상동, 하중동, 능곡동, 화정동 등 10개의 법정동이 위치한다. 이중 능곡동과 화정동을 제외한 8개 동은 옛 초산면, 능곡동과 화정동은 옛 잉화면의 영역에 해당한다. 시흥시 서남부 권역에는 군자동

---

21) 18세기 중반의 상황을 반영한 『해동지도(海東地圖)』(서울대학교 규장각한국학연구원 소장)의 「인천부지도(仁川府地圖)」에 '진청신언'이 표기되어 있다.

〈그림 6〉 보통천 방면 호조방죽 유지 (필자 촬영)

과 장현동, 장곡동, 월곡동, 거모동, 죽율동, 정왕동, 배곧동 등 8개의 법정동이 있다. 모두 옛 마유면의 영역에 해당한다. 시흥시 동남부 권역과 서남부 권역을 동서로 가르는 경계는 남쪽에서 북쪽으로 흐르는 하천인 장현천이다. 장현천 주변 역시 과거에는 간석지가 넓게 펼쳐진 지역이었다.

한편, 옛 소래권 지역, 즉 시흥시 북부 권역에는 신천동과 대야동, 은행동, 미산동, 포동, 방산동, 금이동, 도창동, 매화동, 무지내동, 안현동, 계수동, 과림동 등 13개 동이 위치한다. 이 중에서 조선시대의 신현면은 신천동과 대야동, 은행동, 미산동, 포동, 방산동 등에 걸쳐 있었고 전반면은 금이동, 도창동, 매화동, 무지내동, 안현동 등에 걸쳐 있었으며, 계수동과 과림동은 황등천면의 일부를 구성하였다.[22]

호조벌 일대는 지역적으로 오늘날 시흥시 중앙부에 해당한다. 과거에는

---

[22] 황등천면에는 오늘날 부천시 소사구 계수동과 옥길동, 광명시 옥길동의 영역도 포함되었다. 참고로 오늘날에는 시흥시 계수동과 부천시 계수동이 따로 존재하고, 광명시 옥길동과 부천시 옥길동이 따로 존재한다.

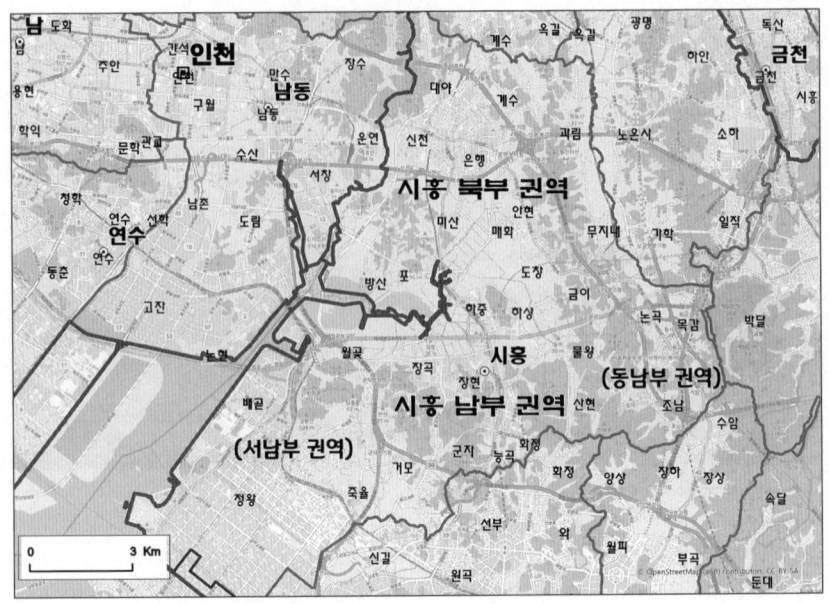

〈그림 7〉 오늘날 시흥시 일대 행정구역도(바탕지도: 오픈스트리트 맵)
※ 고딕체의 작은 글씨는 현재의 법정동 명칭임.

육로를 통해 두 지역 사이를 왕래하려면, 보통천과 은행천의 간석지를 피해 동쪽 내륙 방면으로 우회하여야 했다. 그러나 호조벌의 개간으로 인하여, 시흥시 남부 권역과 북부 권역 사이에는 이전보다 왕래가 훨씬 편리해졌다. 오늘날에는 시흥대로와 마유로, 서해안로 등이 시흥시 영역을 남북으로 연결하는 주요 도로로 개설되어 있고, 서해선이나 수인선과 같은 철도도 남북 방면으로 개통되었다.

왕복 4~8차선의 넓은 도로로 뚫려 있는 오늘날 시흥대로의 노선은 조선 후기에 축조된 호조방죽에서 그 기원을 찾을 수 있다. 시흥대로는 호조방죽 위를 지나는 작은 도로인 하중로의 대체 확장 도로로 건설되어, 현재는 시흥시의 남부 권역과 북부 권역을 연결하는 간선도로로서 기능하고 있다. 또한 서해선 철도는 시흥대로의 서쪽에 시흥대로와 나란히 건설되었다. 서해선 철도의 노선 역시 호조방죽의 입지에 기반하여 정해진 셈이다.

그 외에 시흥대로 동쪽의 마유로는 호조벌의 중앙부를 남북 방면으로 가로지르고 있으며, 서해안로는 호조방죽보다 더 바깥쪽, 즉 보통천과 은행천이 합류하여 서해안 쪽으로 더 나아간 지점에서 시흥시 남북 방면을 연결하고 있다. 서해안로보다 서쪽으로 해안과 더 가까운 쪽에는 영동고속도로와 소래로가 나란히 남북 방면으로 만들어져 시흥시와 인천광역시 남동구를 연결하고 있다. 1937년 개통된 후 1990년대에 폐선되었다가 2012년에 재개통된 수인선 철도 역시 영동고속도로 및 소래로와 가까운 지점에서 보통천의 바다 쪽 합류 지점을 건너고 있다. 따라서 역사적으로 보면, 서해안로와 영동고속도로, 소래로와 같은 간선도로나 수인선 철도는 호조방죽보다 서쪽으로 더 해안 가까운 지역까지 간척과 택지 개발 등이 이루어진 결과로 만들어진 노선인 셈이다.

요컨대, 과거 보통천 주변 일대는 간석지가 광범위하게 발달하여 시흥시 남부 권역과 북부 권역 사이를 가르는 자연지리적, 행정적 경계로 오랫동안 기능하였다. 역사적으로 시흥시 남부 권역은 안산 소속, 시흥시 북부 권역은 인천 소속이었다. 조선 후기 보통천과 은행천의 합류 지점에 호조방죽을 쌓은 이후, 보통천 연변의 간석지는 호조벌로 개간되어 농경 등 사람의 활동이 가능한 지역으로 차츰 변모하였다. 그로 인하여 보통천은 고유의 경계 기능을 상실하고, 시흥시 남부 권역과 북부 권역 사이의 자그마한 하천으로 남게 되었다. 1973년에 이르러 시흥시 북부 권역이 비로소 시흥에 편입되었으며, 이후 1989년에는 시흥시 남부 권역과 북부 권역만을 관할 영역으로 지닌 시흥시가 출범하기에 이르렀다. 근래에는 시흥시 남부 권역과 북부 권역을 연결하는 간선도로와 철도가 다수 개설되어, 시흥시 남북 두 권역 사이의 경계로서 보통천 물줄기와 호조벌의 기능은 더욱 희미해졌다.

4. 권역별 인구 변동의 역사적 추이

조선시대 안산에 속했던 시흥시 남부 권역과, 인천에 속했던 북부 권역에 대해서는 호구(戶口) 수치에 관한 정보가 남아있어서, 조선 후기 이후 인구의 변동 상황을 살펴볼 수 있다.[23] 1914년 이전까지 시흥시 남부 권역은 대부분 안산군의 초산면과 마유면 영역에 속해 있었고,[24] 시흥시 북부 권역은 인천도호부의 신현면과 전반면, 황등천면에 속해 있었다.[25] 시흥시 남부 권역 중에서도 초산면은 동남부 권역, 마유면은 서남부 권역에 해당한다.

18세기의 자료인 『여지도서(輿地圖書)』와 『호구총수(戶口總數)』, 그리고 20세기 초반의 자료인 『민적통계표(民籍統計表)』에는 안산과 인천의 면별 호구 수치가 기재되어 있는 까닭에, 18세기 중반부터 20세기 초반까지 오늘날 시흥시 지역의 인구 변동 추이를 개략적이나마 파악할 수 있다. 『여지도서』의 호구 정보는 기묘년, 즉 조선 영조 35년(1759),[26] 『호구총수』의 정보는 조선 정조 13년(1789), 『민적통계표』의 정보는 대한제국 융희 4년(1910)의 조사 내용을 담고 있다. 물론 세 자료에 기재된 인구수가

---

[23] 이하 18세기부터 1910년까지의 인구 변동과 관련된 내용은 '정다혜·정요근(2025), 「조선 후기 경기도 중서부 호조별 일대의 동리(洞里)와 인구 증가 양상」, 『人文論叢』 82-2, 서울대학교 인문학연구원'의 제3장 내용을 참조하여 서술하였음.

[24] 오늘날 시흥시 남부 권역 중 옛 초산면과 마유면에 속하지 않았던 영역으로는 능곡동과 화정동 지역(이상 옛 잉화면 소속), 거모동의 일부 지역(옛 대월면 소속) 등이 있으나, 그 비중이 크지 않으므로 편의상 이 글의 논의에는 포함하지 않는다.

[25] 옛 신현면과 전반면 영역은 모두 오늘날 시흥시 북부 권역에 있었으나, 황등천면의 영역은 오늘날 시흥시 북부 권역 이외에 부천시 소사구 계수동과 옥길동, 광명시 옥길동 등에도 걸쳐 있었다.

[26] 『여지도서』에 수록된 안산의 호구 수치는 조사 연도에 관한 명확한 기록이 없으나, 『여지도서』의 고을별 호구 기록은 인천과 같이 기묘년의 호구 조사 내용을 담고 있는 사례가 많다. 따라서 이 글에서는 편의상 안산의 호구 수치도 기묘년 장적의 내용을 담고 있는 것으로 간주한다.

당시 실제 인구수와 완전히 일치하지는 않겠으나, 면별 인구 규모와 그 변동의 전반적인 양상을 이해하는 데에는 큰 무리가 없다고 판단된다. 시흥시 남부 권역 2개 면(초산면과 마유면)과 북부 권역 3개 면(신현면과 전반면, 황등천면)의 시기별 인구 수치는 〈표 1〉에 정리한 바와 같다.

〈표 1〉 조선 후기와 대한제국 시기 안산과 인천의 면별 인구 변동 추이

과거 행정구역	『여지도서』(1759)		『호구총수』(1789)		『민적통계표』(1910)	
안산 초산면	1,548	3,718	2,088	4,395	2,639	5,508
안산 마유면	2,170		2,307		2,869	
안산군(전체)	10,090		11,926		21,742	
인천 신현면	1,053	2,954	1,303	3,118	2,316	5,635
인천 전반면	773		977		1,725	
인천 황등천면	1,128		838		1,594	
인천도호부(전체)	9,932		14,566		43,762	

안산의 전체 인구는 1759년(『여지도서』)의 10,090명에서 1789년(『호구총수』)의 11,926명으로 30년 만에 18.2% 증가하였다고 조사되었으며, 1910년(『민적통계표』)에는 21,742명으로 집계되어 1789년의 11,926명에 비하여 인구가 상당히 큰 폭(82.3%)으로 증가하였다. 그런데 인천의 경우에는 인구가 더 가파르게 늘어났다. 1759년 9,932명에서 1789년에는 14,566명으로 46.7% 증가하였다가, 1910년에는 43,762명이 되어 1789년의 14,566명보다 200.4% 증가하였다. 이를 통해 인천의 인구는 19세기 후반 개항 이후는 물론이고 그 이전 18세기에도 큰 성장세에 있었음을 알 수 있다. 조선 후기와 대한제국 시기 안산과 인천의 전반적인 인구 증가 추이 속에서, 당시 안산과 인천에 나뉘어 속해 있던 오늘날 시흥시 지역의 인구 변동이 어떠한 추세를 보였는지 좀 더 구체적으로 살펴보면 다음과 같다.

먼저 옛 안산에 속했던 오늘날 시흥시 남부 권역의 상황은 다음과 같다. 『여지도서』의 1759년 조사 기록에서는 초산면에 1,548명, 마유면에 2,170명의 인구가 기재되어, 두 면의 인구 합계 3,718명은 안산군 전체 인구

10,090명의 36.8%를 차지하였다. 한편, 『호구총수』의 1789년 기록에서는 초산면에 2,088명, 마유면에 2,307명의 인구가 조사되어, 두 면의 인구 합계 4,395명은 안산군 전체 인구 11,926명의 36.9%로 파악되었다. 즉, 1759년과 1789년 사이에 안산 전체 인구 중에서 초산면과 마유면 두 면의 인구 비율은 거의 변화가 없었다.

그런데 1910년의 조사를 담은 『민적통계표』에는 초산면 2,639명, 마유면 2,869명으로 기재되어, 두 면의 인구 합계 5,508명은 안산군 전체 인구 21,742명의 25.3%를 차지하였다. 1759년과 1789년의 36.8~36.9%에 비하면 그 비중이 상당히 떨어졌다. 그러나 이는 1906년에 광주(廣州)에서 안산으로 3개 면[27]이 새로 편입된 결과이다. 편입된 3개 면의 인구 합계는 7,500명으로서, 전체 인구에서 이 인원을 제외하면 초산면과 마유면의 인구 5,508명은 14,242명의 38.7%가 되어, 1759년이나 1789년의 인구 비율과 별다른 차이가 없다. 다만 초산면과 마유면의 개별 상황을 비교할 때 1759년에서 1789년 사이에 안산 전체 인구 중 초산면의 인구 비율은 15.3%에서 17.5%로 약간 증가했던 반면, 마유면의 인구 비율은 22.3%에서 19.3%로 감소하였다. 이는 1759~1789년 사이에 초산면의 인구가 상대적으로 더 많이 늘어났음을 의미한다.

더 세부적으로 살펴보면, 1789년의 초산면 인구수 2,088명은 1759년의 초산면 인구수 1,548명에 비하여 34.9% 증가하였다. 같은 시기 안산군 전체의 인구 증가율인 18.2%와 비교하면, 초산면 지역의 인구 증가율은 월등히 높았다. 하지만 마유면의 경우에는 1759년 2,170명에서 1789년 2,307명으로 인구 증가율이 6.3%에 지나지 않아, 안산 전체의 평균 인구

---

27) 1906년에 광주에서 안산으로 편입된 3개 면은 성곶면(聲串面), 월곡면(月谷面), 북방면(北方面)인데, 『민적통계표』에는 월곡면이 하곡면(下谷面)으로 기재되었다. 『민적통계표』에 따르면, 성곶면에 3,131명, 북방면에 2,483명, 하곡면에 1,886명이 조사되었다.

증가율에 한참 모자랐다. 2개 면의 평균 인구 증가율은 18.2%로 안산 전체의 인구 증가율과 같은 수준이었으나, 마유면의 낮은 인구 증가율을 감안하면, 초산면의 인구 성장세가 두드러졌음은 분명하다. 당시 초산면의 급격한 인구 증가는 18세기 전반 호조방죽의 축조와 그에 뒤이은 호조벌의 개간에서 그 원인을 찾을 수 있으나, 마유면의 인구 증가율이 낮은 점에 대해서는 그 이유를 정확히 파악하기 어렵다.

18세기 초산면의 인구 증가는 1720~21년 호조방죽의 축조, 그리고 그에 뒤따른 호조벌의 개간과 밀접한 관련을 맺는 것으로 여겨진다. 보통천 남쪽의 호조벌이 모두 초산면의 영역에 포함되기 때문이다. 『호구총수』에는 초산면 내의 마을로 상직곶리(上職串里), 중직곶리(中職串里), 하직곶리(下職串里), 하직곶중리(下職串中里), 하직곶하리(下職串下里) 등이 기재되어 있다.[28] 여기서 하직곶리는 하직곶상리(下職串上里)로 파악할 수 있다. 즉 직곶(職串)의 기존 마을이 상·중·하의 세 마을로 나뉘었다가, 그중에서 하직곶리가 다시 상·중·하의 세 마을로 분화되었음을 보여준다. 하직곶상리, 하직곶중리, 하직곶하리는 각각 후대의 하상리와 하중리, 하하리로 연결되고 오늘날 하상동과 하중동, 그리고 광석동의 일부가 되었다. 이와 같은 조선 후기 초산면 지역의 마을 분화는 당시 인구의 증가와 관련이 깊다고 판단된다. 즉, 호조방죽의 축조를 통한 호조벌의 개간이 초산면 지역에서 인구가 증가하고 마을이 분화하는 물적 기반이 되었다고 여겨진다.[29]

1910년에는 초산면의 인구가 2,639명, 마유면의 인구가 2,869명으로 조사되어, 당시 안산 전체 인구 21,742명의 12.1%와 13.2%를 차지하였다. 인구수의 차이는 230명, 인구 비율의 차이는 1.1%로, 1789년의 인구수

---

28) 『戶口總數』 제2책, 京畿道 安山.
29) 초산면의 인구 증가를 호조벌의 개간과 관련지어 서술한 이상의 내용은 '정요근(2025), pp.283-284'를 참조하였음.

차이(219명) 및 인구 비율 격차(1.8%)와 거의 비슷했다. 1910년의 초산면 인구는 1789년의 2,088명보다 26.4% 증가했으며, 마유면 인구는 1789년의 2,307명보다 24.3% 증가하였다. 증가율이 거의 비슷한 두 면의 평균 인구 증가율은 25.3%로, 안산군 전체의 증가율인 19.4%[30]보다 높다. 이와 같은 인구 증가의 양상은 19세기에도 호조벌에서 개간지가 꾸준히 늘어나고 있었음을 보여주는 근거로 이해할 수 있다.

한편, 옛 인천에 속했던 오늘날 시흥시 북부 권역의 인구 변동 상황을 구체적으로 살펴보면 다음과 같다. 1759년에는 인천도호부 전체 인구 9,932명 중에서 신현면의 인구가 1,053명(10.6%), 전반면의 인구가 773명 (7.8%), 황등천면의 인구가 1,128명(11.4%)이었으며, 3개 면의 인구 총합은 2,954명이었다. 그런데 1789년에는 인천 전체 인구 14,566명 중에서 신현면이 1,303명(8.9%), 전반면이 977명(6.7%), 황등천면이 838명(5.8%)으로 변화하였다. 3개 면의 인구 총합은 3,118명이었다. 3개 면의 인구가 차지하는 비중은 대체로 줄어들었으나, 신현면과 전반면에서는 인구 증가율이 각각 23.7%, 26.4%에 달할 정도로 적지 않은 인구가 늘어났다. 다만, 황등천면은 오히려 인구가 크게 줄어들어 감소율이 무려 25.7%에 달했다. 3개 면의 평균 증가율은 5.6%로, 인천의 전체 인구 증가율 46.7%와 비교하면 크게 낮았다. 다만 인구가 줄어든 황등천면을 제외하면, 나머지 2개 면의 평균 증가율은 24.9%로 상당히 올라간다. 이는 같은 시기 안산 전체의 증가율 18.2%보다 높으나, 인천 전체의 증가율보다는 여전히 낮은 수치이다.

하지만 평균 24.9%에 달하는 신현면과 전반면의 인구 증가율은 결코 낮은 편이 아니다. 신현면은 은행천의 서쪽 천변, 전반면은 보통천의 북쪽

---

30) 19.4%는 1789년의 안산군 전체 인구 11,926명에서 1910년의 전체 인구 14,242명으로 증가한 비율이다. 한편, 14,242명은 『민적통계표』에 기록된 1910년의 안산군 전체 인구 21,742명에서 1906년에 광주로부터 안산으로 편입된 3개 면(성곶면·월곡면·북방면)의 인구 7,500명을 제외한 수치이다.

천변과 은행천의 동쪽 천변을 끼고 있는 지역이다. 호조벌의 범위가 두 지역에 걸치는 점을 감안하면, 신현면과 전반면의 인구 증가는 앞서 시흥시 남부 권역의 안산 초산면과 같이 호조방죽의 축조 및 호조벌의 개간과 밀접한 관련이 있다고 여겨진다. 다만 두 면의 인구 증가율은 보통천 남쪽에서 호조벌에 걸쳐 있는 안산 초산면의 인구 증가율 34.9%보다는 약간 낮다. 반면 인구가 줄어든 황등천면의 영역은 호조벌과 멀리 떨어져 있어서, 호조방죽의 축조 및 호조벌의 개간으로부터 별다른 영향을 받지 못했을 것이다. 다만 이 시기 황등천면에서 대규모 인구 감소 현상이 나타난 이유에 대해서는 분명히 알기 어렵다.

이후 1910년에는 인천의 전체 인구 43,762명 중에서 신현면의 인구가 2,316명(5.3%), 전반면이 1,725명(3.9%), 황등천면이 1,594명(3.6%)으로 조사되었다. 121년 전인 1789년의 상황과 비교하면, 신현면은 1,303명에서 2,316명으로 77.7%, 전반면은 977명에서 1,725명으로 76.6%, 황등천면은 838명에서 1,594명으로 90.2% 증가하였다. 1910년 3개 면의 인구 총합은 5,635명으로, 1789년의 3,118명에 비하면 그 증가율이 80.7%에 달한다. 같은 기간 인천 전체 인구 증가율 200.4%에는 미치지 못하지만, 3개 면의 증가율도 매우 높은 수치이며 같은 시기 안산 2개 면의 평균 증가율 25.3%보다도 월등히 높다. 최근에는 인천 3개 면 중에서 신현면과 전반면의 인구 증가가 동리 숫자의 증가와 밀접하게 연동되었으며, 이는 이 시기에 호조벌의 개간이 활발하게 이루어졌던 사실과 깊은 관련을 지녔다고 본 연구가 발표된 바 있다.[31]

20세기 초반 『민적통계표』이후 오늘날 시흥시 지역의 인구통계는 1980년대부터 비교적 정확히 알 수 있다. 일제강점기 이래 광복 이후에도 주기적으로 면 단위의 인구조사가 이루어졌으나, 1914년 행정구역 통폐합

---

31) 이상의 견해는 '정다혜·정요근(2025)'의 제3장에서 제시되었다.

으로 생겨난 수암면과 군자면은 1979년 반월지구출장소(오늘날 안산시의 전신)가 분리될 때까지 오늘날 시흥시 남부 권역과 안산시 북부 권역을 함께 포괄하고 있었다. 그런 까닭에, 그 기간 시흥시 남부 권역만의 정확한 인구통계는 파악하기 어렵다.

역사적으로 비교해 보면, 1759년과 1789년에는 시흥시 남부 권역 2개 면의 인구가 각각 3,718명과 4,395명으로, 같은 시기 시흥시 북부 권역 3개 면의 인구 규모 2,954명과 3,118명에 비하여 훨씬 많았다. 그러나 1910년에는 남부 권역이 5,508명, 북부 권역이 5,635명이 되어, 북부 권역의 인구 숫자가 남부 권역의 인구 숫자를 넘어서게 되었다. 한편, 반월지구출장소의 분리 직후인 1980년의 인구총조사 통계[32]를 보면, 시흥시 북부 권역인 소래면의 인구는 30,834명이었으며, 서남부 권역(옛 마유면 중심)인 군자면은 11,767명, 동남부 권역인 수암면[33]은 11,273명이었다. 군자면과 수암면의 인구를 합친 오늘날 시흥시 남부 권역의 인구 총합은 23,040명으로, 시흥시 북부 권역인 소래면의 30,834명보다 훨씬 적어졌다.

이상의 내용은 19~20세기에 걸쳐서 시흥시 북부 권역이 시흥시 남부 권역보다 훨씬 급격하게 인구가 증가했음을 의미한다. 19세기 후반 개항 이후 20세기에 이르기까지 서울과 인천 등에 도시화가 진전되고 인구가 급격히 늘어나면서, 서울 및 인천 등 도시 지역과 가까이 위치한 시흥시 북부 권역이 그 영향을 크게 받았다고 여겨진다. 시흥시 승격 6년 후인 1995년에도 시흥시 북부 권역(대야동, 신천동, 신현동, 은행동, 매화동,

---

32) 통계청 국가통계포털 인터넷 웹사이트(https://kosis.kr/index/index.do, 2025년 3월 31일 검색)의 주제별 통계 코너에서 연도별 인구총조사 통계 내용을 확인할 수 있다.
33) 반월지구출장소가 분리된 후인 1980년 당시 수암면은 1914년 이전의 초산면 전체와 1914년 이전의 잉화면 일부(현 능곡동, 화정동), 그리고 1914년 이전의 군내면 일부(현 안산시 수암동, 장상동, 장하동)를 영역 범위로 삼았다. 참고로 오늘날 시흥시 동남부 권역은 1980년 당시의 수암면 영역에서 위의 옛 군내면 일부 지역이 제외되었다.

과림동)의 인구는 100,811명, 남부 권역(목감동, 군자동, 정왕동, 연성동)의 인구는 32,632명으로 두 권역 사이의 인구 격차는 더욱 크게 벌어졌다.

하지만 그러한 경향성은 21세기에 들어서 극적으로 반전되었다. 2024년 12월 기준 시흥시 인구수는 588,596명으로 집계되었다. 이 중에서 내국인 518,132명의 주민등록지를 분류해 보면, 시흥시 북부 권역(대야동, 신천동, 신현동, 은행동, 매화동, 과림동)의 인구는 152,002명에 지나지 않고, 나머지 366,130명은 시흥시 남부 권역(목감동, 군자동, 정왕본동, 정왕1~4동, 거북섬동, 배곧1~2동, 연성동, 능곡동, 월곶동)에 거주하는 것으로 나타났다.[34] 이는 과거에 인구 밀집도가 약했던 오늘날 시흥시 남부 권역에 대대적으로 택지 개발이 진행되어 대규모 아파트단지가 건설되면서 나타난 현상이다.

요컨대, 18세기부터 20세기 초반까지 오늘날 시흥시 지역의 전반적인 인구 상황은 시흥시 남부 권역에 있었던 안산 2개 면(초산면과 마유면)과 시흥시 북부 권역에 있었던 인천 3개 면(신현면, 전반면, 황등천면)의 인구 숫자 변화를 통해서 개략적으로 파악할 수 있다. 시흥시 남부 권역의 경우, 1759년 3,718명에서 1789년에는 4,395명으로 18.2% 증가하였다가, 1910년에는 5,508명으로 1789년보다 25.3% 늘어났다. 특히 1759~1789년의 기간 시흥시 동남부의 초산면 지역에서는 34.9%의 뚜렷한 인구 증가세가 확인되는데, 이는 18세기 호조방죽의 축조 및 호조벌 개간과 밀접히 연관된다고 여겨진다. 1789~1910년 사이에는 동남부 권역(초산면)과 서남부 권역(마유면)에서 서로 비슷한 인구 증가세가 나타났다. 한편 시흥시 북부 권역 3개 면의 인구는 1759년 2,954명에서 1789년에는 3,118명으로 약간(5.6%) 늘어났다가, 1910년에는 5,635명으로 1789년보다 급격히

---

34) 2024년의 인구 관련 기록은 시흥시청 인터넷 웹사이트(https://www.siheung.go.kr/, 2025년 3월 31일 검색)의 '열린행정-시흥통계-인구현황' 코너에 실린 정보를 통해 인용하였다.

(80.7%) 증가하였다. 특히 1759~1789년 사이에는 시흥시 북부 권역 3개 면 중에서 호조벌을 품고 있는 신현면과 전반면의 증가세가 24.9%로 뚜렷하게 확인된다. 이후 1789~1910년 사이에는 3개 면 지역 모두 인구가 큰 폭으로 늘어나 인구 증가율이 평균 80.7%에 달했다.

시흥시 남부 권역과 북부 권역의 인구 규모는 1759년에 각각 3,718명과 2,954명, 1789년에 4,395명과 3,118명, 1910년에 5,508명과 5,635명이 되었다. 1759년과 1789년에는 시흥시 남부 권역의 인구가 훨씬 많다고 조사되었으나, 이후 북부 권역의 인구가 급증하여 1910년에는 북부 권역의 인구 규모가 남부 권역의 인구 규모를 역전하는 상황이 발생하였다. 서울이나 인천과 가까이 위치한 까닭에 도시화의 진행 속도가 빨랐던 시흥시 북부 권역에서는, 20세기에 들어서도 인구가 더욱 증가하였다. 그런 까닭에, 1989년 시흥시로 승격한 이후에도 두 권역 사이의 인구 규모 격차는 매우 커졌다. 그러나 21세기에 들어와 시흥시 남부 권역에 대대적으로 택지개발이 이루어지면서, 오늘날에는 시흥시 남부 권역의 인구가 북부 권역의 인구보다 압도적으로 많게 되었다.

5. 나가며 : 역사 문화 자산 확충의 필요성

1914년 기존의 안산과 시흥, 과천을 합쳐 시흥군이 생겨난 이래, 여러 차례의 행정구역 변동을 거쳐 1989년에 시흥시가 출범하였다. 그런데 1914년에 생겨난 시흥군의 영역에서 분리되어 오늘날 별도의 시·군·구급 행정단위가 된 곳으로는, 시흥시를 제외하고도 서울시의 5개 구(동작구, 서초구, 영등포구, 관악구, 구로구)와 경기도의 5개 시(안산시, 과천시, 안양시, 광명시, 군포시)가 있다. 거기에 1963년 시흥군에 편입되었다가 1989년에 분리 승격한 의왕시까지 포함하면, 경기도의 6개 시가 시흥군에서 갈라져 나온 셈이 된다. 즉, 지난 수십 년간 다른 지역에서는 비교할 사례를 찾기 힘들 정도로 많은 지방 행정단위가 시흥군의 영역에서 분리되었다.

일제강점기에는 서울의 시가지가 한강 이남으로 팽창하기 시작했지만, 그 범위는 서울에서 멀지 않은 경인선과 경부선 철도 주변에 지나지 않았다. 따라서 영등포를 중심으로 한 현재의 서울시 서남부 지역 이외에, 대부분의 옛 시흥군 지역은 농업을 위주로 한 1차 산업 중심의 사회경제 구조를 이루고 있었다. 오늘날 시흥시 지역만을 한정해서 보자면, 농업 이외에 서해안의 포구와 도서, 갯벌 지대에서 어업과 염업이 발전하기도 하였으나, 도회지가 그다지 발달하지 않았던 까닭에 상업과 공업은 저조하였다.

광복 이후 1950~1960년대부터는 서울을 중심으로 수도권 지역에 도시화와 산업화가 본격적으로 진행되었다. 하지만 그 범위는 인천과 부천, 안양 정도에 한정되었을 뿐, 오늘날 시흥시 지역 대부분은 여전히 농촌 지역으로 존재하였다. 이후 1970년대부터는 도시화와 산업화의 영향이 오늘날 시흥시 지역에도 본격적으로 미치기 시작하였다. 그 과정에서 농업과 어업, 염업 등이 중심이 되었던 1차 산업의 비중이 약해진 대신, 제조업 업체가 늘어나고 외지로부터의 주민 이주가 급증하였다. 서울이나 인천, 부천과 가까운 오늘날 시흥시 북부 권역에서 먼저 제조업이 발달하였지만, 시흥시 지역의 제조업 발전은 1980년대부터 시작된 시화국가산업단지의 개발로부터 본격화되었다.

또한, 1970년대 오늘날 시흥시 지역은 서울에서 밀려난 빈민들의 집단 이주처이기도 하였다. 그러나 1990년대부터는 대규모 택지 개발이 진행되면서 대단지 고층 아파트가 건립되기 시작하였다. 특히 21세기에 들어서는 낙후되었던 시흥시 남부 권역에 대대적인 택지 개발이 이루어져, 오늘날에는 시흥시 남부 권역의 인구가 북부 권역의 인구를 압도하게 되었다.

그러나 향후 광명시흥신도시의 개발이 이루어지면, 시흥시 북부 권역[35]에도 다시 대규모 인구 유입이 있을 것으로 예상된다.

오늘날 대한민국 전체가 인구절벽의 위기를 맞고 있지만, 시흥시는 그와는 달리 인구가 꾸준히 증가하고 있다. 1989년 시 승격 당시에 약 93,000명에 지나지 않던 시흥시 인구는 2020년에 500,000명을 돌파하였고, 2024년 12월 현재 588,596명에 다다른 상태이다. 대규모 택지 개발 등을 통하여 단기간에 인구가 큰 폭으로 늘어나고 시흥시 각 지역 사이를 연결하는 교통망이 확충되면서, 오랫동안 존재해 왔던 세부 지역별 독자성은 점차 약해지는 추세에 있다. 그러나 여전히 시흥시는 확실한 중심 도심 지역의 존재가 취약한 다핵도시의 성격을 지니고 있다. 강력한 중심 기능을 지닌 도심이 있어야 바람직한 도시 형태가 된다고 할 수만은 없을 것이다. 그러나 중심 도심의 존재는 권역 간 통합과 교류를 활성화하며, 장기적이고 체계적인 도시 개발 계획을 세우는 데에 도움이 될 수 있다.

1997년 장현동에 건립된 시흥시청 건물은 시흥시 남부 권역에 위치하지만, 크게 보면 시흥시 중앙부에 포함되고 시흥시의 남북 권역 사이를 연결하는 간선 교통로인 시흥대로와 서해선 철도가 경유하는 곳에 자리 잡고 있다. 따라서 현 시흥시청의 입지는 시흥시 전체를 아우르는 곳에 해당한다. 그러나 시흥시청이 위치한 장현 지구 자체는 행정 기능을 제외한 다른 측면에서는 중심 도심으로서 기능이 취약한 형편이다. 다만 개발제한 구역의 보존과 같은 환경 생태적 여건의 유지도 필요한 상황에서, 급속한 도시화에 기초한 강력한 중심 도심의 건설이 어느 정도 유용성을 가지는지는 숙고의 여지가 있다. 게다가 시 승격 이후 외지에서 전입해 온 인구가 급격히 증가한 점 역시 오늘날 시흥시 지역의 역사적 전통을

---

[35] 시흥시에서 광명시흥신도시의 범위에 포함된 지역은 과림동, 무지내동, 금이동 일대로, 조선시대 기준으로 하면 인천도호부의 황등천면과 전반면에 속했던 지역이다.

유지하고 보존해 가는 데에 그다지 유리한 조건이 되지 못하고 있다.

오늘날 시흥시에서는 대규모 주거 지역의 개발과 산업단지의 조성 이외에도, 교통 인프라와 같은 도시 기반 시설이나 상업 및 문화, 생태 공간의 확충 등을 통하여 시 전체를 포괄하는 통합적 정체성을 꾸준히 강화하고 있다. 그런데, 통합적 정체성의 강화를 위해서는 다른 지역에서 유사한 사례를 찾기 힘든 시흥시의 독특한 역사적 전통과 도시 형성 과정을 고려하는 것이 중요하다. 무엇보다도 각 지역 권역의 특수성, 인구 구성의 다양성 위에서 시흥시 전체의 통합적 정체성을 찾는 노력이 계속되어야 할 것이다. 그를 위해 각 지역 권역의 고유한 역사 문화적 특징을 연구하고 발굴하여, 시흥시의 역사 문화 자산을 더욱 풍부하게 하고 다양하게 하는 시도가 활발히 이루어질 필요가 있다.

참고문헌

【자료】

『高麗史』
『正祖實錄』
『新增東國輿地勝覽』
『海東地圖』
『戶口總數』
『民籍統計表』
시흥시청 인터넷 웹사이트, 2025. 3. 31. https://www.siheung.go.kr/
통계청 국가통계포털 인터넷 웹사이트, 2025. 3. 31. https://kosis.kr/index/index.do

【논저】

孫禎睦(1992), 『韓國地方制度·自治史硏究(上)』, 서울 : 일지사.
시흥시사편찬위원회(2007), 『시흥시사3, 시흥의 근현대』, 시흥 : 시흥시사편찬위원회.
시흥시사편찬위원회(2007), 『시흥시사4, 시흥시의 출범과 성장』, 시흥 : 시흥시사편찬위원회.
시흥시사편찬위원회(2007), 『시흥시사5, 시흥 농촌 사람들의 생활과 문화』, 시흥 : 시흥시사편찬위원회.
이영호(2018), 『토지소유의 장기변동 - 경기도 시흥 석장둔의 250년 역사 - 』, 서울 : 경인문화사.
윤경진(2002), 「고려 성종 11년의 읍호개정에 대한 연구 - 고려초기 군현제의 구성과 관련하여 - 」, 『역사와 현실』 45.
정다혜·정요근(2025), 「조선 후기 경기도 중서부 호조벌 일대의 동리(洞里)와 인구 증가 양상」, 『人文論叢』 82-2, 서울대학교 인문학연구원.
정요근·김현종(2022), 「역사 GIS 기반 1910년 기준 면(面) 단위 행정구역의 복원」, 『한국사연구』 197.
정요근(2025), 「시흥의 옛 지명 연성(蓮城)과 강희맹(姜希孟)의 전당홍(錢塘紅) 이야기」, 『강희맹의 삶과 시흥』, 시흥 : 시흥문화원.

조선 후기 경기 지역의 재정운영과 시흥

정 승 화

1. 들어가며

　조선왕조의 재정 운영은 조세 금납화와 재정 집중화의 측면에서 근대적 재정과 구분되는 특징을 갖는다. 당시의 국가 세입은 미곡과 포목, 동전 등의 현물이었으며, 그로 인해 재화의 징수와 운송의 전 과정에 지방정부의 개입이 필수적이었다. 아울러, 조선 후기의 재정 운영은 재원의 수취와 분배라는 측면에서 크게 두 가지로 구분되고 있었다. 하나는 중앙재무기관이 일괄적으로 재화를 수취하여 각 기관에 재분배하는 것이며, 다른 하나는 각종 국가기관에 직접 재원의 근거를 분급하여 스스로 수취하게 함으로써 재정적 수요를 감당하게 하는 것이다.[1] 요컨대, 조선 재정 운영의 특수성을 확인하기 위해서는 '현물재정'과 '개별분산적 재정구조의 병존'을 염두에 두어야 한다.
　17~18세기에 걸쳐 대동법과 균역법으로 대표되는 일련의 재정 입법의 결과, 정부의 재원 파악 수준이 높아지고 중앙재무기관이 직접 재화를

---

1) 손병규(2003), 「조선후기 재정구조와 지방재정운영 : 재정 중앙집권화와의 관계」, 『朝鮮時代史學報』25, 조선시대사학회, p.137.

수취하여 개별 기관에 제공하는 시스템이 점차 강화되었다. 이를 보여주는 대표적인 자료가 18세기 후반 작성된 『부역실총(賦役實摠)』이다. 『부역실총』은 각 군현 단위에서 중앙재무기관, 지방소재 국가기관, 지방정부에 납부해야하는 물품과 수량을 세목별로 나누어 기록한 책자로서, 그 자료적 특징으로 말미암아 일찍부터 연구자들의 관심을 끌어왔다. 구체적으로는 당시의 재정 규모를 수량적으로 집계 분석하거나, 재원의 파악 방식과 지역적 분배 현황을 파악하는 작업이 이루어졌다.[2] 한편, 지방재정의 규모를 추계하고 그 위상을 확인하는 작업이 이루어졌으며, 지역별 재정 운영의 특징을 확인하는 연구가 제출되기도 하였다.[3] 특히 경기 재정 운영에 대해서는 중앙 상납분과 지방 자체 재원의 비율이 다른 지역보다 높은 수준을 유지한다는 점에서 지방이자 수도의 접점이라는 특수성이 드러난다는 점이 강조되었다.[4]

이상의 연구는 조선왕조 재정에 대한 이해의 폭을 넓혔다는 점에서 커다란 의의가 있지만, 지역사의 시각에서는 아직 추가적인 검토가 필요한 부분이 적지 않다. 우선, 수량화된 국가 재정에서 개별 지역체가 차지하는 비중이 어떠했는지 확인하기가 어려운 실정이다. 이는 일차적으로 분석대상인 『부역실총』 자체가 일부 지역이 누락된 데서 기인한 것이다. 후대의

---

2) 김옥근(1984), 『조선왕조재정사연구 [1]』, 일조각 ; 김재호(2008), 「朝鮮後期 中央財政과 銅錢 : 『賦役實摠』을 중심으로」, 『經濟史學』 44, 경제사학회 ; 손병규(2008), 「조선후기 국가재원의 지역적 분배」, 『역사와 현실』 70, 한국역사연구회 ; 송양섭(2008), 「『부역실총』에 나타난 재원파악 방식과 재정정책」, 『역사와 현실』 70, 한국역사연구회.
3) 오영교(1986), 「조선후기 지방관청 재정과 식리활동」, 『학림』 8, 연세대학교 사학연구회 ; 임지환(1990), 「부역실총을 통해 본 조선후기 전라도 지역의 재정」, 『전라문화논총』 4, 전북대학교 전라문화연구소 ; 권기중(2008), 「『賦役實摠』에 기재된 지방재정의 위상」, 『역사와 현실』 70, 한국역사연구회 ; 이우연(2010), 「賦役實摠에 나타난 朝鮮後期 地方財政의 規模와 特質」, 『經濟史學』 48, 경제사학회 ; 문광균(2013), 「18세기 후반 경상도 재정 물류의 운영 구조」, 『역사와 현실』 90, 한국역사연구회.
4) 조낙영(2013), 「『부역실총』을 통해 본 경기의 재원 특성 및 운영 구조」, 『역사와 현실』 90, 한국역사연구회.

자료를 근거로 대략적인 수치를 추정한 연구가 있지만,5) 이 역시 도를 단위로 하는 직접적인 비교로 이어지지는 못하였다. 다음으로, 현재의 지방재정 연구는 대부분 계량화된 수치를 통해 분석된 것으로 각급 국가기관에 상납되는 재화 위주로 파악되었다. 앞서 소개한 바와 같이 조선 재정 운영에서 나타나는 특징 중 하나는 징수권을 나누어주는 '개별분산적 재정 운영'이며, 이는『부역실총』에서 구체적인 수치 정보로 확인되지 않는다.

이러한 문제의식을 바탕으로 본 글에서는 지역사로서 경기 지역에 주목하며, 도 아래의 하위 행정단위인 군현의 재정적 비중을 살펴보고자 한다. 군현 단위의 분석은 현재의 시흥 지역을 중점적으로 다룬다. 후술하겠지만 현재의 시흥시 일원은 조선 후기의 인천과 안산에 해당하는 지역으로, 1914년 이후 여러 차례의 행정구역 변동 끝에 완성된 것이다. 구체적인 변동은 면을 단위로 한 통폐합 방식으로 진행되었다. 따라서 조선 후기 현재의 시흥 지역의 재정 규모를 추계하는 작업은 현재와의 연속성을 탐구할 수 있는 기초 작업이 될 뿐만 아니라, 군현 하위의 면 단위의 재원 규모까지 분석할 수 있는 장점을 가진다.

이상의 연구 목표를 달성하기 위하여 본 글에서는 과세의 근거가 되는 토지와 호구가 다른 지역과 어떤 차별성을 지니고 있는지, 이 과정에서 개입된 국가의 의도는 무엇이었는지 검토할 예정이다. 아울러 중앙정부의 수입에서 '경기'와 '시흥'이라는 도-군현 단위의 지방정부가 어느 정도의 비중을 차지하였는지를 살피고자 한다. 이상의 분석을 통해 지역사의 관점에서 전근대 재정의 특수성을 확인할 수 있으리라 기대된다.

---

5) 김재호는 1880년경 전국 중앙 상납 중에서 강원도가 4.19%, 함경도가 0.62%를 차지하였으므로『부역실총』단계의 중앙재정 규모는 두 개 도의 누락으로 인해 5% 정도 과소집계된 것으로 보았다(김재호(2008), p.6).

2. 경기 지역의 재원 분포양상 및 특징

조선 후기 재정 운영을 위한 과세의 근거는 일차적으로 토지와 호에 있었다. 따라서 지역 단위의 특수성을 규명하기 위해서는 이들 재원의 성격과 분포 상황에 대한 검토가 필요하다. 조선 정부는 자국의 토지를 여러 항목으로 구분하여 파악하였다.6) 이중 원장부결수(元帳簿結數)는 토지조사[양전(量田)]를 통해 확보된 토지의 총량을 의미한다. 그러나 원장부에 기록된 모든 토지에 대해 과세가 이루어지는 것은 아니었다. 경작자의 사망이나 재해 등으로 묵은 땅이 된 유래진잡탈(流來陳雜頉)과 국가에서 세금 및 부역을 면제하는 혜택을 부여한 면세(免稅) 항목의 토지에는 원칙적으로 세금이 부과되지 않았다. 여기에 당해연도의 재해 사정을 감안하여 면세조치를 부여하는 급재(給災) 항목을 제해야 실질적으로 과세가 이루어지는 출세실결(出稅實結)이 산출된다. 조선 정부는 이를 바탕으로 전세(田稅), 대동세(大同稅), 삼수미(三手米), 결전(結錢) 등의 세목에 따라 전결세(田結稅)를 수취하였다. 한편, 호는 군역의 부과와 공물의 징수 등 인신을 단위로 하는 부세 수취에 활용되었다. 여기서 호는 현실에 존재하는 가족 수라기보다는 지역별로 부세를 부담할 수 있는 편제된 주민 집단의 수를 의미한다.7)

조선 후기에 제작된 각종 재정서에 기재된 세목별 수입은 이상의 재원 근거로부터 산출된 것이다. 그러나 재원을 파악하는 것과 수입의 총량을 파악하는 것은 별개라는 점에 유의해야 한다. 예를 들어 『부역실총』에 기재된 각 수입은 대부분 출세실결에서 수취하는 것이므로, 면세 항목의

---

6) 임성수(2013), 「『탁지전부고』를 통해 본 호조의 재원 파악방식과 재정구조 변화」, 『民族文化硏究』 59, 고려대학교 민족문화연구원.
7) 김건태(2006), 「호적대장에 등재된 호구의 성격」, 『한국사연구』 132, 한국사연구회.

토지(이하 면세결)에서 거두어지는 수입은 확인이 어려운 것이 많다. 면세결에서 '면세'란 중앙정부에 세금을 납부하지 않는다는 의미로, 실제로는 개별 기관에 분급되어 재원의 기능을 수행하였다. 다시 말해 면세결 역시 공식적인 재원 중 하나였음은 분명하지만, 재원 근거 자체를 지급하였으므로 국가 입장에서 여기에 해당하는 수입까지 파악할 필요는 없었다. 요컨대, 조선 후기 국가 재정에서 '재원의 파악'과 '수입의 파악'은 별개로 이루어졌다.

〈표 1〉 18세기 후반 토지와 호의 지역별 분포 상황

	결(토지)*				호(D)	호당결수 (C/D)
	면세결(A)		출세실결(B)		합계(C)	
경기**	22,935	(29.3%)	55,229	(70.7%)	78,164	159,160	0.49
충청도	20,251	(14.2%)	122,083	(85.8%)	142,334	221,625	0.64
전라도	37,341	(15.3%)	207,340	(84.7%)	244,681	319,160	0.77
경상도	31,756	(13.6%)	202,000	(86.4%)	233,756	365,220	0.64
황해도	16,521	(19.3%)	69,229	(80.7%)	85,750	137,041	0.63
강원도	11,755	(52.3%)	10,742	(47.7%)	22,497	81,876	0.27
함경도	37,969	(37.8%)	62,555	(62.2%)	100,524	123,882	0.81
평안도	16,031	(16.3%)	82,392	(83.7%)	98,423	300,944	0.33
합계	194,559	(19.3%)	811,570	(80.7%)	1,006,129	1,708,908	0.59

전거:『度支田賦考』(1789),『戶口摠數』(1789)
* 괄호 안은 전체 토지에서 면세결과 출세실결이 차지하는 비율을 의미
** 개성부, 수원부, 강화부, 광주부는 경기로 합산하여 기재

그렇다면 각 재원의 지역적인 분포양상은 어떠하였는가? 〈표 1〉은 18세기 후반 토지와 호의 지역적 분포를 정리한 것이다. 먼저 규모 측면에서는 삼남(충청도, 전라도, 경상도)이 차지하는 비중이 압도적인데, 전체 토지와 호에 대해서 각각 61.7%, 53%를 차지하고 있다. 경기의 경우 각각 7.8%, 9.3% 수준으로 모두 평균에 미치지 못하고 있다. 한편, 토지와 호의 상대적인 파악 수준은 토지 재원의 총수를 호수로 나눈 호당결수를 통해 확인해볼 수 있다.[8] 호당결수의 전국 평균은 0.54결인데, 이보다

높다면 상대적으로 토지에 대한 파악 강도가 높았음을 의미한다. 함경도 (0.84)를 필두로 하여 전라도(0.66), 황해도(0.63)가 높은 수준을 보이며, 충청도(0.53), 경상도(0.56)는 전국 평균과 유사한 모습을 보인다. 경기 (0.46)는 강원도(0.27), 평안도(0.33)보다는 높지만, 전반적으로 토지에 대한 파악은 상대적으로 낮았던 지역에 속했다. 반대로 말하자면 토지보다 인간의 파악에 주안점을 두었다고도 할 수 있다.

다음으로 토지의 내부 구성에 관심을 기울여보자. 1789년 기준으로 전국의 토지 재원(C) 중에서 출세실결(B)은 80.7% 수준으로, 상당한 수의 토지 수입이 중앙정부로 귀속되지 않는 모습을 보여주고 있다. 그런데 출세실결의 비중은 지역별로 차이가 있었다. 삼남과 황해도, 평안도는 80~85% 수준으로 대체로 유사한 데 반해, 강원도(47.7%), 함경도(62.2%), 경기(70.7%)는 전국 평균보다 10% 이상 낮은 모습을 보인다. 다시 말해 이들 지역에는 중앙정부의 수입으로 흡수되지 않는 상당한 수준의 토지 재원이 있었던 셈이다.

지역별 토지 파악의 특수성을 확인하기 위해서 면세결 항목을 보다 구체적으로 확인해볼 필요가 있다. 조선 정부에서는 면세결을 크게 궁방전(宮房田), 아문전(衙門田), 능원묘위전(陵園墓位田), 각양잡위전(各樣雜位田)으로 구분하였다. 궁방전과 아문전은 왕실과 관청의 재정 수요를 충당하기 위해 설정된 토지이며, 능원묘위전은 능역의 수호와 제향을 위해 마련된 토지이다. 각양잡위전은 대체로 지방 재원으로 기능했다. 18세기 중엽 작성된 『여지도서(輿地圖書)』에는 지방재정에 해당하는 봉름(俸廩) 항목에 마위전(馬位田), 공수위전(公須位田), 아록위전(衙祿位田) 등 각종 '위전(位田)' 명칭이 등장하고 있다.[9]

---

[8] 호당결수에 대한 분석 방법에 관해서는 다음 글을 참조. 손병규(2008), 「조선후기 국가재원의 지역적 분배」, 『역사와 현실』 70, 한국역사연구회.

[9] 國史編纂委員會(1973), 『輿地圖書』, 探求堂.

〈표 2〉 18세기 후반 지역별 면세결의 구성 양상 (단위 : 結)

	면세결(A)				출세실결 (B)	합계 (A+B)
	능원묘위전	궁방전	아문전	각양잡위전		
경기	880 (1.1%)	4,915 (6.3%)	5,850 (7.5%)	11,290 (14.4%)	55,229 (70.7%)	78,164
충청도	26 (0.0%)	6,005 (4.2%)	4,158 (2.9%)	10,062 (7.1%)	122,083 (85.8%)	142,334
전라도	280 (0.1%)	11,839 (4.8%)	12,890 (5.3%)	12,332 (5.0%)	207,340 (84.7%)	244,681
경상도	299 (0.1%)	5,490 (2.3%)	9,339 (4.0%)	16,628 (7.1%)	202,000 (86.4%)	233,756
황해도	284 (0.3%)	5,456 (6.4%)	5,500 (6.4%)	5,281 (6.2%)	69,229 (80.7%)	85,750
강원도	0 (0.0%)	574 (2.6%)	877 (3.9%)	10,304 (45.8%)	10,742 (47.7%)	22,497
함경도	0 (0.0%)	0 (0.0%)	0 (0.0%)	37,969 (37.8%)	62,555 (62.2%)	100,524
평안도	0 (0.0%)	318 (0.3%)	7,357 (7.5%)	8,356 (8.5%)	82,392 (83.7%)	98,423
합계	1,769 (0.2%)	34,597 (3.4%)	45,971 (4.6%)	112,222 (11.2%)	811,570 (80.7%)	1,006,129

전거 : 『度支田賦考』(1789)
* 괄호 안은 전체 면세결과 출세실결의 합에서 면세결 각 항목이 차지하는 비율을 의미.
** 개성부, 수원부, 강화부, 광주부는 경기로 합산하여 기재

면세결의 항목 구분에 따라 지역별로 정리하면 〈표 2〉와 같다. 규모 면에서는 각양잡위전이 전체 면세결의 절반 이상을 차지하고 있다. 정부 수입으로 연결되지 않은 상당수의 재원이 지방재정으로 귀속되었음을 알 수 있다. 다음으로는 아문전, 궁방전, 능원묘위전의 순서대로 비중이 높았는데, 전체 토지에서 삼남이 차지하는 비중이 높은 현상이 면세결에서도 동일하게 나타나고 있다. 주목할만한 점은 전체 토지에서 면세결의 각 항목이 차지하는 비중이다. 앞서 면세결 비중이 높은 지역으로 강원도, 함경도, 경기가 있었음을 살펴본 바 있는데, 이 중 강원도와 함경도 면세결의 대부분은 각양잡위전임을 확인할 수 있다. 경기의 특수성은 바로 여기서 나타난다. 경기는 도내 과세지 중에서 궁방전, 아문전, 능원묘위전

항목을 통해 왕실과 관청에 귀속되는 토지 재원의 비중이 가장 높은 지역이다.

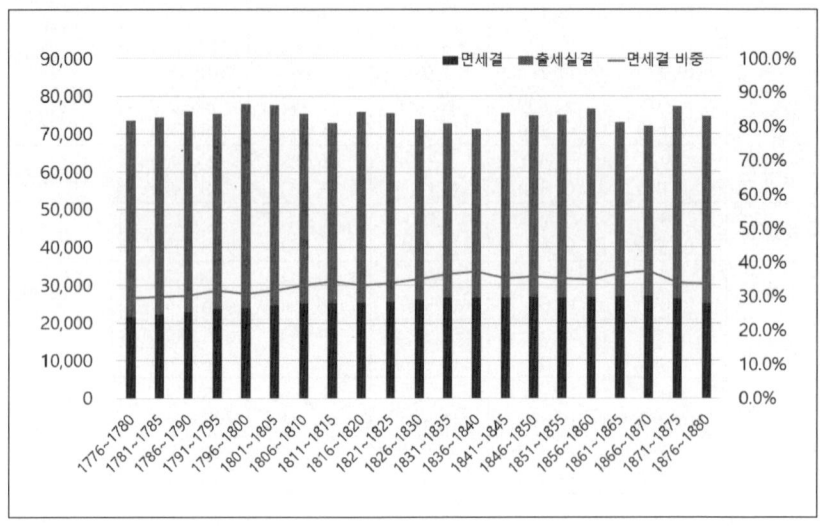

〈그림 1〉 조선 후기(1776~1880) 경기 지역 토지 재원의 항목별 추이
전거 : 『度支田賦考』(1789)
* 개성부, 수원부, 강화부, 광주부는 경기로 합산하여 기재

지역별 토지 재원의 분포에서 나타나는 특징은 18세기 후반에만 국한되는 것일까? 이를 확인하기 위해 19세기 후반까지 면세결과 출세실결의 추이를 검토해본다. 〈그림 1〉은 1776년부터 1880년까지의 기간 동안 경기의 면세결과 출세실결의 5개년 평균치를 시계열로 나타낸 것이다. 그래프 상에서 확인할 수 있는 바와 같이 경기의 면세결은 22,000~27,000결 범위 내에서 대체로 소폭 상승하는 추세를 보인다. 한편 출세실결은 해마다 큰 폭의 변동을 보이는데, 일반적으로 자연재해로 인한 면세 조치로 재결(災結)이 증가하는 해에 감소하는 경향성을 확인할 수 있다. 전체 토지 재원 중에서 면세결이 차지하는 비중 역시 출세실결의 향방에 따라 변동의 폭이 큰 편이긴 하나, 대체로 18세기 후반 28% 내외에서 점차 증가하여

19세기 후반에는 33% 수준으로 소폭 증가하는 모습을 보인다. 이 점에서 앞서 살펴본 경기 토지 재원의 항목별 구성의 특징, 즉 왕실과 관청의 재원으로 사용되는 토지 비중이 높은 현상이 전반적으로 유지 및 강화되는 경향성을 확인할 수 있다.

그런데 이상의 분석에서는 토지 단위에 관해서 한가지 유의해야 할 사실이 있다. 조선 정부에서 파악하는 토지 단위인 결은 공식 규정에 따르면 양전척(量田尺)으로 사방 1만 척이 되는 땅으로 1등전에 해당하는 토지를 의미한다. 여기서 1등전은 생산성이 가장 우수한 토지 등급으로써, 비옥도에 따라 2등전부터는 동일한 1만 척의 땅이라도 15%씩 차등을 두게 되어 있다.[10] 다시 말해, 결은 토지의 면적이 아닌 생산성과 가치를 나타내는 개념이며 과세에 활용된다는 점에서 현대의 공시지가와 그 기능이 유사하다.

그런데 결의 책정 방식은 지방마다 달랐다. 이러한 특성이 가장 두드러지는 지역이 경기였다. 조선 전기부터 정부는 경기가 서울과 가까워 요역(徭役)의 부담이 많다고 인식하고 있었다.[11] 이런 상황에서 지역 간 부세 부담의 균형을 맞추기 위해 토지의 등급을 의도적으로 낮게 파악하는 방법이 제시되곤 했다.[12] 이러한 인식은 조선 후기에도 크게 달라지지 않았다. 1653년 국왕 효종은 경기의 토지가 척박하고 백성이 가난한데 부역이 번다하므로, 측량할 때는 반드시 그 등급을 낮추어 관대하도록 힘쓰라고 지시하였다.[13] 이는 1662년 경기를 대상으로 토지조사를 실행할

---

10) 『萬機要覽』 財用編2 「田制」.
11) 『世宗實錄』 권41, 세종 10년 9월 4일 ; 『世宗實錄』 권41, 세종 10년 9월 24일 ; 『世祖實錄』 권43, 세종 11년 2월 5일.
12) 『世宗實錄』 권49, 세종 12년 8월 10일. "戶曹具中外貢法可否之議以啓 … 京畿, 直隷王都之地, 徭役煩劇, 非他道比. 以禹貢冀州之例, 其收租, 每除一等, 以尊京師."
13) 『孝宗實錄』 권11, 효종 4년 9월 2일. "畿甸田政無形, 打量之擧, 固非得已. 土地磽瘠, 人民貧殘, 而賦役煩重, 異於遠方, 打量之日, 必須降其等第, 務從寬大, 不可爲一切嚴急之政, 以失民心也."

때 반영되었다.

다만, 시간이 지남에 따라 이러한 정부의 취지가 온전히 실현되었을지는 의문이다. 조선 후기에는 요역의 부과를 통해 개별 노동력을 직접 징발하기보다는 일정한 세액을 거두고 이를 노동자들에게 직접 분배하는 고용노동의 형태가 점차 자리를 잡아나갔기 때문이다.14) 따라서 정부의 배려는 결과적으로 수도 인근에 토지를 보유한 관원들의 경제적 특권으로 이어질 가능성도 있었다. 정확한 상황을 확인하기는 어렵지만, 토지의 등급을 낮추라는 정부의 지시 사항이 철저히 준수된 것은 사실로 보인다. 정약용은 경기 지역의 전세는 충청도, 전라도, 경상도 보다 가볍다고 진술한 바 있다.15) 대한제국기에 실시한 광무양전 단계에서도 경기의 필지당 면적 파악률은 다른 지역보다 낮은 수준이었다.16) 요컨대, 비옥도와 면적이 같은 땅이라고 하더라도 경기의 토지에 부과되는 세액은 상대적으로 낮은 수준이었다.

3. 경기 지역의 재정 규모와 비중

조선 후기 전국 각지에서 중앙정부, 지방국가기관, 지방정부에 각각 어느 정도의 부세를 부담했는지 명료하게 밝히는 일은 쉽지 않다. 앞서 소개한 『부역실총』은 18세기 후반 전국 각지에서 납부한 재화를 군현 단위로 기재하였다는 점에서 자료적 가치가 대단히 높지만, 이 역시 몇 가지 한계가 존재한다. 우선, 지역별로 기재 내역이 통일되어 있지 않다.

---

14) 윤용출(1998), 『조선후기의 요역제와 고용노동』, 서울대 출판부.
15) 『牧民心書』 권4, 「戶典」. "畿田雖瘠. 本旣從輕. 南田雖沃. 本旣從重. 凡其負束. 悉因其舊."
16) 김건태(2018), 『대한제국의 양전』, 경인문화사 ; 김소라(2021), 「양안의 재해석을 통해 본 조선후기 전세 정책의 특징」, 서울대학교 박사학위논문.

경기, 충청도에서 감영, 병영, 수영 항목이 누락된 데 반해, 다른 지역에서는 서두 부분에서 해당 항목이 먼저 나타난다. 본관봉용(本官捧用)으로 표현되는 지방경비 역시 세세한 항목이 모두 기재되는 지역이 있는 데 반해, 국가재원에서 할당된 액수만 나타나는 지역도 있다. 다음으로, 강원도와 함경도 부분이 남아있지 않아 전국단위의 재정 비교가 어렵다는 문제가 있다. 19세기 후반을 기준으로 이들 지역이 차지하는 비중이 5%가량이라는 지적이 있지만, 누락 지역을 포함한 분석까지는 이루어지지 못하였다.[17]

이러한 상황을 고려하여 본 글에서는 1807년의 재정 상황을 담고 있는 『만기요람(萬機要覽)』을 집중적으로 분석한다. 『만기요람』은 주요 재정기관의 지역별 수입을 명료하게 기록하고 있으나, 자료 특성상 몇 가지 고려해야 할 점이 있다. 첫째, 『만기요람』에서는 군사기관의 지역별 수입을 확인할 수 없다. 훈련도감을 비롯한 주요 군사기관의 재정 규모는 총액만 기재되어 있기 때문이다. 이 점을 고려하여 19세기 전반 군사기관의 지역별 수입은 장서각에 소장된 일련의 군영사례(軍營事例) 자료를 활용하였다.[18] 해당 자료 중에서는 19세기 후반에 작성된 것도 있으나, 판본별 상황을 『만기요람』과 비교 검토하여 19세기 전반의 상황을 복원하였다.[19]

---

[17] 김재호(2008), p.6.
[18] 장서각 소장 군제 자료에 대해서는 다음 글을 참고. 정해은(1996), 「장서각 소장의 조선후기 군제 관련 자료에 대한 검토」, 『한국학대학원논문집』 11, 한국정신문화연구원 ; 정승화(2024), 「조선 후기 三軍營 군영사례에 대한 서지적 검토 - 藏書閣 소장 군제 자료를 중심으로 - 」, 『藏書閣』 52, 한국학중앙연구원.
[19] 1808년 간행된 『만기요람』에서 각 군영의 재정 상황은 수입과 지출의 총액만 파악이 가능하다. 그러나 19세기 전반에 작성된 다른 자료를 통해 세부적인 수입 경로를 추정해볼 수 있다. 훈련도감의 경우 장서각 소장 『훈국총요(訓局總要)』(K2-3405)는 1820년 이후 순조 재위 연간에 작성된 것으로 추정되며, 일본 동양문고 소장 『訓局總要』(Ⅶ-2-229)는 순조 이후에 작성된 것으로 추정되나 내용 측면에서는 1820년에 이루어진 겸료미(兼料米) 액수 조정이 반영되지 않아 19세기 초반의

둘째, 『만기요람』에서는 정부 수입의 총액을 확인할 수 없다. 조선의 재정기관에서 파악하는 수입은 각 과세 근거로부터 산출되는 '원액'과 운송비용 및 현지 지출을 제하고 최종적으로 정부 기관에 납부되는 실질적인 '상납 액수'로 구분해 볼 수 있다. 해당 자료에서 호조와 같이 원액과 상납 액수가 함께 기재되어 있는 관서도 있으나, 선혜청과 같은 기관에 대해서는 상납 액수만 확인할 수 있다. 따라서 본 글에서는 각 지역에서 중앙정부에 납부하는 '상납 액수'를 중심으로 분석한다.[20] 여기서 중앙정

　　재정운영 상황이 반영된 것으로 보인다. 가령 훈련도감 군색(軍色)의 경우 두 자료에서 군보 수입과 균역청의 재원 이전 수입을 합한 액수는 동전 환산액 기준 145,900냥 수준으로 나타나는데, 이는 만기요람 속 훈련도감 군색 응입(應入) 규모와 동일하다. 다만 『훈국총요』에 기재되어 있는 훈련도감의 환곡 수입이나 양향청(糧餉廳)이나 호조로부터의 재원 이전 내역은 『만기요람』에 반영되지 않은 것으로 보이는데, 이는 해당 항목들이 대체로 소액 규모였기 때문으로 보인다. 본 글에서는 이 점을 반영하여 훈련도감의 경우 『만기요람』의 응입에서 균역청 재원 이전을 제하는 방식으로 군보 수입을 추산하되, 약간의 차이가 있는 경우 동양문고본 『훈국총요』 속 내역을 바탕으로 정리하였다.
　　한편 금위영과 어영청 역시 19세기 전반에 작성된 군영사례 자료를 통해 세부 내용을 추정해볼 수 있다. 장서각 소장 『어영청사례(御營廳事例)』(K2-3350)는 1811년 경 작성된 자료로 추정되는데, 군색 항목의 경우 1808년 신설된 제번보(除番保) 수입을 제외하면 『만기요람』 속 수입 총액과 대체로 유사하다. 약간의 차이가 발생하는 이유는 둔전 수입의 불안정성 때문으로 보인다. 군향색(軍餉色) 항목은 내부 거래를 제외하면 군보 수입과 균역청 재원 이전의 합계가 『만기요람』 내역과 일치하며, 기사색(騎士色), 별파진색(別破陣色)은 완전히 일치하는 모습을 보인다. 한편, 금위영의 경우 군영사례 중에서 장서각 소장 『금위영사례(禁衛營事例)』(KC-3294)가 19세기 초의 모습이 가장 잘 반영된 것으로 보인다. 해당 자료는 19세기 초 작성된 모종의 저본에 첨지(籤紙)를 통해 지속적으로 수정이 가해진 형태로 보이는데, 개작되기 이전의 수입을 중심으로 보았을 때 군색 항목은 제번보 수입을 제외하면 『만기요람』 속 수입 총액과 일치하며, 향색(餉色)과 별파색(別破色)은 완전히 일치하는 모습을 보인다. 이상의 상황을 고려하여 본 글에서는 두 군영의 1807년 재정 상황을 각 군영사례 자료를 바탕으로 정리하였다.
20) 각 관서의 수입 중에서 다른 관청이나 기관으로부터 옮겨오는 재원 역시 제외하였다. 가령 균역청이 군사기관에 제공하는 급대의 경우 지방에서 상납한 재원이 균역청으로 상납된 후에 지원이 이루어지는 것이므로 이를 포함한다면 중복 계산의 문제가 발생한다. 같은 이유로 동일한 관청의 하위 부속기관에서 이루어지는 내부 거래 역시 제외하였다.

부란 호조와 선혜청, 균역청을 비롯한 중앙재무기관과 삼군문으로 대표되는 중앙군사기관이 주를 이룬다.[21]

〈표 3〉 19세기 초 중앙정부 상납 액수의 물종별, 지역별 분포 (단위 : 石, 米)

지역	물종별 액수*						합계**	
	米	田米	太	木	布	錢		
경기	17,318	955	3,117	3,376	0	15,068	39,834	(5.6%)
충청도	76,512	225	6,493	21,000	225	31,235	135,690	(19.2%)
전라도	124,432	0	10,412	28,186	808	59,570	223,408	(31.6%)
경상도	46,128	0	4,002	56,488	686	77,322	184,626	(26.1%)
황해도	9,771	2,741	3,019	10,126	0	57,842	83,499	(11.8%)
강원도	4,324	1,238	324	628	8,016	14,268	28,797	(4.1%)
평안도	0	0	0	583	0	5,415	5,997	(0.8%)
함경도	0	0	0	0	2,466	2,186	4,652	(0.7%)
합계	278,485 (39.4%)	5,158 (0.7%)	27,366 (3.9%)	120,387 (17.0%)	12,202 (1.7%)	262,905 (37.2%)	706,880 (100%)	(100%)

전거 : 『萬機要覽』; 『禁衛營事例』; 『御營廳事例』; 『訓局摠要』
* 『만기요람』 환산식에 따라 米 1석 = 田米 1.25석 = 太 2석 = 布木 2.5필 = 錢 5냥의 비율로 환산.
** 괄호 안 수치는 지역별, 물종별 총합 대비 해당 항목의 비율을 나타낸 것.
*** 개성부, 수원부, 강화부, 광주부는 경기로 합산하여 기재

19세기 초 현지 지출과 운송비용 등을 제외하고 각 지역에서 중앙정부로 실질적으로 상납되는 액수는 쌀로 환산하였을 때 706,880석에 달했다. 이러한 재화는 왕실에 대한 공상(供上)과 관청에 물품을 납품하는 공인(貢人)에게 지급되는 공가(貢價) 그리고 관료와 군병들에 대한 급료 등으로 용도에 맞게 지출되었다. 규모 측면에서 삼남이 전체 실질 수입의 76.9%를 담당하였으며, 황해도(11.8%)와 경기(5.6%), 강원도(4.1%), 평안도(0.8%),

---

[21] 주요 재무기관과 군사기관 외에도 경각사(京各司)로 통칭되는 관서들 역시 자체적인 수입원을 가지는 경우가 있다. 그러나 이들의 수입은 다른 관서에 비해 현격히 적은 수준이다. 가령, 『부역실총』 단계에서 주요 재정아문에 해당하는 호조, 선혜청, 균역청의 비중은 전체의 99%에 달한다(송양섭(2008), p.76). 따라서 중앙재무기관과 중앙군사기관에 한정하여 분석하더라도 거시적인 틀을 파악하는 데는 큰 문제가 없다고 판단된다.

함경도(0.7%)가 그 뒤를 잇고 있다.

지역별 특징을 확인해보면 다음과 같다. 평안도와 함경도가 전체 출세실결의 20%가량을 차지함에도 상납 액수에서 차지하는 비중이 낮은 데, 이는 대부분의 수입을 현지에 보관하여 지출하였기 때문이다. 한편, 경상도는 전라도와 출세실결이 비슷한 수준이었으나 상당한 재원이 일본과의 외교비용으로 지출되어 상납 액수의 비중은 상대적으로 적은 모습을 보인다.[22] 경기는 전체 수입 중에서 다른 지역보다 상대적으로 중앙에 상납되는 비율이 높은 편이었으나,[23] 규모 자체가 작아 총상납 액수의 6%가량을 차지하고 있다. 수도와의 접근성 측면에서 경기는 어느 지역보다도 우위를 점하였으나, 이러한 특징이 재정에서 차지하는 비중으로까지 이어지지는 못했던 셈이다.

다음으로 물종 측면의 특징을 확인해보자. 전체 수입 중에서 가장 많은 비중을 차지하는 것은 곡물류로 44%에 달하며, 포목(18.7%)과 동전(37.2%)이 그 뒤를 잇고 있다. 19세기 초만 하더라도 곡물과 포목을 비롯한 현물이 정부 재정 운영의 근간을 이루었음을 확인할 수 있다. 각 지역이 곡물류 수입에서 차지하는 비중은 전라도(43.6%), 충청도(26.7%), 경상도(16.1%) 순서로 이어지고 있다. 당시의 곡물 운송에 상당한 수준의 비용이 발생했음에도, 삼남 지역의 비중이 이처럼 높았다는 사실에서 조선 정부가 어떻게든 필요한 물자를 현물 그대로 조달할 필요가 있었음을 확인할 수 있다.

그 외에 포목과 동전 측면에서도 삼남 지역의 비중은 80.8%, 63.9%에 달한다. 특히 경상도는 두 물종의 전체 수입 중에서 각각 43%, 29.4%를 차지하며 가장 큰 비중을 점하고 있다. 미곡의 운송이 상대적으로 불리한 상황에서 경상도는 현지의 외교 지출을 충당하고, 다른 물종으로 대체

---

22) 문광균(2013).
23) 조낙영(2013).

상납함으로써 독특한 지역적 특색을 보인다.[24] 그 외에 주목할만한 지역은 황해도인데, 특이하게도 지역 내 납부액의 69.2%가 동전으로 구성되어 있다. 이러한 요인 탓에 황해도가 담당하는 동전 수입은 경상도 다음으로 높은 수준(22%)이다. 이는 장산(長山) 이북 지역에서 곡물을 바닷길로 운송하기가 어려워 동전으로 납부 물종을 변경한 결과로 이해된다.[25]

경기는 지역 내 수입에서 곡물이 차지하는 비중이 53.2%로 가장 높으며, 동전과 포목이 37.5%와 9.3%로 그 뒤를 잇고 있다. 삼남의 산간 지역을 대상으로 한 전세(田稅)와 대동세(大同稅)가 포목이나 동전으로 징수되는 것과 달리, 경기는 기본적으로 곡물로 징수하는 것이 원칙이었기 때문으로 보인다.[26] 단, 모든 세목에 이러한 원칙이 적용된 것은 아니었다. 18세기 이래로 군사기관 소속의 군역자가 납부하는 곡물은 흉년이 들 때마다 동전으로 대신 납부하는 것이 허용되곤 했는데,[27] 1758년부터는 수입 항목이 영구히 동전으로 고정되었다.[28] 경기는 수입 절반 이상이 미곡이었으나, 전체 중앙재정의 곡물 수입에서 차지하는 비중은 6.9% 수준으로 낮은 편이었다. 적어도 재정 물류 측면에서 경기의 미곡 공급 능력은 제한적이었다. 군사기관 곡물 수입을 동전으로 대체한 데서도 알 수 있듯이, 정부 역시 경기에서 미곡 수입을 적극적으로 확대하려는 의지를 보이지 않았다.

---

24) 문광균(2019), 『조선후기 경상도 재정 연구』, 민속원.
25) 『備邊司謄錄』 영조 28년 12월 24일. "戶曹判書趙榮國所啓, 各道收租案, 當爲磨勘, 而海西長山以北, 各邑稅收米·太貢物, 皆令作錢上納, 今亦依近例擧行, 何如, … 上曰, 此與嶺底七邑作錢, 無異, 于今復臨軍民, 豈不擧綱, 長山以北, 特依嶺底七邑例, 作錢定式."
26) 『萬機要覽』 財用編2 「八道四都時起田結收稅」.
27) 『備邊司謄錄』 경종 3년 11월 26일 ; 영조 10년 2월 14일 ; 영조 16년 10월 17일 ; 영조 31년 11월 12일.
28) 『備邊司謄錄』 영조 34년 10월 22일. "三軍門保米自納, 實爲畿民之大弊, 則代錢收捧, 果似便好, 而但年事之豐歉旣異, 各邑之野峽亦別, 一從民願, 或米或錢, 三斗一兩, 六斗則二兩式, 隨便自納, 則軍民無所損, 而窮民蒙實惠, 以此永爲定式, 何如, 令曰, 依爲之."

〈표 4〉 19세기 전반 국가 재원과 상납 액수의 지역적 분포

	재원 규모*		상납 액수**		과세단위 당 세액	
	결수(結)	호수(戶)	결세(石)	호세(石)	1결당 결세	1호당 호세
경기	52,207	159,160	32,153	7,682	0.62	0.05
충청도	120,833	221,625	108,816	26,874	0.90	0.12
전라도	204,760	319,160	187,126	36,289	0.91	0.11
경상도	201,553	365,220	152,301	32,325	0.76	0.09
황해도	68,548	137,041	60,526	22,955	0.88	0.17
강원도	11,569	81,876	19,525	9,273	1.69	0.11
평안도	84,910	300,944	3,357	2,640	0.04	0.01
함경도	66,539	123,882	0	4,652	0.00	0.04
합계	810,919	1,708,908	563,803	142,690	0.70	0.08

전거 : 『萬機要覽』 ; 『禁衛營事例』 ; 『御營廳事例』 ; 『訓局摠要』 ; 『戶口摠數』
* 결수는 1807년 각 지역의 면세결과 출세실결을 합한 것이며, 호수는 1789년의 상황을 기재한 것.
** 『만기요람』 환산식에 따라 米 1석 = 田米 1.25석 = 太 2석 = 布木 2.5필 = 錢 5냥의 비율로 환산.
*** 개성부, 수원부, 강화부, 광주부는 경기로 합산하여 기재.

앞서 살펴본 바와 같이 이상의 분석은 중앙정부로 흡수되는 수입만을 대상으로 한 것이다. 그렇다면 국가에서 파악하는 전체 재원 대비 상납 액수의 비중은 어떠했을까? 이를 확인하기 위해 결(토지)과 호에 각각 부과되는 세액의 양을 지역별로 비교해보면 〈표 4〉와 같다. 위 표에서 결세는 호조의 전세와 삼수미, 선혜청의 대동세, 균역청의 결전 등 토지를 대상으로 부과되는 세액이며, 호세는 군포나 환곡, 진상과 같이 개인이나 호를 단위로 부과되는 세액을 정리한 것이다. 단, 여기서 각 지역에서 토지와 가호에 부과되는 세액의 총량을 알 수 없다는 점에 유의해야 한다. 각 과세 단위당 세액은 어디까지나 중앙정부의 수입으로 흡수되는 1결, 1호의 경제적 가치만을 나타낼 뿐이다.

〈그림 2〉는 〈표 4〉의 과세단위 당 세액의 지역별 분포를 그래프로 나타낸 것이다. 각 지역의 상납 액수는 총수입에서 현지 지출과 운송비용을 제외한 것이므로, 두 요인이 적을수록 과세 단위당 세액이 높게 나타나

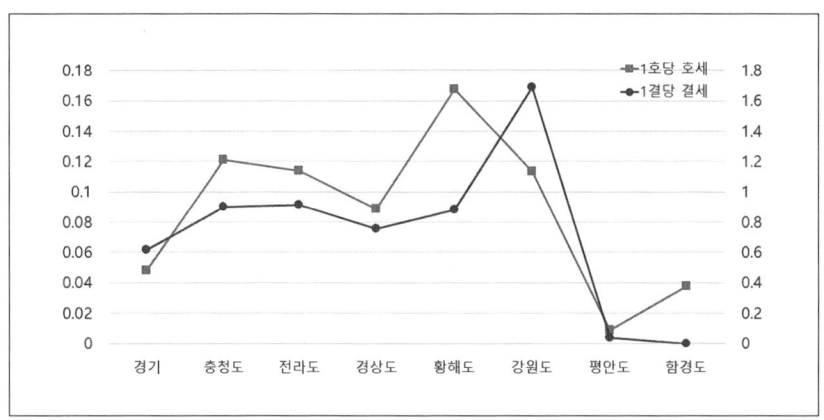

〈그림 2〉 과세 단위당 세액의 지역별 분포 상황(단위 : 石)

게 된다. 평안도와 함경도의 수치가 낮게 나타나는 이유는 일차적으로 수입 대부분이 현지에서 활용되기 때문이다. 1결당 결세가 가장 높은 지역은 강원도이며 충청도, 전라도, 황해도가 비슷한 수준을 보이고 있다. 이러한 현상이 나타나는 이유는 운송비용의 영향이 주효했던 것으로 여겨진다. 강원도의 경우 해당 지역의 세액 구성에서 곡물보다 운송의 부담이 낮은 포목과 동전의 비중이 70~80%에 달하기 때문이다. 1호당 호세 역시 대체로 비슷한 경향성을 보인다. 경상도가 두 항목 모두 상대적으로 다른 지역보다 낮은 이유는 높은 운송비용과 현지에서 대일 외교비용이 지출되기 때문으로 보인다.

〈그림 2〉에서 가장 눈에 띄는 점 중 하나는 경기의 과세단위 당 세액이 다른 지역보다 현저하게 낮다는 점이다. 경기는 수도에 바로 맞닿아 있는 만큼 운송비용이 낮은 편임에도 이러한 현상이 나타난 이유는 현지에서 사용되는 재원의 비중이 높기 때문이다. 현재의 경기도에 속하는 광주, 개성, 강화, 수원은 조선 후기 수도 방위체제의 일환으로 유수부(留守府)로 편제되었으며, 이 지역의 세액은 대부분 자체 운영비용으로 활용되었다.[29] 한편, 1장에서 살펴본 바와 같이 경기는 도내에서 능원묘위전, 궁방

전, 아문전, 각양잡위전 등 면세결이 32.6%에 달하는 지역이었다. 유수부 지역의 출세실결을 합하면 51.4%에 달하는 토지에서 재원의 상납이 이루어지지 않은 셈이다. 이러한 경기 지역의 특수성은 왕실과 관청이 수도와 가까운 지역에서 자체 재원을 확보하고, 정부에서 수도 방위를 위해 현지 조달 체계를 마련된 결과였다.

4. 시흥 지역의 재원 분포와 재정 규모

조선 후기 개별 군현 재정은 규모는 어떠하였으며, 나아가 도와 전국단위에서의 비중은 어떠한 수준이었을까. 이상의 질문에 답변하기 위해 현재의 시흥시 지역을 중점적으로 분석하기로 한다. 해당 지역을 분석하려는 시도는 선행연구에서 몇 차례 시도된 바 있다.[30] 그러나 현재의 시흥시는 18~19세기 시점에는 인천과 안산 지역에 속했으므로 당대의 문서로는 구체적인 수치 정보를 확인하기 어렵다는 한계가 있다. 선행연구에서도 대체로 인천과 안산 지역의 재정 규모와 토지 및 호구 수를 각각 분석 정리하는 수준에서 그치고 있다. 본 글에서는 조선 후기 인천, 안산 지역의 행정구역 변천 과정을 추적하여, 현재의 시흥시에 해당하는 지역(이하 '시흥 지역')의 토지, 호구, 상납 액수의 규모를 추계하고 경기 내에서 차지하는 위상과 그 특징을 살펴보기로 한다.

---

29) 조낙영(2015), 「조선후기 留守府 재정연구 : 江華·廣州·華城 留守府를 중심으로」, 서울대학교 박사학위논문.
30) 최윤오(2007), 「삼정과 재정운영」, 『시흥의 전통시대』, 시흥시사편찬위원회 ; 차선혜(2007), 「근대적 개혁과 지방제도 변화」, 『시흥의 근현대』, 시흥시사편찬위원회 ; 이영호(2007), 「광무양전사업과 국유지 정리」, 『시흥의 근현대』, 시흥시사편찬위원회 ; 윤해동(2007), 「지방지배체제의 변화」, 『시흥의 근현대』, 시흥시사편찬위원회.

〈표 5〉 시흥시 지역의 행정구역 변화상

1789		1914		1973	
군	면	군	면	군	면
안산군	군내면	시흥군	수암면*	시흥군	수암면
	잉화면				
	초산면				
	대월면		군자면**		군자면
	마유면				
인천도호부	신현면	부천군	소래면		소래면
	전반면				
	황등천면				

전거 : 차선혜(2007), 「근대적 개혁과 지방제도 변화」, 『시흥의 근현대』, 시흥시사편찬위원회, pp.13-17.
* 과거 군내면 지역의 부곡리, 양상리, 성포리와 잉화면의 와리, 고잔리, 월피리는 현재의 안산시로 귀속
** 과거 대월면 지역의 선부리는 현재의 안산시로 귀속

시흥시 지역을 구체적으로 살피기 위해서는 우선 18세기 이후 행정구역의 변화상부터 검토할 필요가 있다. 조선 후기 안산군의 6개 면 중에서 현재의 시흥시에 해당하는 지역은 군내면, 잉화면, 초산면, 대월면, 마유면 등 5개 면에 해당한다. 그러나 이 중 군내면, 잉화면, 대월면의 일부 지역은 후일 현재의 안산시에 편입된다. 한편, 인천도호부의 16개 면 중에서 현재의 시흥시에 해당하는 지역은 신현면, 전반면, 황등천면 등 3개 면에 해당한다. 이들 지역은 1914년 부천군의 소래면으로 통폐합되었다가 1973년 시흥군으로 편입되었다. 지역마다 약간의 차이는 있으나 행정구역 변화가 기본적으로 면 단위로 이루어졌기 때문에, 조선후기 시흥 지역의 사회경제적 정보를 추계하기 위해서는 기본적으로 면 단위 수치 정보에 대한 파악이 이루어질 필요가 있다.

조선 후기 안산군과 인천도호부의 호수와 결수는 각종 읍지 자료를 통해 확인할 수 있으나, 면 단위의 수치 정보를 확인하기는 대단히 어렵다. 호구 수치는 다행히도 1789년의 상황을 담고 있는 『호구총수(戶口摠數)』에

서 면 단위로 확인이 가능하지만, 토지의 경우 1900년에 작성된 『안산군양안(安山郡量案)』에서 광무양전 단계의 안산 지역 상황만 확인이 가능하다. 이러한 상황을 고려하여 본 글에서는 1914년 일제가 부군면 통폐합을 단행하는 과정에서 남긴 지역별 수치 정보를 바탕으로 조선 후기의 상황을 추론해보기로 한다.

〈표 6〉 부군면 통폐합(1914) 전후 시흥 지역의 행정구역 상황

기존 행정구역		신규 행정구역		호수(戶)	인구(口)	면적(町)*	지세액(円)
군명	면명	군명	면명				
안산군	군내면	시흥군	수암면	571	2,828	431	1,060
	초산면			566	2,905	742	1,670
	잉화면			460	2,301	377	971
	마유면		군자면	678	3,578	688	1,406
	대월면			275	1,413	305	954
	와리면			597	3,307	717	1,533
	〈소계〉			3,147	16,332	3,261	7,593
인천부	신현면	부천군	소래면	509	2,457	2,000*	1,434
	전반면			358	1,872		1,751
	황등천면			326	1,589		1,185
	〈소계〉			1,193	5,918	2,000	4,370

전거 : 「郡面廢合關係書類」(1914)
* 원문서 내에서는 方里 단위로 기재되어 있으나 町 단위로 환산처리

20세기 초 일제는 기존 면 단위의 면적과 호수를 참작하여 통폐합을 단행하였으며, 이 과정에서 작성한 「군면폐합관계서류(郡面廢合關係書類)」에는 지역별 호수, 인구, 면적, 지세액 등의 정보가 기재되어 있다.[31] 〈표 6〉은 이중 현재 시흥시 지역에 해당하는 시흥군 수암면, 군자면과 부천군 소래면에 통폐합되는 과거 행정구역의 수치 정보를 정리한 것이다. 이를 통해 1914년 단계에서 안산과 인천 지역 내부에서 각 면이 차지하고

---

31) 해당 자료는 국가기록원에서 열람이 가능하다. 자료의 성격에 대해서는 다음 글을 참고. 김연지(2007), 「1914년 경상남도 지방행정구역의 개편과 성격」, 『역사와 세계』 31, 효원사학회, pp.45-46.

있던 상대적 비중을 확인할 수 있다.

「군면폐합관계서류」에 나타난 각종 수치는 어디까지나 20세기 초의 상황을 나타내므로, 조선 후기 상황을 짐작하기 위해서는 추가적인 검토가 필요하다. 이를 위해 광무양전 단계의 면 단위 토지 결수를 확인해보도록 하자. 『안산군양안』은 1900년 대한제국 정부에서 지세수입을 증가시키기 위해 실시한 토지조사의 결과를 담고 있다.[32] 토지 수치 정보는 크게 종래의 조사 결과에 해당하는 원결(原結)과 신규 조사 결과에 해당하는 실결(實結)로 구분된다. 전반적으로 실결의 결수가 이전에 비해 21%가량 증가한 모습을 보이는 가운데, 총 결수 중에서 면별로 차지하는 비중 역시 소폭 조정되는 모습을 보인다.

〈표 7〉 20세기 초 안산 지역 토지 정보의 기재 상황

	『安山郡量案』(1900)				「郡面廢合關係書類」(1914)			
	원결(結)		실결(結)		면적(町)		지세액(円)	
군내면	186.4	(16.7%)	197.5	(14.8%)	431.4	(13.2%)	1,059.7	(14.0%)
잉화면	145.0	(13.0%)	153.7	(11.5%)	377.1	(11.6%)	970.9	(12.8%)
대월면	115.7	(10.3%)	190.0	(14.2%)	305.4	(9.4%)	953.6	(12.6%)
와리면	240.5	(21.5%)	262.8	(19.7%)	717.2	(22.0%)	1,533.4	(20.2%)
마유면	198.1	(17.7%)	244.8	(18.3%)	687.8	(21.1%)	1,405.5	(18.5%)
초산면	232.5	(20.8%)	288.5	(21.6%)	742.2	(22.8%)	1,670.0	(22.0%)
합계	1,118.2	(100%)	1,337.4	(100%)	3,261.1	(100%)	7,593.0	(100%)

전거 : 『安山郡量案』(1900) ; 「郡面廢合關係書類」(1914)
* 괄호 속 수치는 합계 대비 해당 항목의 비율을 나타낸 것.

광무양안 속 결수와 1914년 단계의 면적과 지세액을 비교해보자. 각 면의 면적과 지세액은 대체로 유사한 모습을 보이지만, 반드시 그런 것은 아닌데 대월면과 마유면이 그렇다. 대월면은 면적 대비 지세액 부과가 많았으며, 마유면은 면적 대비 지세액 부과가 적은 편이었다. 두 지표 중에서 양안 속의 결수와 상관관계가 높은 정보는 지세액으로 보인다.

---

32) 안산 지역의 광무양전에 대해서는 다음 글을 참고. 이영호(2007), pp.46-51.

전체 지세액 중에서 각 면이 차지하는 비율과 전체 결수에서 각 면이 차지하는 비율이 대체로 유사한 경향성을 보이기 때문이다. 원결과 실결의 구성 비율 모두 대체로 지세액의 비율과 큰 차이를 보이지 않으며, 그중에서도 실결이 지세액과 보다 높은 정합성을 가지는 것으로 보인다. 결수 자체가 세액 부과를 위해 산정된 수치임을 감안하면 자연스러운 결과이기도 하다.

이상의 논의를 바탕으로 1914년 단계에서 각 면의 지세액 규모와 비율을 고려하여 조선 후기의 결수를 추정해보기로 한다. 18세기 중엽 작성된 『여지도서』에는 군현 단위의 토지, 호구 정보가 충실하게 기재되어 있다.33) 여기서 안산과 인천 지역의 실결 정보를 1914년 각 지역 내 면별 지세액의 상대적 비중을 참작하여 결수를 추정하면 〈표 8〉과 같다.34)

〈표 8〉 조선 후기 시흥 지역의 재원 분포 추정

현대	일제시기		조선 후기		결수(結)		호수(戶)	
시	군	면	군	면				
시흥시	시흥군	수암면	안산군	군내면	56.5	(6.0%)	299	(11.9%)
				잉화면	40.7	(4.3%)	142	(5.7%)
				초산면	103.5	(10.9%)	484	(19.3%)
		군자면		대월면	74.9	(7.9%)	133	(5.3%)
				마유면	163.5	(17.3%)	541	(21.5%)
	부천군	소래면	인천도호부	신현면	166.5	(17.6%)	381	(15.2%)
				전반면	203.3	(21.5%)	282	(11.2%)
				황등천면	137.6	(14.5%)	251	(10.0%)
〈소계〉					946.3	(100.0%)	2,513	(100.0%)

전거 : 『輿地圖書』, 『戶口摠數』

---

33) 『여지도서』의 자료적 특징에 대한 분석은 다음 글을 참조. 허원영(2011), 「18세기 중엽 조선의 호구와 전결의 지역적 분포 -『輿地圖書』의 호구 및 전결 기록 분석」, 『사림』 38, 수선사학회.
34) 안산 지역은 『안산군양안』을 통해 전체 지세액 중에서 면별로 지세액의 비중을 확인할 수 있으나, 인천 지역은 이를 확인하기가 어렵다. 이 점을 고려하여 1914년 안산군에서 지세액 1円(엔)당 결수를 바탕으로 인천 지역의 면별 결수를 추산하고, 이를 면 단위로 비교하여 비중을 확인하였다.

여기서 호수는 18세기 후반 『호구총수』의 정보를 바탕으로 정리하였으며, 조선 후기 군내면, 잉화면, 대월면의 일부는 현재 안산시에 속하므로 일정 부분 조정 처리하였다.35) 현재 시흥 지역의 정확한 수치 정보를 확인하는 것은 불가능하나, 조선 후기 시흥의 토지, 호구 수치는 각각 946.3결, 2,513호 수준으로 추계된다.

이제 추정 재원 규모를 바탕으로 조선 후기 경기에서 시흥 지역이 차지하는 비중을 살펴보기로 한다. 앞서 1807년의 중앙정부 상납 액수의 도별 분포는 『만기요람』을 통해 살펴볼 수 있었으나, 해당 자료를 통해서는 군현 단위의 상납 액수는 확인이 불가능하다. 이 점을 고려하여 1794년 단계의 상황을 담고 있는 『부역실총』 속 경기 군현의 지역별 상납 액수를 분석하고자 한다.36) 아울러 결수와 호수는 18세기 중엽의 상황을 담은 『여지도서』를 통해 정리하였다.37) 이상의 방법을 통해 조선 후기 경기 각 군현의 재원 규모와 상납 액수를 정리하면 〈표 9〉와 같다.

〈표 9〉 18세기 중후반 경기 지역의 군현별 재원 및 상납 액수 규모

지역	결수(結)	호수(戶)	상납 액수(石)	지역	결수(結)	호수(戶)	상납 액수(石)
가평	585.1	1,922	423.8	양주	10,163.4	12,465	1,015.3
강화	3,515.2	9,801	0.0	양지	1,010.3	1,685	554.9
개성	2,758.1	11,525	0.0	양천	970.1	802	241.8
고양	2,298.7	3,301	531.8	여주	4,793.9	6,654	2,573.0
과천	1,565.1	3,273	644.8	연천	1,315.0	1,342	789.9
광주	6,075.9	10,568	2.6	영평	1,300.3	1,549	276.1

35) 1914년을 기준으로 군내면의 6개 마을에서 현재 시흥에 속하는 지역은 3개 마을이며, 잉화면과 대월면의 5개, 2개 마을에서 시흥 지역에 해당하는 마을은 각 2개, 1개이다. 이점을 고려하여 각 면의 추정 결수 및 호수에서 50%, 40%, 50%만을 반영하였다.
36) 호조와 선혜청, 균역청을 비롯한 중앙재무기관과 병조, 훈련도감, 어영청, 금위영 등의 중앙군사기관을 중점적으로 분석하였으며, 재화의 최종 상납처가 서울이 아닌 本官일 경우 상납 액수에서 제외하였다.
37) 『여지도서』 상에서 영종(永宗)은 별도의 단위로 집계되고 있는데, 『호구총수』 상에서는 인천 소속으로 분류되고 있으므로 인천 항목에 합계 기재하였다.

교동	1,271.1	1,808	463.2	용인	4,719.3	4,859	2,077.5
교하	1,948.6	2,474	881.3	음죽	2,504.7	2,063	956.2
금천	1,275.8	1,934	422.4	이천	3,042.6	4,967	2,271.6
김포	1,565.5	1,679	660.7	인천	2,445.1	4,096	1,600.7
남양	2,696.6	6,315	2,247.5	장단	2,197.3	5,332	2,331.9
마전	880.1	1,011	501.3	적성	1,022.8	1,698	387.3
부평	3,029.9	3,169	1,553.0	죽산	2,265.8	4,223	1,722.6
삭녕	1,892.3	2,792	5,572.4	지평	467.8	2,168	466.8
수원	11,604.6	15,121	0.0	진위	2,288.8	2,137	1,536.4
안산	1,152.6	2,758	700.4	통진	3,109.6	3,372	2,088.0
안성	2,623.3	4,589	2,247.0	파주	2,522.7	3,227	467.0
양근	1,998.8	3,586	868.1	포천	871.8	2,598	534.2
양성	3,056.9	3,104	1,635.2	풍덕	2,860.7	3,193	1,741.9

전거 : 『輿地圖書』, 『戶口摠數』
* 음영 표시는 각 지표별 최대, 최소값을 표시한 것.(상납 액수의 경우 유수부 제외)

　　조선 후기 경기 내의 군현별 재원의 규모는 지역별로 편차가 매우 심한 상황이었다. 토지의 경우 최소 467.8결(지평)부터 최대 11,604.6결(수원)에 이르는데, 거의 25배에 달하는 수준이었다. 호수 역시 비슷한 상황인데, 최소 802호(양천)에서 최대 15,121호(수원)의 범위로 분포하고 있으며 양자 간의 차이는 19배에 근접한 모습을 보인다. 중앙정부에 대한 상납 액수 측면에서는 대부분의 재원이 지역 내에서 운영되는 유수부를 제외하였을 때, 군현별 상납 액수는 241.8석에서 5,572석까지 다양한 수준으로 확인되고 있다.

　　이제 시흥 지역을 경기 전역 및 소속 군현들과 비교해볼 차례이다. 우선, 〈표 10〉에서 확인되듯이 경기 지역의 재원 및 상납 액수의 총액은 101,666결, 159,160호, 42,988.4석으로 집계된다. 시흥 지역의 해당 항목은 946.3결, 2,513호, 605.2석으로 추산되는데,[38] 경기 전역의 총액 대비 비율은 각각 0.9%, 1.6%, 1.4% 수준이었다. 동일 군현임에도 결과 호가 차지하

---

38) 시흥 지역의 상납 액수는 안산, 인천 지역의 과세단위 당 세액을 바탕으로 추산하였다.

〈표 10〉 18세기 중후반 경기 지역의 재원 및 상납 액수의 평균 규모

지역	소속 군현	구분	결수(結)	호수(戶)	상납 액수(石)
경기	38	총액	101,666.0	159,160	42,988.4
		평균	2,675.4	4,188	1,131.3
유수부	4	총액	23,953.8	47,015	2.6
		평균	5,988.5	11,754	0.7
군현	34	총액	77,712.2	112,145	42,985.8
		평균	2,285.7	3,298	1,264.3
시흥 지역	1	총액	946.3	2,513	605.2

전거 : 『輿地圖書』, 『戶口摠數』

는 비중의 차이가 제법 큰 편인데, 호수의 비중이 높다는 점에서 시흥 지역에서는 토지보다 인간의 파악이 중점적으로 이루어졌음을 추정해 볼 수 있다.

다음으로, 경기 내 다른 군현과 비교해보자. 이를 위해 항목별 평균치를 확인할 필요가 있다. 그런데 앞서 살펴본 바와 같이 경기 관내의 유수부 지역은 다른 군현보다 토지와 호구의 규모가 대단히 큰 편이었다. 이 점을 고려하여 경기의 38개 군현 중에서 유수부를 제외한 34개 지역의 평균값을 확인해보면 각각 2,285.7결, 3,298호, 1,264.3석으로 집계된다. 세 항목 모두 시흥 지역을 상회하는 수치로 확인된다. 이상의 사실을 고려해보았을 때 조선 후기 현재 시흥시에 해당하는 지역이 경기 전역에서 차지하는 비중은 낮은 편이었으며, 주요 재원 규모 역시 일반 군현보다 상대적으로 적은 수준이었음을 확인할 수 있다.

5. 나가며

조선 후기 왕조 정부의 재정 운영은 현물재정에서 기인하는 물류적 제약이 존재한다는 점과 재원의 분급을 통한 개별분산적 재정구조가 유지

되었다는 점에서 근대적 재정과 구별되는 독특한 모습을 보인다. 이러한 상황에서 감영과 군현을 단위로 하는 지방정부는 부세의 수취와 운송에 직접 개입하는 당사자라는 측면에서 중요하다. 본 글에서는 이와 같은 문제의식을 바탕으로 지역사의 시각에서 도 단위에서 경기 지역의 재정 운영 구조를 조망하였으며, 군현 단위에서는 시흥 지역을 살펴보았다.

전근대 한국에서 재정 운영의 근거는 크게 토지와 호로 구분할 수 있다. 18세기 후반 경기 지역은 전체 토지의 7.8%, 전체 호의 9.3%를 차지하고 있었다. 이는 경기가 토지보다 인간에 대한 파악의 강도가 높았던 지역이었음을 시사한다. 한편, 정부에서 개별 재원을 파악하고 있더라도 실제 중앙정부의 수입으로 이어지는 것과는 별개의 문제였다. 왕실과 관청, 지방정부에서 개별적으로 관리하는 재원이 있었기 때문이다. 이러한 사실은 경기에서 가장 두드러지게 나타난다. 경기는 전체 토지 재원에서 왕실과 중앙관청 소속 토지의 비중이 가장 높은 지역이었으며, 이러한 추세는 19세기까지 유지 및 강화되고 있었다. 아울러 경기는 다른 도보다 토지에 대한 파악이 의도적으로 낮게 이루어졌다는 점에서도 독특한 모습을 보인다.

조선 후기 중앙정부의 수입은 다양한 물종으로 구성되었다. 곡물 수입이 전체의 44%로 가장 큰 비중을 점하였으며, 동전(37.2%)과 포목(18.7%)이 그 뒤를 이었다. 경기에서 정부에 납부하는 물종 역시 곡물이 대부분을 이루었다. 그러나 절대적인 양은 그리 많지 않았으며, 정부 역시 미곡 수입을 적극적으로 확대하려는 의지를 보이지 않았다. 기본적으로 중앙정부로 납부되는 재화의 규모 측면에서 경기의 비중은 전국의 5.6%에 불과했기 때문이다. 경기는 수도와의 접근성 측면에서 운송비용을 절약할 수 있다는 장점이 있었지만, 이러한 특징이 재정 비중의 증대로까지 이어지지는 않았다. 이는 유수부와 같이 군사적 목적을 수행하기 위해 지방에 남겨지는 재원이 존재했던 데다, 궁방전과 아문전 등 중앙재정에 귀속되지 않는 재원이 많았기 때문이었다. 이는 경기 지역이 재화의 공급처이자

동시에 수요처이기도 하였음을 의미하며, 수도의 연장이라는 특징이 반영된 결과였다.

　이와 같은 경기 지역의 특수한 재정 상황을 감안한 상황에서, 내부 구조를 파악하기 위해 현재의 시흥시 권역에 대한 군현 단위 분석을 수행하였다. 시흥은 조선 후기 안산과 인천에 각각 속하였으므로 당시의 정확한 재원 수치를 파악하는 일은 쉽지 않다. 본 글에서는 이러한 제약을 극복하기 위해 1914년 부군면 통폐합 당시의 수치 정보를 바탕으로 면 단위의 상대적 비중을 확인하였으며, 이를 토대로 조선 후기 시흥 지역의 토지 규모를 946.3결로 추정하였다. 호수는 18세기 후반 2,513호 수준이었음을 확인할 수 있었다. 이는 경기 전역 토지의 0.9%, 1.6%에 해당하는 수준으로, 호의 비중이 높다는 점에서 경기 내부에서도 인간에 대한 파악이 강했던 지역이었음을 확인할 수 있었다. 조선 후기 시흥 지역의 주요 재원 규모는 유수부를 제외한 일반 군현의 평균치보다 다소 낮은 수준에 머물러있었다. 그러나 군현별 편차가 매우 심한 상황임을 고려한다면 그리 특이한 사례라고 보기는 어렵다. 오히려 군현 단위의 심한 차이에도 도정과 국정 운영에는 문제가 없었음을 보여준다는 점에서, 전근대 국가의 행정 및 재정 운영의 독특성을 다시금 확인할 수 있다.

참고문헌

【자료】

『世宗實錄』, 『孝宗實錄』, 『備邊司謄錄』
『度支田賦考』, 『戶口摠數』, 『輿地圖書』, 『賦役實摠』
『萬機要覽』, 『訓局總要』, 『禁衛營事例』, 『御營廳事例』
『牧民心書』
「群面廢合關係書類」

【논저】

國史編纂委員會(1973), 『輿地圖書』, 探求堂.
권기중(2008), 「『賦役實摠』에 기재된 지방재정의 위상」, 『역사와 현실』 70, 한국역사연구회.
김건태(2006), 「호적대장에 등재된 호구의 성격」, 『한국사연구』 132, 한국사연구회.
김건태(2018), 『대한제국의 양전』, 경인문화사.
김소라(2021), 「양안의 재해석을 통해 본 조선후기 전세 정책의 특징」, 서울대학교 박사학위논문.
김재호(2007), 「조선후기 중앙재정의 운영 : 『六典條例』의 분석을 중심으로」, 『經濟史學』 43, 경제사학회.
김재호(2008), 「朝鮮後期 中央財政과 銅錢 : 『賦役實摠』을 중심으로」, 『經濟史學』 44, 경제사학회.
김옥근(1984), 『조선왕조재정사연구 [1]』, 일조각.
문광균(2013), 「18세기 후반 경상도 재정 물류의 운영 구조」, 『역사와 현실』 90, 한국역사연구회.
문광균(2019), 『조선후기 경상도 재정 연구』, 민속원.
손병규(2003), 「조선후기 재정구조와 지방재정운영 : 재정 중앙집권화와의 관계」, 『朝鮮時代史學報』 25, 조선시대사학회.
손병규(2008), 「조선후기 국가재원의 지역적 분배」, 『역사와 현실』 70, 한국역사연구회.
송양섭(2008), 「『부역실총』에 나타난 재원파악 방식과 재정정책」, 『역사와 현실』 70, 한국역사연구회.
오영교(1986), 「조선후기 지방관청 재정과 식리활동」, 『학림』 8, 연세대학교 사학연구회.
윤용출(1998), 『조선후기의 요역제와 고용노동』, 서울대 출판부.
윤해동(2007), 「지방지배체제의 변화」, 『시흥의 근현대』, 시흥시사편찬위원회.

이영호(2007), 「광무양전사업과 국유지 정리」, 『시흥의 근현대』, 시흥시사편찬위원회.
이우연(2010), 「賦役實摠에 나타난 朝鮮後期 地方財政의 規模와 特質」, 『經濟史學』 48, 경제사학회.
임성수(2013), 「『度支田賦考』를 통해 본 호조의 재원 파악방식과 재정구조 변화」, 『民族文化硏究』 59, 고려대학교 민족문화연구원.
임지환(1990), 「부역실총을 통해 본 조선후기 전라도 지역의 재정」, 『전라문화논총』 4, 전북대학교 전라문화연구소.
정승화(2024), 「조선 후기 三軍營 군영사례에 대한 서지적 검토 - 藏書閣 소장 군제자료를 중심으로 - 」, 『藏書閣』 52, 한국학중앙연구원.
정해은(1996), 「장서각 소장의 조선후기 군제 관련 자료에 대한 검토」, 『한국학대학원논문집』 11, 한국정신문화연구원.
조낙영(2013), 「『부역실총』을 통해 본 경기의 재원 특성 및 운영 구조」, 『역사와 현실』 90, 한국역사연구회.
조낙영(2015), 「조선후기 留守府 재정연구 : 江華·廣州·華城 留守府를 중심으로」, 서울대학교 박사학위논문.
차선혜(2007), 「근대적 개혁과 지방제도 변화」, 『시흥의 근현대』, 시흥시사편찬위원회.
최윤오(2007), 「삼정과 재정운영」, 『시흥의 전통시대』, 시흥시사편찬위원회.
허원영(2011), 「18세기 중엽 조선의 호구와 전결의 지역적 분포 - 『여지도서(輿地圖書)』의 호구 및 전결 기록 분석」, 『사림』 38, 수선사학회.

1910년대 초반 시흥 지역 간척지 소유 양상

김 한 빛

1. 들어가며

조선 정부는 개간을 장려하여 농토를 넓히고 세수를 확보하기 위해 노력하였다. 서해안 각지에 벌어진 간척지 조성 사업 역시 그러한 정책의 일환이었다. 정부는 둑을 쌓아 토지를 만들고, 세금 감면과 3년 이상 경작 시 토지소유 등 혜택을 주어 간척지에 농민들을 모으려 했다. 현 시흥시 지역에 있는 소위 석장둔 인근 간척지는 그러한 배경에서 장기간에 걸쳐 조성되었다.

하지만 간척지 운영은 당국의 뜻대로만 이루어지지 않았다. 간척지를 개간하려는 농민 앞에 여러 장애물이 놓여 있었기 때문이다. 간척지에는 소금기가 가득했다. 게다가 범람이나 조수간만에 의한 피해도 심심치 않게 닥쳐왔다. 겨우 경작에 성공하면 소유권 문제가 발목을 잡았다. 개간 전 미리 간척지 입안을 확보해 두었던 부재지주들이 등장한 것이다. 이는 부유한 소수 지주가 토지를 대규모로 집적하기에 유리한 상황이었.

또한 석장둔 인근 간척지는 조성 과정부터 각 기관과 궁방이 개입하여 수조권 등 각종 권리를 행사하였으므로, 궁장토와 둔토가 많은 지역이었다. 대한제국 말기부터 일제시대 초까지 정부와 각 기관이 소유한 역둔토는 일괄적으로 정리되었다. 그 과정에서 중답주 권리가 부정되고 토지에 대한 개인 소유권이 문서로 확정되는 등 적지 않은 변화가 있었다.

이러한 배경을 염두에 둘 때, 일제시대 초 간척지 소유 양상의 특성을 살펴보는 작업은 조선후기 정부 기관 및 궁방이 권리를 가지고 있던 토지의 최후 향방을 가늠할 수 있는 잣대가 될 것이다.

간척지 소유 특성에 대해 언급한 최초 연구자는 송찬섭이다. 그는 17~18세기 수리기술 발전 및 산간 개간지 포화로 인하여 저지대 개간이 활발해졌다고 보았고, 간척 역시 그 흐름의 일환이었다고 하였다. 그는 간척지 개간이 농민 양극화에 영향을 미쳤다고 보았다. 간척 사업을 하기 위해서는 입안, 절수 등 해당 지역 토지에 대한 권리를 선점해야 했는데, 부유층이 이 권리를 갖기에 유리했다는 것이다.[1]

양선아는 조선시대 토지소유권 연구에 등장하는 관둔전과 궁방전 사례들이 대부분 간척지를 배경으로 하고 있음을 지적했다. 그는 조선 후기 각 기관이 세원이나 수입을 스스로 마련해야 했으므로 소유권이 제대로 확립되지 않은 갯벌이나 하천변 간척에 관여하여 권리를 행사했을 것이라고 보았다. 이러한 기존 연구 비판을 토대로 조선 후기 간척기술과 해안환경, 그리고 해안을 간척지로 개간하고자 했던 정치권력의 관계를 연결하여 조망했다.[2]

한편, 구한 말까지 각 기관이나 궁방이 소유권 및 수조권을 가지고 있던 토지에 대해 소유권 분쟁이 발생한 사례와 원인에 주목한 연구가 진행되었다. 일제가 역둔토 조사과정에서 국유지를 최대한 확보하는 데에 목표를 두었다는 견해가 있었다.[3] 또는 대한제국 정부가 역둔토 사정

---

[1] 송찬섭(1985), 「17·18세기 신전개간의 확대와 경영형태」, 『한국사론』 12.
[2] 양선아(2010), 「조선후기 간척의 전개와 개간의 정치 : 경기 해안 간척지 경관의 역사 인류학」, 서울대학교 대학원 박사학위논문.

기준을 확정하지 못한 상황에서 역둔토 국유화가 진행되어 분쟁이 발생했다는 견해도 있었다.[4] 이상의 연구는 주로 역둔토 사정 및 토지조사사업 과정에서 대한제국 정부·통감부·조선총독부가 추진한 정책에 주목하였다. 따라서 실제 조선시대 기관이 권리를 가지고 있던 각 지역의 소유권 확정 양상을 구체적으로 살펴보는 데에 미진한 부분이 있었다.

이영호는 석장둔 인근 간척지와 관련된 문헌이 풍부한 점을 바탕으로 해당 지역 간척지 형성부터 20세기 토지소유 양상까지 장기간의 변화를 추적한 연구를 진행했다. 이에 따르면 조선 후기 중앙정부가 직접 간척을 진행했기 때문에 해당 지역에 민간 소유권과 별도로 기관이 갖는 수조권이 발생했다. 다만 일제의 역둔토 정리 및 토지조사사업 과정에서 소유권 관련 분쟁이 모두 해결되었고, 토지 대부분이 민유지로 설정되었다. 또한 당시 토지 납세 통계와 비교할 때 석장둔 인근 간척지에서 보이는 토지소유 양상은 1920년대의 일제시대 한반도의 소유 양상과 유사하였다.[5]

이영호는 『토지조사부』에 기재된 소유자 분석 시 석장둔 인근 간척지뿐만 아니라 간척지가 포함된 행정구역 전체를 대상으로 삼았다. 이는 저자의 언급대로 간척지 인근 지역도 간척지 농업에 영향을 받는 생활권이었음을 감안하면 의의가 있는 분석 방법이다. 그러나 이 방식으로 분석한다면 간척지가 아닌 영역도 분석 대상에 포함되므로 간척지 특성을 반영한 정확한 분석이 이루어지기 어려운 듯하다. 또한 당시 토지 납세 통계는 여러 행정구역에 걸쳐 토지를 소유한 지주를 중복반영하였다.[6] 즉, 대지주

---

3) 박진태(2004), 「일제의 역둔토실지조사와 분쟁지 문제」, 『역사문화연구』 20 ; 박성준(2018), 「통감부시기 궁방전의 소유권 판별과 조선토지조사사업 국유지분쟁의 원인」, 『한국문화』 83.

4) 이영호(2010), 「한말~일제초 근대적 토지소유권의 확정과 국유·민유의 분기」, 『역사와현실』 77.

5) 이영호(2018), 『토지소유의 장기변동 : 경기도 시흥 석장둔의 250년 역사』, 경인문화사.

6) 小早川九郎 외(1960), 「제4표 지세납세의무자 면적별 인원(1921~1936)」, 『朝鮮農業

가 가진 토지 면적이 과소평가될 가능성이 있다.

본 연구는 통감부의 역둔토조사 및 1911년까지의 토지 신고를 바탕으로 작성된 『토지조사부』 및 『원도』를 대조하여 분석 대상지를 최대한 간척지 영역 그대로 설정하고자 하였다. 그리고 간척지가 아닌 인근 지역의 『토지조사부』와 비교하여 간척지에 드러나는 토지소유 특성을 확인하였다. 이와 함께 비옥도가 소유 양상과 상관관계가 있는지 살펴보고자 했다. 비옥도 판단 기준은 두 가지이다. 하나는 1910년대에 작성된 『토지대장』상의 과세가격이다. 다른 하나는 간척지 조성을 위해 설치한 소위 호조둑과의 거리이다. 과세가격과 호조둑과의 거리 및 소유자 현황을 분석하여 비옥도에 따른 소유양상을 확인하였다.

본 연구를 통해 '한국병합'7) 직후 석장둔 인근 간척지 소유 양상을 살펴볼 수 있을 것으로 기대된다. 조선 후기 간척지는 다른 경작지와 달리 주로 관청이 조성하고 경영해 온 토지인 경우가 많으며, 부유한 지주들이 소유권을 주장하기 용이했다. 따라서 소유 양상이 다른 지역 토지와 차이를 보였을 가능성이 있다. 따라서 '한국병합' 직후 토지소유자가 명확하게 드러나는 최초 문서인 『토지조사부』를 통해 간척지 소유 양상의 특징을 간접적으로 살펴볼 수 있을 것이다. 특히 석장둔 인근 간척지는 그 영역을 타지에 비해 분명하게 유추할 수 있는 곳이다. 따라서 토지 관련 문서에서 해당 영역 내용만 추려낼 수 있는 장점이 있다.

다만 이러한 분석 방법은 한계를 갖는다. 일제시대에 작성된 문서인 만큼 조선 후기 소유권 변동을 정확하게 반영하지 않는다. 물론 대상지역인 석장둔 인근 간척지에는 18세기에 별도로 작성된 양안은 물론 광무양안

發達史 : 資料編』, 友邦協會(이영호(2018) p.233 재인용) ; 장시원(1989), 『일제하 대지주의 존재형태에 관한 연구』, 서울대학교 대학원 박사학위논문.
7) 일제시대 당시에 '한국병합'이라는 용어를 사용하였으나, 이를 부정적으로 평가한다는 의미로 따옴표를 사용하였다. 한성민(2021), 『일본의 한국병합 과정 연구』, 경인문화사를 참고하였다.

도 남아있다. 그러나 양안에 실소유주가 제대로 기재되지 않는 경우가 많았다.[8] 따라서 조선시대 양안과 일제시대 토지대장 각 필지를 연결하여 소유관계를 따지지 않는 이상 양안만으로 소유관계 변화 양상을 밝히기 어렵다.[9] 다만 대상 자료는 '한국병합' 직후인 1911년경에 완성되었으므로, 대한제국 정부와 통감부가 진행한 역둔토 정리, 그리고 총독부 토지조사사업 결과를 반영한 가장 앞선 시기의 문서이다. 이는 간척지 역둔토 정리 결과를 지역 수준에서 살펴볼 수 있는 실례가 될 것이다.

2. 지역 개관 및 연구 방법

연구 대상지역인 석장둔 인근 간척지를 소개하기에 앞서, 시흥시 행정연혁을 간략하게 살펴보겠다. 현재의 시흥시는 조선 후기 안산군 남부 5개 면인 군내면, 잉화면, 초산면, 대월면, 마유면과 인천도호부 3개 면인 신현면, 전반면, 황등천면에 해당했다. 안산군 5개 면 중 1914년에 군내면과 잉화면, 대월면 일부 지역은 현 안산시에 편입되었으며, 그 외 지역은 수암면과 군자면으로 재편되어 시흥군에 편입되었다. 같은 시기 인천도호부에 속한 3개 면은 소래면으로 통폐합되어 부천군에 속하였다. 수암면과 군자면, 소래면은 1973년 시흥군으로 통합되었고, 현 시흥시까지 그 영역이 이어지고 있다.[10]

이 중 대상지역인 간척지 영역은 1914년 당시 부천군 소래면 일부 지역

---

8) 김소라(2021), 「양안의 재해석을 통해 본 조선후기 전세 정책의 특징」, 서울대학교 대학원 박사학위논문, p.197-198.
9) 김건태, 김소라 등이 다른 지역을 대상으로 양안과 일제시대 토지장부를 연결하여 분석하였다. 김건태(2018), 『대한제국의 양전』, 경인문화사 ; 김소라(2021).
10) 차선혜(2007), 「근대적 개혁과 지방제도 변화」, 『시흥의 근현대』, 시흥시사편찬회, pp.13-17.

과 시흥군 수암면 일부 지역이다. 현재의 안현동, 매화동, 금이동, 도창동, 미산동, 은행동, 하상동, 하중동, 광석동에 걸쳐있는 경작지가 그 대상이다. 1914년 해당 지역은 리 단위 구역이었으나, 모두 동일한 지명을 가지고 있었다. 예컨대 안현동은 안현리, 매화동은 매화리인 식이다. 현재 항공사진과 1910년대 지형도를 비교하여 살펴보면 다음과 같다.[11][12]

* 외곽선 : 저작자 강조

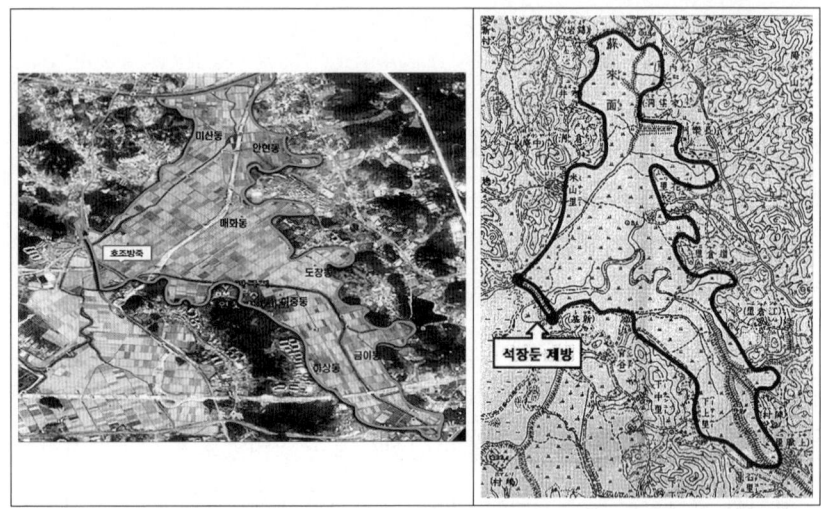

〈그림 1〉 석장둔 인근 간척지 항공사진   〈그림 2〉 1918년 석장둔 인근 간척지 지형도

이 지역은 20세기 초만 하더라도 소위 석장둔 제방을 두고 바다 및 염전과 접한 땅이었다. 지속적인 간척 사업 결과 현재 해안선은 제방에서 수 킬로미터 밖으로 밀려나게 되었다. 그러나 여전히 해당 지역 대부분의 토지가 경작지로 쓰이고 있다.

11) 김형수(2019), 「시흥시, 300년 역사 '호조벌' 가치·의미 공유한다」, 중부일보 웹페이지, 『중부일보』, 2024.6.19. https://www.joongboo.com/news/articleView.html?idxno=1357581
12) 『朝鮮五萬分之一地形圖』 인천(서울8호), 이영호(2018) p.77 재인용.

이 지역은 17세기 이후 간척 사업이 지속적으로 이루어진 지역이다. 숙종 46년(1720) 인천, 안산 경계지역에 둑을 세웠으며, 경종 1년(1721)과 3년(1723) 각각 낭청을 파견하여 실사한 것이 간척 사업의 시작이었다.[13] 이후 수문을 증설하고 물길을 파내는 등 여러 공사가 이루어진 끝에 경작할 수 있는 토지가 조성되었다.[14]

그러나 둑을 세워 지은 간척지는 오랜 시간이 지나도 좀처럼 관리하기 어려웠다. 간척지가 처음 형성된 지 오랜 시간이 지난 20세기에도 내륙까지 짠물이 올라왔다. 은행동 찬우물과 미산동 월촌 현지 조사에 그 실상이 드러난다. 현재 포동 지역에 바닷물 유입을 막는 관문이 있었지만, 이 관문은 바닷물 유입을 완전히 막을 수 없었다. 그래서 추수가 끝난 후에 흙으로 보를 막아 바닷물 유입을 막고 부족한 물을 논바닥에 저장해 두기도 했다.[15] 경작지가 된 지 한참이 지난 최근까지도 논에 우물을 파기 어려울 정도로 염분이 많다.[16]

게다가 타지에 사는 지주가 간척지 토지를 대규모로 소유하는 문제는 진휼청이 간척지를 조성하기 시작한 시기부터 부각되고 있었다. 영조 20년(1740) 연대기 기사에 따르면, 서울과 지방의 양반과 상민들이 석장둔 인근 간척지 땅을 넓게 점유하고 입안을 받았으며, 타인이 개간하기를 기다렸다가 끼어들어 경작을 금하거나 병작을 요구한다고 하였다.[17] 즉, 간척지가 조성된 초기부터 부재지주들이 토지를 대규모로 소유하는 현상이 발생하고 있었다고 할 수 있다.

---

13) 『承政院日記』 영조 4년(1728) 3월 11일.
14) 이영호(2018), pp.66-70.
15) 양선아(2007), 「개간과 토지이용」, 『시흥시사 5 : 시흥 농촌 사람들의 생활과 문화』, 시흥시사편찬위원회, p.148.
16) 이기선·김정환·김현수(2013), 「길마재 이야기」, 『2013 사라져가는 자연마을 조사 보고서 : 호조벌 동편 마을』, 시흥문화원, p.54.
17) 『承政院日記』 영조 16년(1740) 10월 12일.

또한 이 지역에 개인 소유주들이 확보한 소유권과 별개로 각 기관이 소유권이나 수조권을 가진 토지도 많았다. 예컨대 용동궁은 이 지역 토지를 구입하여 사음을 두고 토지를 경영했다. 또한 원래 진휼청과 양향청이 가지고 있던 석장둔 수조권은 18세기 말 장용영에 이속되었다. 기관이 가지고 있던 수조권은 다시 총리영에서 선희궁, 내장원으로 이전되었고 최종적으로 대한제국기 역둔토 정리과정에서 사라졌다.[18]

본 연구는 20세기 초 석장둔 인근 간척지 특성을 살펴보기 위해 20세기 초에 작성된 『원도』, 『토지조사부』, 『토지대장』을 활용했다. 분석 대상 문서는 다음의 과정으로 만들어졌다. 일본은 '한국병합' 과정에서 국유지 조사를 실시했다. 이 과정에서 일괄적으로 궁방전과 역토, 둔토 등을 국유지로 설정하였다. 한편, '한국병합' 후 총독부는 민간인에게 토지 소유권 신고를 받았다. 『토지조사부』에 따르면, 시흥군 수암면은 1910년 9월 중순부터 1911년 3월까지, 부천군 소래면은 1910년 11월 중순부터 1911년 1월까지 신고를 받았다. 그런데 국유지로 설정된 과거 궁방전과 역토, 둔토 중 다수 필지는 민간에서 일반 토지와 유사하게 거래되고 있었다. 따라서 『토지조사부』 일부 필지에 국유지 통지일과 지역민 신고일자가 나란히 기재되어 있기도 하였다.[19]

다만 『토지조사부』에 모든 간척지 필지가 소유자 확정 상태로 기록되어 있다. 또한 토지신고 당시 인민들이 석장둔토였던 국유지 소유권을 인정받기 위해 소송을 준비중이며, 경기도 당국이 토지를 민간에 환급하도록 협의중이라는 기사가 있다.[20] 이를 볼 때, 석장둔 인근 간척지 역시 『토지조사부』 작성 단계에서 분쟁이 마무리되었거나, 분쟁이 발생하기 전 원만하게 소유권 문제가 해결되었을 가능성이 높다.

---

18) 이영호(2018), pp.66-70.
19) 이영호(2018), pp.200-202.
20) 『매일신보』 1911년 2월 17일 '안산 석장둔토 환급'.

『토지조사부』에 기재된 필지 정보는 1910년대 작성된 최초의『토지대장』에도 동일하게 기록되었다. 확보한『토지대장』을 살펴보면, 분석 대상 필지 모두 메이지 43년(1910) 및 44년(1911)에 최초로 등록된 것으로 나오며, 필지 번호, 소유자, 필지 면적이『토지조사부』의 내용과 일치하였다.[21]

총독부는 토지 소유권 신고를 받은 후 해당 지역을 측량하여『원도』도 작성하였다.『원도』에 따르면, 안현리·매화리·미산리·은행리는 1911년 3월, 금이리·도창리는 같은 해 4월, 광석리는 같은 해 6월, 하상리는 같은 해 8월, 하중리는 같은 해 9월에 측량을 진행했다.

이상의 자료에서『원도』로 필지별 위치를 파악했으며,『토지조사부』로 필지 면적과 토지 소유자를 확인했고,『토지대장』으로 필지별 과세가격을 파악했다. 다만 1910년대에 작성된『토지대장』은 도창리, 매화리, 미산리, 안현리, 은행리, 금이리 자료만 남아 있으며, 그중에서도 한국전쟁, 경지정리 등으로 인하여 자료가 유실된 필지도 적지 않았다. 하지만 과세가격과 비옥도의 연관성을 파악하기에 충분한 양(면적 기준 대상지역의 70%)의 자료가 남아 있었다.

본 연구 대상 토지는 앞서 언급한 9개 리 경작지 중 토지조사부에 지목이 논으로 설정된 필지를 대상으로 하였다. 간척지 영역은 구릉으로 둘러싸여 있는데, 간척지 영역과 구릉의 경계구간에 논과 밭이 혼재된 경우가 많았다. 따라서 논과 밭을 모두 분석대상으로 할 경우 경계구간 대상 선별이 어려울 것으로 판단하였다. 그리고 영역 내 대부분 토지 지목이 논이므로 논만을 대상으로 분석을 진행해도 큰 무리가 없을 것으로 판단하였다. 실제로 조선시대에 석장둔 일대 간척지 영역만을 대상으로 작성된 양안 기록을 보면, 안산 영역(간척지 남쪽 영역)은 전(田) 면적이 59부 3속에 불과한 반면, 답(畓) 면적은 12결 50부 5속으로 전의 21배에 달했다.

---

[21] 시흥시청 측은 개인정보 보호 차원에서『토지대장』원본 촬영 및 공유를 금지하였다. 독자의 양해를 부탁드린다.

인천 영역(간척지 북쪽 영역)은 전 면적이 1결 5부 2속인 반면, 답 면적은 36결 63부 1속이었다. 답 면적이 전 면적의 35배에 달하는 것이다.[22] 또한 지형상 간척지는 논 형성에 유리한 측면이 있었으며, 조선 후기에 저술된 농서에서도 해안 지역 농토에 논 조성을 권장하는 내용이 있었다.[23]

이상의 기준에 따라 선정된 필지는 총 1,636건, 면적은 185만 6826평이다. 이 중 『토지대장』에서 과세가격을 파악할 수 있었던 필지는 총 1164건, 면적은 129만 3815평이다. 즉, 대상 토지 중 면적 기준 70% 가량의 과세가격을 확인할 수 있었다.

대상 토지가 간척지인 만큼, 바다와의 거리, 즉 호조둑과의 거리는 비옥도에 영향을 미치는 중요한 요소로 볼 수 있다. 이에 다음의 기준으로 해당 필지에 거리 지수를 매겼다. 간척지 전체를 1910년대 작성된 『원도』에 따라 총 64개 구역으로 나눌 수 있다. 호조둑이 포함된 구역에는 0점을 부여했다. 그리고 0점을 받은 구역의 북쪽, 서쪽, 대각선 인접 구역에 1점을 부여했다. 이후에는 다음 기준으로 점수를 부여하였다.

1) 0점을 받은 구역의 북쪽과 서쪽으로 한 구역을 넘어갈 때마다 1점을 추가하여 부여한다. 예시) 0점에 인접한 북쪽 구역에 1점 부여, 그 다음 북쪽 구역에 2점 부여.
2) 대각선 방향 구역인 경우, 인접한 동쪽과 남쪽 방향 구역의 점수 중 더 높은 쪽의 점수를 부여한다. 두 구역 점수가 동일한 경우 1점을 추가하여 부여한다. 예시) 동쪽 구역은 2점, 남쪽 구역은 1점인 경우 해당 구역에 2점 부여. 동쪽과 남쪽 구역 모두 2점인 경우 해당 구역에 3점 부여.

---

22) 이영호(2018), p.99.
23) 송찬섭(1985), p.250.

이 기준을 바탕으로 각 구역에 0점부터 10점까지 점수를 부여하였다. 이 점수를 호조둑으로부터 각 구역까지의 거리를 반영하는 지수로 상정하였다. 이 기준에 따라 만든 구역 지도를 보면 다음과 같다.

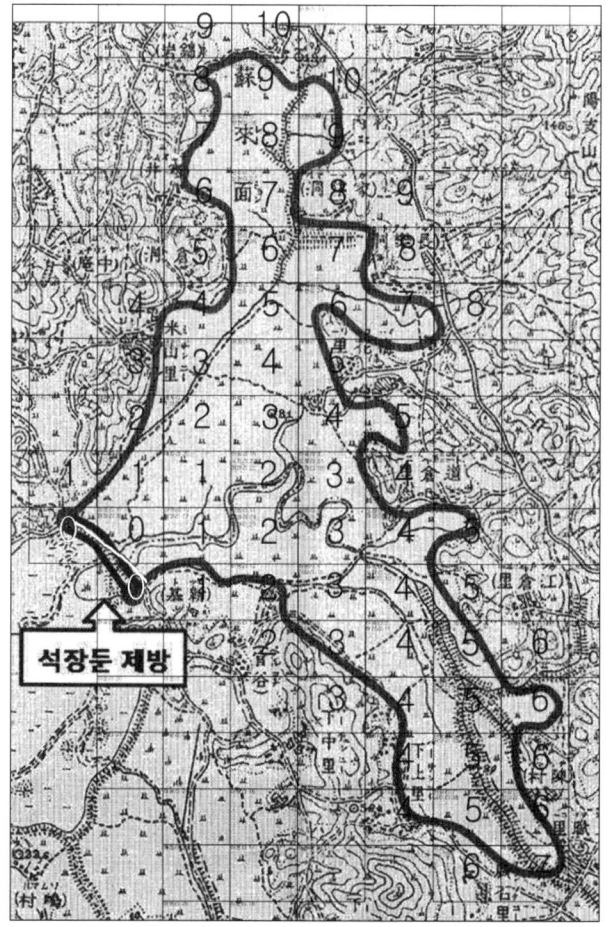

〈그림 3〉 석장둔 인근 간척지 거리 지수별 구역 지도
* 간척지 영역은 이영호(2018), p.77 재인용.
** 거리 지수 표시선 및 거리 지수 : 필자 강조.

3. 과세가격과 비옥도

과세가격을 파악할 수 있었던 석장둔 인근 간척지 토지의 전체 평당 과세가격 평균은 12.1원(圓)이었다. 이 과세가격은 다른 지역과 비교했을 때 적은 금액이 아니었던 것으로 보인다. 1927년 서울 동부지역 토지가격 분포를 살펴보면, 대상 필지 4,668개 중 35%를 차지하는 농경용 토지 평당 가격은 평균 1.68원이었다.[24] 간척지 토지장부가 작성된 시점이 1910년대 초이며, 서울 동부지역 토지가격 분포 자료는 그보다 10여 년 후인 1927년이었다. 따라서 서울 동부지역 토지가격 자료가 작성될 당시의 화폐가치는 간척지 토지장부가 작성될 때의 가치보다 하락했을 것이다. 이를 감안하면 석장둔 인근 간척지 논 평균 가격은 서울 일대 경작지보다 높은 수준이었음을 알 수 있다. 다만 석장둔 인근 간척지 토지는 논만을 대상으로 하여 평균가가 높게 나왔고, 서울 동부지역의 경우 다양한 지목의 토지가 섞여 있어 평균가가 낮게 나왔음을 감안할 필요가 있다.

그리고 간척지 토지의 필지별 가격 차이가 서울 동부 토지에 비해 크지 않았다. 서울 동부 농경용 토지 평당 최대 가격은 130원에 달하였다.[25] 반면 석장둔 인근 간척지의 논은 평당 과세가가 최대 19.8원이었다. 석장둔 인근 간척지 평균 평당 과세가격이 12.1원임을 감안하면, 이 지역의 과세가격 편차가 크지 않았음을 알 수 있다.

과세가격에는 비옥도가 반영된 것으로 여겨진다. 방죽과 맞닿은 지역의 필지들, 즉 바다와 가까운 필지의 평당 과세가격은 평균가에 비해 낮은 반면, 간척지 안쪽에 있는 토지들은 높은 과세가격을 보였다.

---

[24] 유슬기·김경민(2022), 「1920년대 경성 동부지역 토지가격 결정 요인 연구」, 『국토연구』 115, pp.53-55.

[25] 유슬기·김경민(2022), p.54.

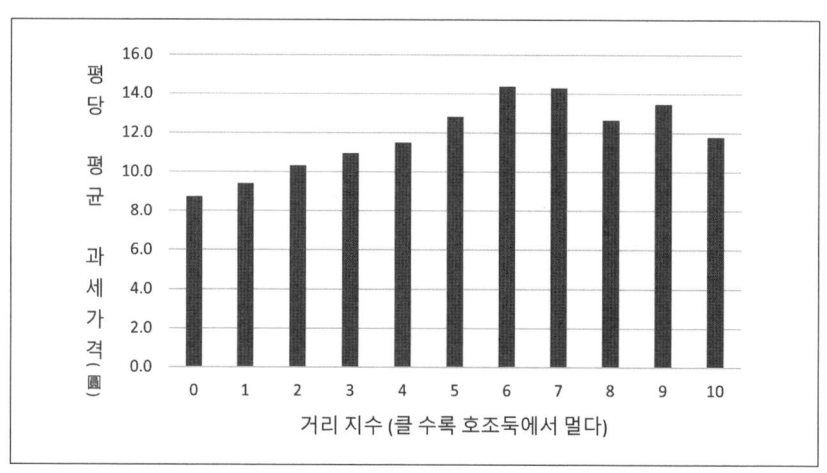

〈그림 4〉 거리지수별 평당 평균 과세가격

거리 지수가 0, 1인 필지들, 즉 바다에 맞닿아 있거나 가까운 필지의 평균 평당 과세가격은 10원을 채 넘기지 못하였다. 평균 평당 과세가격이 가장 높은 필지는 거리 지수 6과 7에 해당하는 토지, 즉 간척지 한복판에 있는 토지였다. 평균 평당 과세가격이 14원을 넘겼다.

그런데 바다와 가장 멀리 있는 거리지수 8~10의 토지는 오히려 11~13원 수준으로 다소 떨어졌다. 그 이유는 석장둔 인근 간척지의 지형을 보면 추측할 수 있다. 앞서 설명했듯이 석장둔 인근 간척지 지형은 구릉과 산이 논을 둘러싼 일종의 분지와 비슷하다. 따라서 바다와 멀어지면 논이 펼쳐지다가 다시 산과 구릉이 가로막게 된다. 이러한 특성 때문에 간척지 안쪽으로 갈수록 다시 과세가격이 하락하는 양상을 보인 것으로 추정된다.

비옥도와 과세가격 간 관계에서 한 가지 더 고려할 점은 간척지 내 하천 및 수로에 접한 논의 가격이다. 1910년대에 작성된 『원도』 및 지형도를 참고하면, 1910년대 석장둔 인근 간척지에 총 3개의 수로가 있었던 것으로 확인된다.[26]

---

26) 『朝鮮五萬分之一地形圖』, 인천(서울8호).

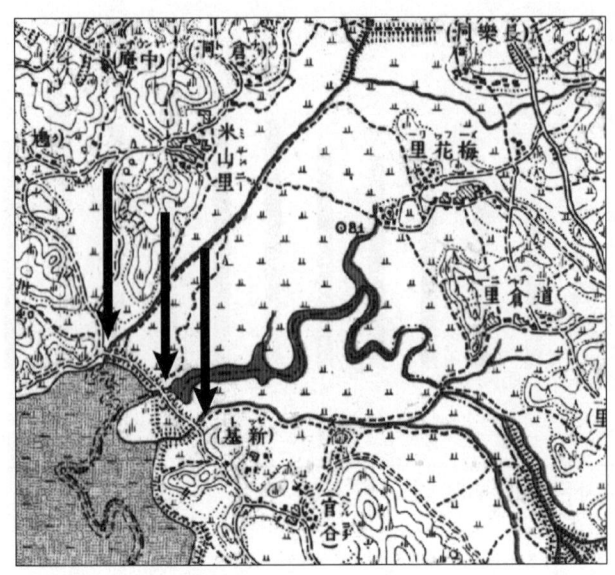

〈그림 5〉 일제시대 지형도에 표기된 호조둑 인근 수로
* 화살표 : 필자 강조

이는 '한국병합' 전인 1902년 현지 경작자들이 내장원에 올린 소장 내용에도 확인된다.[27]

인천부 전반면 매착리 석장둔민 윤성집(尹聖集), 윤학보(尹學甫), 이정서(李正瑞) 등
본 둔전은 인천 안산 사이에 있는 소금기가 많은 땅 주변에 있습니다. 바다와 접하여 수문[溧渠]이 세 개가 있는데, 두 개는 양변에 위치한 까닭에 인천부와 안산군에서 각각 감고(監考)를 한 명씩 두어 급료를 주고 있습니다. 한 개는 가운데에서 물이 흐르는 곳을 바로 대하고 있어서 바닷물이 더욱 거세게 부딪히고 큰비에는 물이 범람하는 일이 많아서, 매년 농사철이

---

27) 『京畿各郡訴狀』(규 19148) ; 양선아(2011), 「갯논의 관리와 전통 기술」, 『민속학연구』 29, p.58 재인용.

되면 한 달 사이에는 그믐과 보름에 둑(堤)을 쌓고 하루 동안에는 아침저녁으로 둑을 막았다가 다시 터야 합니다. …

(* 고딕으로 표시된 부분 : 필자 강조)

이 소장에 따르면, 간척지로 물이 드나드는 수문이 총 3개가 있었다. 따라서 석장둔 간척지 내에도 3개의 물길이 있었다고 볼 수 있다. 특히 양변에 한 개씩 수문이 있고, 가운데에 수문이 한 개가 있다고 묘사한 소장 내용은 일제시대 지도의 모습과 흡사하다. 다만 현재는 경지정리와 하천 직선화 사업이 이루어진 후이므로 간척지 내에 물길이 두 갈래(은행천, 보통천)만 남아 있다. 세 갈래 물길이 어떤 방식으로 바뀌어 두 갈래로 되었는지 현재 정확히 알 수 없다.

그리고 소장에서 언급하고 있듯이, 물길 주변은 바닷물이 닥치고 큰비에 범람하는 일이 많아 농사에 어려움을 겪었음을 알 수 있다. 이는 과세가격에도 반영된 것으로 보인다. 확보한 『토지대장』 자료 중 가장 윗쪽 물길과 가운데 물길 주변 논은 평당 과세가격을 확인할 수 있었다. 이를 비교하여 살펴보면 다음과 같다.[28]

〈표 1〉 논 평당 평균 과세가격 (파악 가능 지역 한정)

지역	평당 평균 과세가격(圓)
간척지 전역	12.1
가장 윗쪽 물길에 인접한 곳	9.2
가운데 물길에 인접한 곳	8.2
물길과 접하지 않은 곳	12.3

이 표를 보면, 물길에 접한 토지는 앞서 살펴본 바다와의 거리 지수

---

[28] 물길의 범위는 바다로부터 이어진 큰 물줄기가 비슷한 너비로 갈라져 지도상 본류를 파악하기 어려운 지점까지이다. 해당 범위의 물길에 조금이라도 접해 있는 논이 분석 대상이다.

0 또는 1에 해당하는 토지와 비슷한 낮은 과세가격을 나타냈다. 반면 물길과 인접하지 않은 토지는 간척지 평균 과세가격과 비슷한 값을 나타냈다. 이를 볼 때, 농사하기 어려운 물길 주변 논 상황이 과세가격에도 반영된 것으로 추정할 수 있다.

이상의 내용을 정리하면, 1910년대 작성된 최초의 『토지대장』에서 확인할 수 있던 과세가격은 바다와 산, 구릉에 가까울수록, 그리고 물길에 가까울수록 낮은 경향을 보였다. 이를 볼 때, 과세가격은 논 비옥도와 비례하는 경향을 보였다.

4. 토지소유 현황

토지소유 현황을 파악할 때, 주로 서울에 사는 부재지주와 그 외 지주를 비교하여 분석했다. 서울은 조선시대와 일제시대에 걸쳐 수도 역할을 하였으며, 권력자와 부자들이 모인 곳으로 여겨졌다. 따라서 각 지주들의 구체적인 재산 상황을 파악할 수 없는 이상, 서울에 사는 부재지주가 다른 지주들보다 더 부유하였을 것으로 가정하였다.

간척지 소유주 파악에 앞서 고려할 사항은 국유지, 즉 조선총독부 소유지이다. 석장둔 인근 간척지 중 134,560평, 즉 7.24%의 논이 국유지였다. 이는 다른 지역과 비교해 보았을 때 넓은 수준이 아닌 것으로 보인다. 예컨대 조선시대 한성 내에 해당하는 5개 권역(동부, 서부, 남부, 중부, 북부)의 1917년 국유지 면적은 전체 토지 면적의 1.3%(중부)~11.5%(서부)였다.[29)]

또한 앞서 서술한 대로, 석장둔 인근 간척지의 경우 『토지조사부』 작성

---

29) 전병재·조성윤(1995), 「일제 침략기 서울부 주민의 토지 소유와 변동」, 『서울학연구』 6, p.29.

시점에 소유권이 확정되었다. 그리고 『토지대장』 확인 결과 국유지인 필지에 과세가격이 기재되어 있지 않았다.

이처럼 관련 자료 작성 당시 국유지를 둘러싼 소유권 분쟁 상황을 확인할 수 없으며, 국유지 지가를 확인할 수 없는 만큼 분석 대상을 민유지로 한정하여 분석하였다.

해당 토지를 소유한 지주는 총 315명이며, 이 중 서울 지주가 66명이었다. 즉, 전체 지주 숫자 중 20.9%가 서울 지주였다. 그런데 이들이 소유한 논 면적은 1,034,280평으로, 국유지를 제외한 논의 60.1%에 달한다. 즉, 명수로 1/5 남짓인 서울 지주들이 토지 과반을 소유한 것이다.

구체적인 소유 상황을 들여다보면 소유 양극화 현상도 보인다. 면적 기준으로 많은 토지를 가진 상위 20% 지주(63명)는 하위 20% 지주(63명)보다 땅을 102.5배 더 많이 소유하였다. 상위 63명은 국유지를 제외한 전체 토지의 71.5%를 소유한 반면, 하위 63명은 0.01%에 해당하는 토지만 소유하였다.[30] 특히 양극화 현상에서 서울 지주들의 특징이 두드러지게 드러난다. 상위 63명 지주 중 37명이 서울 지주인 반면, 하위 20% 지주 63명 중 단 5명만이 서울 지주였다.

과세가격을 파악할 수 있었던 토지 중 서울 지주들이 가진 토지의 평당 평균 과세가격은 11.9원이었다. 이는 전체 평균 가격인 12.1원과 큰 차이를 보이지 않았다. 실제로 각 거리 지수별 서울 지주 논 소유 비율(국유지 제외)을 보면, 모든 지수에 해당하는 토지에서 서울 지주 소유지 비율이 50%를 넘겼다. 즉, 바다에서 가깝든 멀든 서울 지주가 많은 땅을 가지고 있었다.

---

30) 한 필지를 여러 지주가 가진 경우, 해당 필지를 각 지주들이 동일하게 나눠 가진 것으로 간주하여 계산했다.

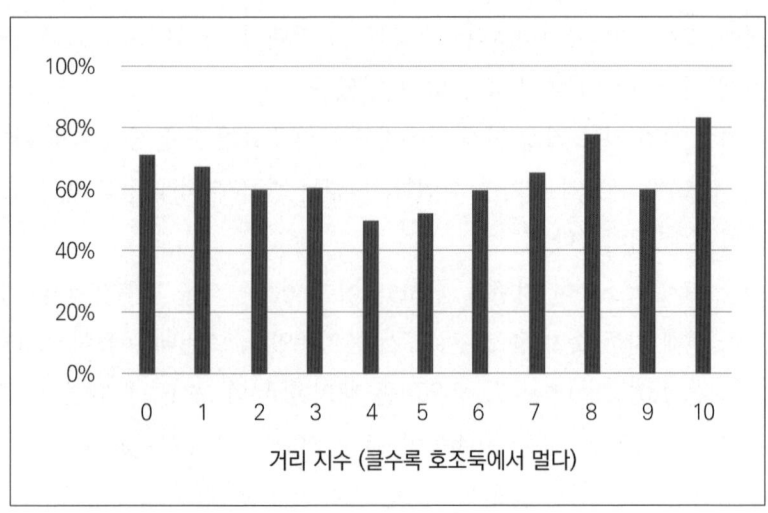

〈그림 6〉 거리 지수별 서울 지주 논 소유 비율(국유지 제외)

상위권 지주들을 구체적으로 살펴보면 서울 지주들의 특성이 더 확연하게 드러난다. 토지를 많이 가진 상위 1위부터 13위까지의 지주 13명이 모두 서울 지주이며, 현지 지주는 14위에 처음 등장하였다(申泰東, 22057.79평). 명수로 4%에 불과한 상위권 서울 지주 13명이 가진 논은 625,492평이었다. 이는 국유지를 제외한 논의 36.3%에 달하는 면적이다. 특히 논 5만 평 이상을 가진 지주는 단 3명이었는데, 이들이 가진 논 면적은 238,305평으로 국유지를 제외한 논 면적의 13.8%에 달했다.

이와 같은 양상은 간척지가 아닌 인접 지역에서 나타나지 않았다. 비교를 위해 인접 지역이면서 간척지가 아닌 부천군 소래면 대야리(현 시흥시 대야동) 『토지조사부』에 기록된 토지 중 논을 분석하였다. 국유지를 제외한 논 면적은 14만 9674평이었다. 논을 소유한 지주는 총 46명이었다. 이 중 많은 토지를 가진 상위 20% 지주(9명)이 하위 20% 지주 9명에 비해 24배 토지를 더 많이 가졌다. 이는 격차가 102배에 달하는 간척지 양상보다 양극화 정도가 낮다. 또한 대야리 논을 가진 서울 지주는 14명으로 지주 수의 30% 정도 되었는데, 이들이 가진 토지는 국유지를 제외한 전체 논의 48.7%(72,870평)였다. 20%의 서울 지주가 국유지를 제외한 논의 60%를 가진 간척지 양상보다 양극화 정도가 낮았다.

조선시대에 작성된 석장둔 양안이 남아있지만, 1910년대와 조선시대 소유 양상을 비교하기는 어려울 것으로 판단하였다. 조선시대에 작성된 양안에는 실소유자를 기록한다는 원칙이 없거나 잘 지켜지지 않았다. 그래서 소유자가 아닌 사람의 이름이 양안에 자주 등장하였다.[31] 소유자를 확정할 수 없는 이상 비교분석이 불가능할 것으로 판단하여 『토지조사부』와 이전 토지대장인 양안과의 비교 작업을 하지 않았다.

5. 최상위 지주들

간척지 논 5만 평 이상을 소유한 최상위 지주 3명은 당대 이름난 권력자이거나 재력가였다. 1위는 익히 알려진 인물인 순헌황귀비 엄씨(『토지조사부』에 嚴妃로 기재)로, 95,816평을 소유하였다. 순헌황귀비가 어떤 과정을 거쳐 석장둔 인근 간척지에 많은 토지를 갖게 되었는지 정확하게 알 수 없다. 다만 『토지조사부』에 남은 기록 수정 흔적을 볼 때 순헌황귀비 소유 토지 일부분의 획득 과정을 추론할 수 있다. 일부 순헌황귀비 소유지의 경우, 소유자가 순헌황귀비의 궁호인 경선궁(慶善宮)으로 기록되었다가 엄비로 수정된 흔적을 발견할 수 있다. 이를 볼 때 일부 토지의 경우 순헌황귀비의 궁방인 경선궁에 소속된 땅이 모종의 과정을 거쳐 개인 자산으로 편입되었을 가능성이 있다.[32] 다만 현재 이를 증빙하는 자료가 남아있지 않기 때문에 편입 여부나 정확한 편입 과정을 확인할 수 없다.

---

31) 김소라(2021), pp.197-198.
32) 이영호(2018), p.236.

또한, 『토지조사부』 작성이 완료된 시점에 순헌황귀비는 이미 사망했기 때문에 관련인이 토지를 상속했을 가능성도 있다.

〈그림 7〉 부천군 소래면 미산리(현 시흥시 미산동) 『토지조사부』 첫 면
* 타원 표시 : 수정 흔적(필자 강조)

2위는 윤규섭(尹奎燮)으로, 71,008평을 소유하였다. 『토지조사부』에 윤규섭 주소가 "경성부 중부 장통방(京城府 中部 長通坊)"으로 기록되어 있다. 『대한제국관원이력서』 8책에 "한성 중서 장통방(漢城 中暑 長通坊)"을 주소로 가진 동명 인물이 확인되므로, 이 인물이 간척지에 땅을 확보한 윤규섭과 동일 인물일 것으로 판단하였다.

『역과방목』과 『대한제국관원이력서』에 따르면, 윤규섭의 할아버지와 아버지는 모두 왜학(倭學)을 전공하였다. 윤규섭은 헌종 13년(1847)생이며, 고종 17년(1880) 증광시 역과 한학(漢學)에 급제하였다. 역과 급제 후 기기국위원(機器局委員), 교섭주사(交涉主事), 중추원삼등의관(中樞院三等議官), 한성우체사장(漢城郵遞司長), 농상공부참서관(農商工部參書官), 음죽군수(陰竹郡守), 임피군수(臨陂郡守), 봉상제조(奉常提調)를 역임했다. 다만 『승정원일기』에 기재된 윤규섭 관련 기록에 따르면, 윤규섭은 음죽군수와 임피군수, 봉상제조를 임명받은 직후 사임했다.33) 따라서 이는 실제 직책이 아니었던 것으로 여겨진다. 또한 그는 1896년 김종한(金宗漢), 안경수(安駉壽), 이완용(李完用) 등 전현직 관료들과 함께 조선은행 설립시 발기인으로 참여했다.34) 이로 미루어 볼 때, 그는 일정 수준 이상의 재력을 갖춘 인물로 보아도 무방하다.

3위는 전명기(全命基)로, 65,418평을 소유하였다. 『토지조사부』에 전명기 주소가 "경성부 동부 연화방 이현동(京城府 東部 蓮花坊 梨峴洞)"으로 기록되어 있다. 전형필(全鎣弼) 평전에 따르면, 전형필 집안은 증조부인 전계훈 대부터 현재 종로 4가 인근인 배오개(梨峴)에 커다란 기와집을 짓고 살았다고 한다. 그리고 전형필의 숙부이자 양부인 전명기도 이 집에서 살았다.35) 따라서 『토지조사부』에 기재된 전명기와 전형필의 숙부이자 양부인 전명기는 동일 인물로 추정된다.

『승정원일기』와 「간송 평전」에 따르면, 전명기는 경기관찰부주사(京畿觀察府主事), 서경풍경궁참서관(西京豊慶宮參書官) 등을 역임했다.36) 그리고 전명기의 집안은 19세기 초부터 서울에서 이름난 재력가로 알려져 있었다.

---

33) 『承政院日記』 고종 42년(1905) 4월 28일 ; 고종 43년(1906) 4월 18일 ; 고종 44년(1907) 2월 17일.
34) 『독립신문』 건양 원년(1896) 6월 27일.
35) 이흥우(1996), 「간송 평전」, 『간송 전형필』, 보성중고등학교, pp.146-149.
36) 『承政院日記』 고종 35년(1898) 2월 22일 ; 고종 43년(1906) 4월 12일.

즉, 전명기는 높은 관직에 오르지 못했으나, 시흥 지역에 토지를 소유하기 어렵지 않을 정도로 많은 재산을 가졌을 것으로 여겨진다.

자료 부족으로 인해 윤규섭과 전명기가 간척지에 대규모로 토지를 소유한 과정을 정확히 알 수 없다. 다만 이들이 중앙 관직을 가진 적이 있고 재력을 갖추었을 것으로 여겨지는 만큼, 이들이 서울 인근 간척지에 토지를 사 모으는 과정에 큰 어려움은 없었을 것으로 추정된다.

그렇다면 순헌황귀비와 윤규섭, 전명기가 가진 땅은 간척지에서 비교적 좋은 위치에 있었을까? 앞서 과세가격과 비옥도 간 관계를 통해 살펴본 바에 따르면, 과세가격은 비옥도와 상관관계를 갖는 것으로 여겨진다. 즉, 간척지 내에서 바다 및 구릉과 거리를 둔 곳, 즉 간척지 한복판의 땅의 과세가격이 가장 높았고, 이곳의 비옥도가 다른 곳보다 높았을 것으로 추정된다. 그렇다면 이들이 가진 땅의 과세가격 평균과 소유지 분포를 살펴보겠다.[37]

우선, 과세가격 파악 가능한 논 중 순헌황귀비, 윤규섭, 전명기가 가진 땅의 평당 평균 과세가격은 다음과 같다.

〈표 2〉 최상위 지주 논 평균 과세가격(파악 가능 토지 한정)

소유지	평당 평균 과세가격(圓)
순헌황귀비 엄씨 논	12.6
윤규섭 논	11.7
전명기 논	10.1

앞서 살펴본 바에 따르면, 간척지 전역의 평당 평균 과세가격은 12.1원이

---

[37] 지주 대다수는 여러 구역에 걸쳐서 토지를 가지고 있지 않고 특정 위치에 토지를 모아서 가지고 있었다. 따라서 지수와 소유 토지 상관관계를 밝히기 어려웠다. 다만 토지를 대규모로 가지고 있는 최상위권 지주의 경우, 다양한 거리 지수에 해당하는 토지를 가지고 있었다. 이에 부득이하게 5만 평 이상을 소유한 최상위권 지주의 토지를 중심으로 살펴보았다.

며, 이 중 서울 부재지주가 가진 땅의 평균 과세가격은 11.9원이었다. 그런데 해당 지역에서 가장 많은 땅을 가진 순헌황귀비 엄씨의 논 평균 가격은 서울 부재지주 논 평균가보다 다소 높았다. 그리고 두 번째로 많은 땅을 가진 윤규섭의 논 평균 가격은 서울 부재지주 논 평균가와 비슷하였다. 반면, 세 번째로 많은 땅을 가진 전명기의 논 평균 가격은 서울 지주 논 평균가보다 2원 가까이 낮았다.

이와 같은 과세가격 차이는 간척지 내 소유지 분포 차이로 인해 발생한 것으로 보인다. 앞서 살펴본 바에 따르면, 거리 지수 6 또는 7의 평당 평균 과세가격이 가장 높았고, 바다나 구릉에 가까울수록 평균가가 낮아지는 경향을 보였다. 이를 염두에 두고 각 지주의 소유지 분포를 살펴보면 다음과 같다.

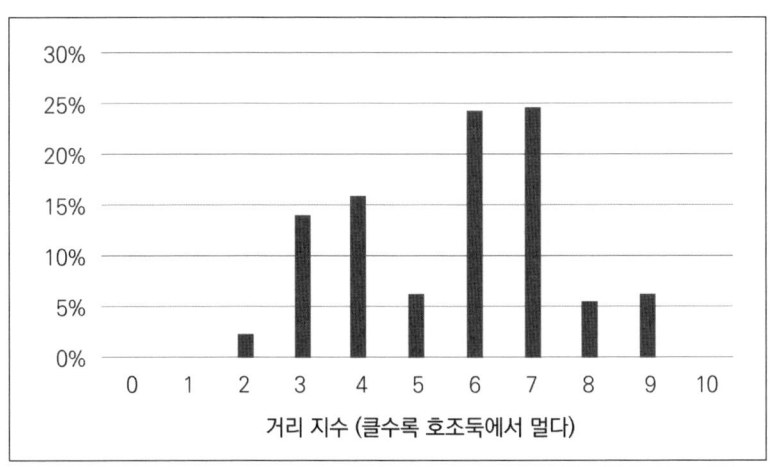

〈그림 8〉 순헌황귀비 소유지 분포 (도합 100%)

그래프에서 알 수 있듯이, 순헌황귀비 소유지 중 거리 지수 6과 7에 해당하는 토지가 가장 많았는데, 그 비율은 합쳐서 절반에 육박하였다. 즉, 순헌황귀비는 간척지 내에서도 비옥도가 비교적 높은 땅을 많이 가지고 있었다고 볼 수 있다.

두 번째로 많은 논을 가진 윤규섭의 소유지 분포는 다음과 같다.

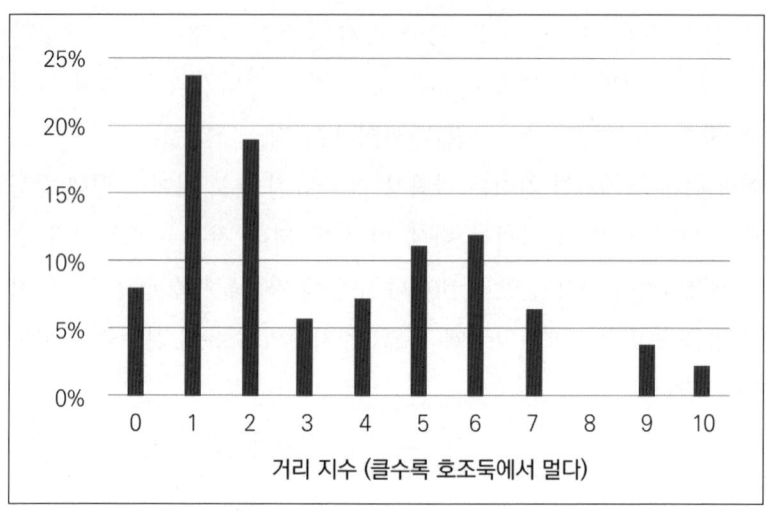

〈그림 9〉 윤규섭 소유지 분포 (도합 100%)

윤규섭 소유지 양상은 순헌황귀비 소유지 양상과 확연히 다르다. 윤규섭은 바다에 접한 지수 0의 토지도 5% 이상 가지고 있었으며, 바다에서 비교적 가까운 지수 0~2의 토지를 합치면 소유지의 절반을 넘었다. 다만 비교적 비옥한 토지인 지수 4~7의 토지도 30% 이상 가지고 있었다. 척박한 토지와 비옥한 토지를 함께 가지고 있었다고 할 수 있다.

세 번째로 많은 논을 가진 전명기의 소유지 분포는 〈그림 10〉과 같다.

앞선 두 지주에 비해 전명기가 가진 토지는 바다에 가까운 곳에 집중되어 있었다. 평당 평균 과세가격이 간척지 전체 평균가에 미치지 못하는 거리 지수 4 이하의 토지가 소유지의 80% 이상을 차지했다. 전명기가 가진 토지는 비교적 척박한 토지였다고 할 수 있다.

이상의 결과를 종합하면 순헌황귀비에게 속한 토지의 양과 질이 모두

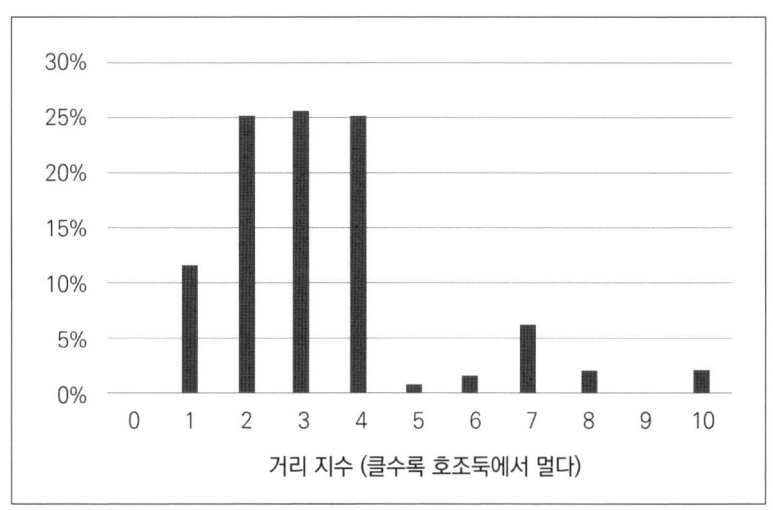

〈그림 10〉 전명기 소유지 분포 (도합 100%)

윤규섭과 전명기의 토지보다 많고 좋았다. 소유한 토지 분포가 신분이나 권력과 밀접하게 연관되어 있었다고 단언하기는 어렵다. 하지만 순헌황귀비는 당대 권력자였으며 그의 재산을 관리하는 궁방이 있었다. 반면 윤규섭은 역관 출신이며 상업으로 재력을 축적하였을 것으로 여겨지나, 실제 직임만 놓고 보면 참서관이 가장 높은 직임이었다.[38] 전명기 역시 중앙정부 직책을 가지고 있었으나, 순헌황귀비의 권력에 비할 바는 아니었을 것이다. 게다가 『토지조사부』에 궁호가 기재된 흔적도 있음을 미루어 볼 때, 순헌황귀비의 권력이 토지 소유에 영향을 주었을 것으로 추측할 수 있다.

---

38) 이승렬(2007), 『제국과 상인 : 서울·개성·인천 지역 자본가들과 한국 부르주아의 기원, 1896~1945』, 역사비평사, p.80.

6. 나가며

　누구나 좋은 땅을 가지고자 할 것이지만, 그 기회는 공평하게 오지 않을 수 있다. 이때 누가 그 기회를 더 많이 누릴 수 있을까? 본 연구는 간척지라는 공간을 빌어 이를 간접적으로 살펴보고자 했다. 간척지는 소금기가 많은 토질 특성상 좋은 땅과 좋지 않은 땅을 다른 지역보다 쉽게 가를 수 있는 곳이었다. 또한 석장둔 인근 간척지는 지목이 대체로 통일되어 있고 지역이 구릉에 둘러싸여 있어 지역을 한정하여 분석하기가 쉬웠다. 우선 바다와 가까울수록, 그리고 물길에 가까울수록 소금기와 잦은 범람이 농사를 방해할 가능성이 높았다. 이는 최근까지도 이어지는 문제였다. 현지인의 증언과 과거 자료를 통해 이를 확인할 수 있었다.
　'한국병합' 직후 만들어진 문서를 살펴볼 때 이곳은 부유한 서울 부재지주들이 대규모로 토지를 가진 공간이었다. 자료 부족으로 인하여 그들이 어떻게 이곳에 많은 땅을 갖게 되었는지 정확하게 파악하기 어려웠다. 다만 석장둔은 18세기부터 조선 정부 주도로 만들어졌다. 그 이후 궁방을 비롯한 여러 기관이 이를 절수받거나 구입하는 방식으로 수조권 및 소유권을 가지고 있었다. 또한 간척지 조성 초기부터 부재지주들이 토지 소유권을 주장하는 사례가 왕왕 있었다. 이를 염두에 둘 때, 정부 기관과 가깝고 부유한 서울 사람들이 땅을 가질 기회를 더 많이 얻었을 가능성이 있었을 것이다. 일제시대 자료를 통하여 서울 지주들이 더 많은 땅을 가지고 있었음을 확인했다. 다만 간척지가 조성된 시점의 소유자들과 일제시대 초기 소유자들의 연관성은 자료 부족으로 인하여 확인하기 어려웠다.
　서울 지주들은 척박한 땅과 비옥한 땅을 가리지 않고 간척지 내의 땅을 광범위하게 가지고 있었다. 서울 지주 중에서도 더 많은 토지가 소수에게 편중되어 있었다. 서울 지주 13명이 가진 논은 간척지 전체 논의 36.3%를 가졌으며, 그 중에서도 최상위 지주 3명은 전체 논의 14%에 달하는 땅을 가졌다. 이러한 편중 양상은 인근 다른 지역과 비교했을 때 석장둔 인근 간척지에 훨씬 심하게 드러났다. 이 간척지가 유독 그런 특징을 보이는 정확한 이유는 알 수 없다. 역사적으로 정부 기관과 연관이 깊은 지역 특성 때문일 수도 있다. 아니면 재력이나 권력이 있는 사람들은 토질이 다른 지역에 비해 좋지 못한 간척지라도 소유할 여유가 있었기 때문일 수 있다.

최상층 지주들 사이에서도 소유 격차가 벌어졌다. 당대 최고 권력자 중 한 명인 순헌황귀비는 다른 지주보다 더 비옥한 땅을 더 많이 가질 수 있었다. 반면 재산은 있지만 권력은 순헌황귀비에 비하지 못했던 지주들은 비교적 헐한 땅을 가져갔다.

석장둔 인근 간척지의 '한국병합' 직후 소유상황은 구한 말 소유상황을 반영하고 있었을 것으로 여겨진다. 이 지역을 소유한 대지주는 대부분 서울에 사는 부재지주이며, 최상위 지주들은 대한제국기 권력자이거나 관력이 있는 인물들이었다. 이는 간척지 조성 초기부터 부유한 사람들이 쉽게 소유권을 주장할 수 있었던 환경, 석장둔 인근 간척지에 산재한 궁장토나 둔토가 구한 말 역둔토 분급 과정에서 정리된 상황과 맞물려 있는 것으로 여겨진다. 이 현상의 의미를 드러내기 위해 추후 석장둔 인근 간척지 소유권 이전 과정, 그리고 다른 간척지 사례와의 비교 연구가 진행되어야 할 것이다.

참고문헌

【자료】

『京畿各郡訴狀』(규 19148)
『독립신문』
『매일신보』
『承政院日記』
『朝鮮五萬分之一地形圖』
『토지대장』(舊), 시흥시청 소장.
『토지조사부』, 국가기록원 소장.
『원도』(舊), 국가기록원 소장.
이기선·김정환·김현수(2013), 「길마재 이야기」, 『2013 사라져가는 자연마을 조사보고서 : 호조벌 동편 마을』, 시흥문화원.
小早川九郎 외(1960), 「제4표 지세납세의무자 면적별 인원(1921~1936)」, 『朝鮮農業發達史 : 資料編』, 友邦協會.
김형수(2019), 「시흥시, 300년 역사 '호조벌' 가치·의미 공유한다」, 중부일보 웹페이지, 『중부일보』, 2024.6.19.
　　　https://www.joongbo.com/news/articleView.html?idxno=1357581

【논저】

김건태(2018), 『대한제국의 양전』, 경인문화사.
김소라(2021), 「양안의 재해석을 통해 본 조선후기 전세 정책의 특징」, 서울대학교 대학원 박사학위논문.
송찬섭(1985), 「17·18세기 신전개간의 확대와 경영형태」, 『한국사론』 12.
양선아(2011), 「갯논의 관리와 전통 기술」, 『민속학연구』 29.
양선아(2010), 「개간과 토지이용」, 『시흥시사 5 : 시흥 농촌 사람들의 생활과 문화』, 시흥시사편찬위원회.
양선아(2007), 「조선후기 간척의 전개와 개간의 정치 : 경기 해안 간척지 경관의 역사인류학」, 서울대학교 대학원 박사학위논문.
유슬기·김경민(2022), 「1920년대 경성 동부지역 토지가격 결정 요인 연구」, 『국토연구』 115.
이승렬(2007), 『제국과 상인 : 서울·개성·인천 지역 자본가들과 한국 부르주아의 기원,

1896~1945』, 역사비평사.
이영호(2018), 『토지소유의 장기변동 : 경기도 시흥 석장둔의 250년 역사』, 경인문화사.
이태진(1986), 「16세기 연해지역의 언전 개발 : 척신정치의 경제적 배경 일단」, 『한국사회사연구 : 농업기술 발달과 사회변동』, 지식산업사.
이흥우(1996), 「간송 평전」, 『간송 전형필』, 보성중고등학교.
장시원(1989), 『일제하 대지주의 존재형태에 관한 연구』, 서울대학교 대학원 박사학위논문.
전병재·조성윤(1995), 「일제 침략기 서울부 주민의 토지 소유와 변동」, 『서울학연구』 6.
차선혜(2007), 「근대적 개혁과 지방제도 변화」, 『시흥의 근현대』, 시흥시사편찬회.

19세기 말 시흥 지역 개신교 전래 과정 연구

김 혜 원

1. 들어가며

한국 개신교 전래의 역사는 문호 개방과 긴밀하게 맞물려 있다. 1882년 서양 국가 중 최초로 미국과 통상조약을 체결한 후 그 이듬해인 1883년 조선 정부는 민영익(閔泳翊, 1860~1914)을 수반으로 하는 보빙사(報聘使)를 미국에 파견하였다. 보빙사는 미국에 40일간 체류하면서 미국의 산업, 경제, 문화 시설 등을 시찰하였는데 시찰 도중 기차 안에서 미 감리회 해외선교위원회 위원이었던 가우처(John F. Goucher, 1845~1922) 목사를 만나게 된다. 평소 극동아시아 선교에 관심이 있었던 가우처는 민영익 등과 대화를 나누면서 한국 선교의 가능성을 확인하였고 1883년 11월 6일 뉴욕 미 감리회 해외선교부에 한국 선교 개척비 명목으로 2천 달러를 기부하였다.[1] 또한 이 무렵에는 『크리스천 애드보케이트(Christian

---

1) 이덕주(2014), 『스크랜턴 : 어머니와 아들의 조선 선교 이야기』, 공옥출판사, pp.82-88. ; Rev. R. S. Maclay, D. D.(1896), "A Fortnight in Seoul, Korea, in 1884", The Gospel in All Lands, New York : Methodist Episcopal Church Missionary Society, p.357.

Advocate)』,『더 가스펠 인 올 랜즈(The Gospel in All Lands)』 등의 감리교 선교 잡지들이 한국인의 생활과 관습을 다루고, 한국이 기독교 선교를 위한 준비가 되었음을 설명하는 논문과 사설들을 실으면서 새로운 전도지로서 한국에 대한 관심이 증폭되고 있었다. 예를 들어, 미 감리회 해외 선교 정책 결정자로서 영향력을 가지고 있던 커리(Daniel Curry, 1808~1887)는『더 가스펠 인 올 랜즈(The Gospel in All Lands)』에 한국 선교 착수의 필요성을 강조하는 글을 기고하였으며,2) 당시 일본에서 세례를 받고 한글성서 번역작업 등에 착수하고 있던 이수정(李樹廷, 1842~1886)이 한국 선교의 필요성에 대해 호소한 내용이 1883년 11월『더 미셔너리 리뷰(The Missionary Review)』에 인용되기도 하였다.3) 그 결과 다양한 독자들이 선교부에 크고 작은 기부금을 보내면서 한국에 선교 사업을 시작하려는 가우처의 의지에 힘을 보태주었다.4)

이처럼 가우처를 비롯한 미국 국내외 선교 인력들의 적극적인 제안으로 미 감리회 해외선교위원회는 결국 한국 선교에 착수하기로 결정한다. 한국 선교 추진업무를 맡게 된 이는 당시 미 감리회 일본선교회 관리자였던 맥클레이(Robert S. Maclay, 1824~1907)였다. 가우처는 1884년 1월 31일 맥클레이에게 서한을 보내 미 감리회 해외선교위원회의 한국 선교 결정을 알렸으며, 맥클레이는 이를 적극적으로 수용하였다. 맥클레이는 서울의 푸트 공사(Lucius H. Foote, 1826~1913)로부터 방한 가능성에 대한 긍정적인 회신을 받고 1884년 6월 8일 일본 요코하마를 출발하여 6월 23일 인천에 도착하였으며 이후 서울에 들어와 미국 공사를 통해 한국 정부와 접촉을

---

2) Rev. Daniel Curry, D. D.(1883), "Corea as a Mission Field", *The Gospel in All Lands*, New York : Methodist Episcopal Church Missionary Society, p.179.
3) "Ⅷ. Field Notes", *The Missionary Review*(November 1883), Princeton, New Jersey : C. S. Robinson & Co., Steam Book and Job Printers, p.460.
4) 스톡스, 찰스 데이비드(2010), 장지철·김홍수 역,『미국 감리교회의 한국선교 역사 : 1885~1930』, 한국기독교역사연구소, pp.56-57.

시도하였다. 그 과정에서 당시 조선 정부의 외교 실무를 관장하는 교섭통상사무아문 협판 김옥균(金玉均, 1851~1894)을 통해 고종에게 미국인 선교사의 한국 사역 허가를 요청하는 장서와 사역 제안서를 제출하였고, 7월 3일 맥클레이는 김옥균으로부터 고종의 허가를 받았다는 소식을 전달받았다. 비록 당시 고종이 허락한 사역 내용은 학교와 병원 사업 등에 관한 것이었으며 종교적인 분야, 즉 복음 전도와 교회 설립에 관한 사역은 아니었지만 학교와 병원 사업을 매개로 자유롭게 활동할 수 있게 된 것은 큰 수확이었다.5)

이후 미국 북감리회와 북장로회가 앞장서서 한국의 의료와 교육 선교를 개척할 선교사를 선발, 파견하였으며 영국 성공회, 호주 장로회, 캐나다 장로회, 미국 남감리회 등에서도 뒤이어 선교 인력을 보내면서 서울과 서북지방을 시작으로 빠르게 개신교의 교세가 확장되기 시작하였다. 이 과정에서 서울 이남에 위치한 시흥 지역에도 개신교가 전래되었는데, 이와 관련한 서사는 다음과 같이 요약할 수 있다.

> 1895년 시흥 지역에 개신교가 전래되었으며, 김동현(金東賢, 1869~1928)의 주도하에 교인들이 자발적으로 이 지역 최초의 교회인 무지내교회를 설립하였다. 이후 시흥 지역은 미 감리회 서울 이남의 주요 선교 거점으로 자리매김하게 된다.

위와 같은 시흥 지역 개신교 전래 서사는 무지내교회를 중심으로 시흥 지역 교회사를 집대성한 이진호의 연구에서 비롯된 것이다.6) 이진호는

---

5) Rev. R. S. Maclay, D. D.(1896), "Commencement of the Korea Methodist Episcopal Mission", *The Gospel in All Lands*, New York : Methodist Episcopal Church Missionary Society, p.498 ; 이덕주(2014), pp.84-87.
6) 이진호(2002), 『무지내교회 백사년사』, 무지내교회104년사 발간위원회.

기존에 축적되어 온 한국교회사 연구와 함께 『조선감리회연회록』(Official Minutes of the Korea Mission of the Methodist Episcopal Church) 등의 영문 자료와 선교사들의 개인 기록, 그리고 일본 식민지시기 토지대장과 같은 정부문서 등을 폭넓게 활용하여 시흥 지역 개신교의 역사를 19세기 말부터 현대까지 통시적으로 분석하였다. 이후의 시흥 지역 및 무지내교회에 관한 내용이 포함된 교회사 연구들은 대체로 이진호의 연구를 수용 또는 인용하는 방식으로 이루어졌다.[7] 이진호의 연구는 시흥 지역 개신교 확산 과정을 파악할 수 있는 방대한 양의 자료들을 섭렵한 결과물로서 서지학적으로 큰 의의를 지닌다. 다만 19세기 말 시흥 지역 개신교 전래 과정에서 김동현의 독보적인 역할을 부각함으로써 1인 서사의 성격이 강한 서술을 전개하였다. 물론 시흥 지역 개신교 전래 및 확산 과정에서 김동현의 역할이 결정적이었음은 분명한 사실이지만, 지역 내에 교회를 설립하고 교세를 확장하는 일은 한 사람의 힘만으로는 해낼 수 없으며 다양한 인적·물적 자원이 동원되어야 한다. 따라서 19세기 말 시흥 지역 내 개신교 전래 과정의 실제상에 다가가기 위해서는 '김동현', '무지내교회' 등으로 상징되는 전래 서사를 보다 입체적으로 실증하여 재구성할 필요가 있다.

이에 본 논문은 이진호의 연구를 비롯한 기존의 한국교회사 연구 성과들을 기반으로 다음 두 가지 질문에 초점을 두어 논지를 전개하려고 한다. 첫째, 19세기 말 시흥 지역에는 어떤 과정을 거쳐 개신교(미 감리교)가 전래되었는가? 둘째, 김동현이 무지내교회를 설립하고 이후 시흥 및 공주·수원지역 내 감리교 교세 확장에서 주도적인 역할을 수행할 수 있었던 배경 및 토대는 무엇인가? 이를 위해 본 연구는 감리교의 한국 선교 정책,

---

7) 시흥시사편찬위원회가 발행한 시흥시 향토지 『시흥시사』와 시흥시 과림동에서 발행한 향토지 『과림동사』 등에서도 시흥 지역 개신교 전래에 관한 내용에서 이진호의 글을 인용하고 있다. 차선혜(2007b), 「지역사회 변화와 국권회복운동」, 『시흥의 근현대』, 시흥시사편찬위원회, p.78 ; 최분임(2014), 「무지내교회 이야기」, 『과림동사 : 어제, 오늘, 내일의 과림동을 바라보다』, 시흥시 과림동, pp.58-59.

시흥 지역을 포함하는 공주·수원 지역의 교세 확장, 그리고 경주 김씨 일가를 비롯하여 인적·물적 자원을 제공하면서 자발적으로 신앙 활동을 전개한 시흥 지역 주민 등 다양한 요소들 사이의 연관성을 중심으로 19세기 말의 시흥 지역 개신교 전래 및 확산 과정을 분석해 보고자 한다. 이를 통해 시흥 지역의 근대 초기 역사에 대한 이해의 폭을 확장함과 동시에, 19세기 후반부터 한국 사회에 다방면으로 유입된 서구 문명의 대표적인 요소 중 하나인 개신교가 한국 사회와 상호작용한 하나의 사례연구로서 기존에 교회사 연구자들을 중심으로 활용되어 온 한국 선교 관련 문헌자료들을 역사학 연구에 활용할 수 있는 가능성을 제시하려고 한다.

2. 시흥 지역 개신교 전래 서사 검토

2.1. '시흥'이라는 명칭에 대하여

시흥 지역 개신교 전래 서사는 이진호가 1896년 제12회 『조선감리회연회록(Official Minutes of the Korea Mission of the Methodist Episcopal Church)』(이하 연회록) 상의 윌리엄 스크랜턴(William B. Scranton, 1856~1922)의 보고 내용을 인용한 것에서 비롯되었다.

공주·수원 구역
이 구역은 서울 이남에 위치해 있다. 작년에는 (이 구역에) 시간을 들이는 것이 불가능했기 때문에 아주 약간의 진전만 있었다. (중략) 또한 우리는 <u>시흥</u>, 과천, 고양, 동막, 용시, 양천에서 선교하였다. 이 지역들은 모두 나의 어머니나 나 자신 또는 조사(助事)들이 올 한 해 방문한 곳들이다.[8]

시흥시 향토지인 『시흥시사』를 비롯하여 시흥 지역의 개신교 전래에 대한 서술들은 대체로 이진호가 인용한 위의 내용을 그대로 채택하고 있다. 그런데 위 인용문에서 '시흥(Si Hung)'이 오늘날의 시흥과 동일한 지역을 의미하는지에 대해서는 재고가 필요하다. 왜냐하면 오늘날 시흥시는 1914년 이전의 '시흥군'과는 무관한 지역이기 때문이다.9) 오늘날 시흥의 행정구역은 1989년 시흥군이 시로 승격되면서 편제된 것으로 이때 시흥군 군자면, 수암면, 소래읍을 하나로 묶어 시흥시의 행정구역으로 하였다. 군자면과 수암면은 안산군에 속했다가 1914년 안산군 해체와 함께 시흥군에 편입된 이래 오늘에까지 이르고 있는 지역이며, 소래면은 1973년 부천군이 폐지되면서 시흥군에 편입된 지역으로 좀 더 시기를 거슬러 올라가면 인천군 신현면, 전반면, 황등천면이 이에 해당한다. 따라서 1914년 이전 시기의 안산군 일부와 인천군 일부 지역이 오늘날의 시흥을 이루고 있는 것이다.10)

결국 오늘날의 시흥은 조선시대나 1914년 행정구역 개편으로 형성된 시흥군과는 전혀 다른 모습이라는 것인데, '시흥'이라는 명칭은 1795년(정조 19)에 금천현의 군명을 '시흥'으로 개칭하면서 붙여진 이름으로, 1912년 까지만 해도 시흥군의 행정구역은 군내면, 동면, 서면, 상북면, 하북면 등 6개 면 22개 동리로 이루어져 있었다. 그러다가 1914년 행정구역 통폐합

---

8) 번역 및 밑줄은 필자. 원문 내용은 다음과 같다. "KONG JU AND SU WON CIRCUIT. This charge is to the south of Seoul. It has made only a little progress this last year because I have been unable to devote time to it. [...] We have work also at <u>Si Hung</u>, Koa Chun, Ko Yang, Tong Mak, Yong Si and Yang Chun. These places have all been visited during this year by either my mother or myself or our helpers." W. B. Scranton(1896), "Kong Ju and Su Won Circuit", *Official Minutes of the Korea Mission of the Methodist Episcopal Church*, Seoul : The Trilingual Press, p.32 ; 이진호(2002), p.46에서 재인용.
9) 차선혜(2007b), p.78.
10) 차선혜(2007a), 「근대적 개혁과 지방제도 변화」, 『시흥의 근현대』, 시흥시사편찬위원회, p.13.

이 단행되면서 과천군 전부와 안산군 일부를 통합하여 북면, 신동면, 동면, 서면, 과천면, 서이면, 남면, 군자면, 수암면 등 9면 162개 리로 규모가 확대된 것이다.11)12)

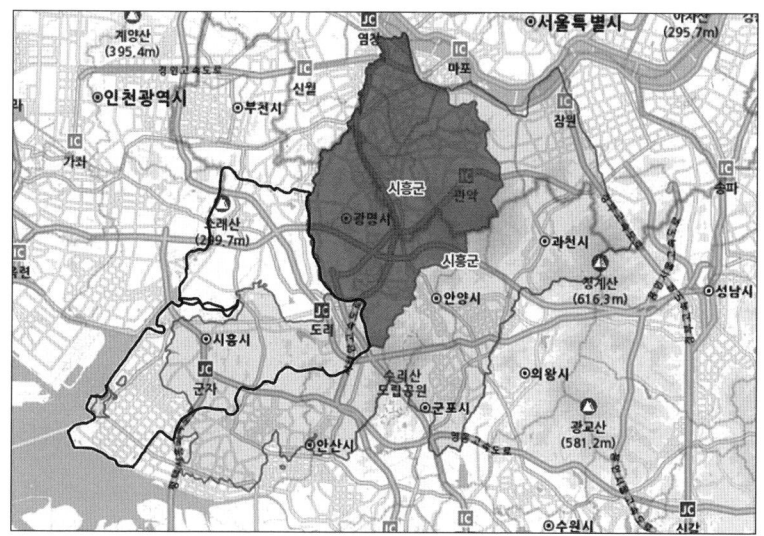

〈그림 1〉 1914년 행정구역 개편 이전(■)과 이후(■)의 시흥군 (오늘날의 시흥시는 검은색의 굵은 실선으로 표시)
출처 : 국사편찬위원회 역사지리정보 데이터베이스

위의 내용으로 미루어 볼 때 19세기 말은 1914년 행정구역 통폐합 이전 시기이기 때문에 이때 발행된 자료에서 '시흥'이라는 지역명이 등장한다고 해서 오늘날의 시흥과 동일한 지역을 가리킬 것이라고 섣불리 판단해서는 안 되며 추가적인 검토가 필요하다는 것을 알 수 있다. 이를 위해 '시흥'을

---

11) 차선혜(2007a), p.12.
12) 갑오개혁 당시의 23부제와 이후 광무개혁 당시 시행된 13도제하에서도 인천도호부가 인천군으로, 그리고 인천군이 다시 인천부로 승격하거나 안산군이 인천부 소속에서 경기도 소속으로 이전되는 등 상위 행정단위상의 변화는 있었으나 면 단위의 편제에는 이전과 큰 변화가 없었다. 차선혜(2007a), pp.17-18.

언급한 1900년과 1902년 연회록 내용을 추가로 분석해 보았다.

이 보고서에서 특별히 언급할 가치가 있는 유일한 교회는 <u>시흥 지역의 무지내교회</u>이다. 대가 없이 봉헌하고 있는 조사(助事) 김동현의 주도하에 이 교회는 수적으로, 그리고 그 은혜에 있어서도 성장하고 있다.13)

우리는 그(스웨어러)의 지방 선교 구역의 일부를 세 개의 분기별 구역으로 조직하였다. (그중 한 곳인) <u>시흥은 무지내, 삼막골, 덕고개를 아우르는 지역</u>이다.14)

위의 보고서를 비롯하여 20세기 초 발행된 연회록 자료에서는 당시 인천부 전반면(1914년 이후 부천군 소래면) 소속의 무지내교회를 '시흥(Si-heung)' 지역으로 분류한 것을 확인할 수 있었다. 또한 1902년 연회록에서는 무지내교회와 함께 당시 시흥군 군내면 안양리 소속의 삼막골 교회와 과천군 하서면 도양리 소속의 덕고개 교회를 '시흥' 구역으로 설정한 것을 알 수 있다. 이를 통해 당시 감리회 선교부는 실제 행정구역 체계와는 별도로 자체적인 구역 설정을 시행했음을 알 수 있으며, 따라서 1896년

---

13) 번역 및 밑줄은 필자. 원문은 다음과 같다. "The only other church deserving special mention in this report is the one at <u>Muchinae in the Si-heung district</u>. ⋯ [U]nder the leadership of the helper Mr. Kim Tong Hyen, who gives his services free, the church is growing in grace as well as numbers." Wilbur C. Swearer(1900), "Report Ⅴ. Su-won and Kong-chu Circuit", *Official Minutes Annual Meeting of the Korea Mission of the Methodist Episcopal Church*, Seoul : The Trilingual Press, p.46.
14) 번역 및 밑줄은 필자. 원문은 다음과 같다. "We organized part of his country work into three Quarterly Conferences, <u>the Si-heung, embracing the charges at Mu-chinai</u>, Sam-mak and Tok-ko-gai ; " George H. Johns(1902), "Report Ⅳ. South Korea District", *Official Minutes Annual Meeting of the Korea Mission of the Methodist Episcopal Church*, The Trilingual Press, p.42.

〈그림 2〉 무지내교회와 삼막골(당시 시흥군 군내면 안양리), 덕고개(당시 과천군 하서면 도양리)
(표기는 필자)
출처 : 국사편찬위원회 역사지리정보 데이터베이스

연회록에서의 '시흥(Si Hung)' 역시 무지내교회를 비롯한 오늘날의 시흥 지역을 아우르는 '범시흥 지역'을 의미할 가능성이 높다는 것을 알 수 있다.

2.2. 김동현 중심 전래 서사에 대하여

김동현은 시흥 지역 개신교 전래 서사의 주인공 격인 인물이다. 배재학당에서 수학한 경험이 있는 김동현은 1898년 무렵 무지내교회를 세운 것으로 알려져 있다. 무지내교회의 설립일은 1898년 12월 1일(음력 10월 18일)로 알려져 있는데 이는 무지내교회가 가장 먼저 언급된 『대한크리스도인회보』의 기사를 기준으로 정한 것이다.[15]

---

15) 이진호(2002), p.47쪽.

무지내교회에서 온 편지

남녀 교우들이 목사 내려 오시기를 가물 때의 비같이 기다리더니 **음력 10월 18일**에 달성회당 부목사 리은승 씨가 내려와 교우들의 공부를 일제히 시험한 후 19일에 쇼목사(스웨어러 목사)가 오시니 남녀노소가 다 반갑게 만나서 기쁜 마음으로 찬미 기도하고 이틀 후 21일 주일을 당하여 남녀 합 40여 인이 모여 예배하고 세례를 베푸시니 남교우가 3인이오 여교우가 2인이오 남녀 아이가 10인이오 입교한 이가 4인이오 학습인의 이름을 붙이니까 5인이라. 그 이튿날 쇼목사와 리은승 씨가 떠나실 새 교우들이 목사께 청하되 매월에 한 번씩 내려오셔 죽게 된 죄인의 영혼을 구하시고 식은 마음을 덥게 하여 주시기를 간절히 바란다 하고 작별하였습니다.16)

당시 무지내교회 설립과 운영을 비롯하여 김동현의 시흥 지역 내 활동은 감리교 선교부에서도 긍정적으로 인식하고 있었다. 1900년 연회록에서 스웨어러(Wilbur C. Swearer, 1871~1916)는 공주·수원 구역 관련 보고에서 별도의 공간을 할애하여 김동현이 무지내교회의 운영에 공헌한 바와 함께 그가 배재학당에서 수학한 사실을 강조하고 있음을 알 수 있다.

대가 없이 봉헌하고 있는 김동현 조사(助事)의 주도하에 (무지내)교회는 수(數)적으로뿐만 아니라 은혜에 있어서도 성장하고 있다. 이 사람은 배재학당에서 단기간 수학하였다는 이점을 가지고 있고, 이에 대해 나는 배재학당에 신세를 진 바가 있음을 인정한다.17)

이와 같이 김동현이 무지내교회를 중심으로 한 시흥 지역, 그리고 나아

---

16) 현대어 풀이는 필자. 『대한크리스도인회보』, 1898년 12월 28일 자.
17) Wilbur C. Swearer(1900), p.46.

가 공주·수원 구역에 결정적인 공헌을 한 것임은 분명하다는 것을 알 수 있다. 다만 개신교의 수용과 확산이라는 것은 한 사람의 노력만으로 이루어질 수 없는 규모의 사업이며, 선교부와 선교사, 토착 교인 간의 상호작용을 통해 이루어지는 과정이라는 점을 고려할 때 김동현의 전도 활동에 대하여 한국 감리회 선교부와 선교사들은 어떻게 인식하고 활용하였는지, 그리고 시흥 지역의 주민들은 어떠한 역할을 하였는지 등을 구체적으로 살펴봄으로써 기존의 1인 중심 서사를 보다 입체적으로 조명할 수 있을 것이다.

3. 19세기 말 시흥 지역 개신교 전래 과정의 재구성

3.1. 감리교의 교육 중심 선교 정책

1884년 고종의 윤허로 개신교 선교사들의 활동이 공인된 이후 미국, 영국, 호주 등 여러 나라와 교단의 선교사들이 한국으로 몰려들었다. 각 교단은 각기 다른 선교 정책을 기반으로 교세 확장에 주력하였다. 미 장로교의 경우 1884년 9월 내한하여 한국에 거주한 첫 개신교 선교사인 알렌(Horace Newton Allen, 1858~1932)에 의해 활동이 개시되었다. 알렌은 조미수호통상조약 규정상 선교 사역이 허용되지 않았기 때문에 처음에는 선교사로서의 지위를 인정받지 못하고 외국 거류민을 위한 의사로서 활동하였다. 그러나 1884년 갑신정변 당시 중상을 입은 명성황후의 조카 민영익을 치료해준 것을 계기로 고종의 신임을 얻어 임금과 왕족의 진료를 맡는 시의(侍醫)로 임명되었고, 1885년에는 조선 정부의 후원하에 병원(광혜원)을 세우게 되었다. 알렌에 대한 조선 정부의 호의는 이후 장로교 선교회 소속의 다른 선교사들에게까지 확대되면서 장로교 교세 확장의 중요한 계기로 작용하였다. 이와 더불어 1870년대부터 만주 지역에서 존 로스(John Ross, 1842~1915) 등의 장로교 선교사들이 한국인들을 대상으로 일찍이 전도 활동을 수행하면서 닦아 온 기반을 토대로 장로교 선교사들은 다른 교단보다 더 빠르게 성장할 수 있었다.[18] 이후 장로교는 1890년 중국 산둥성 지푸에서 선교 활동을 하던 존 네비우스(John Nevius, 1854~1893) 목사를 초빙하여 한국 선교사들이 실천할 선교 방법의 원칙을 제공받았다. 일명 '네비우스 정책'이라고 하는 이 원칙은 강력한 자립성과 광범위한 순회 선교, 성서에 대한 압도적인 강조를 주요 기조로 삼았다.[19] 이후 장로교 선교사들을 중심으로 '네비우스 정책'에 입각하여 토착인이 토착인에게 전도하도록 하는 '자전'(自傳, self-propagation), 토착 교인이 토착 교회 목회자의 생활비와 교회 운영을 책임지도록 하는 '자립'(自立, self-supporting), 그리고 토착 교회 문제를 토착 교인들이 처리하도록 하는 '자치'(自治, self-governing)를 원칙으로 하는 선교방침이 수용, 강조되기 시작하였다.[20] 네비우스 정책에 입각하여 장로교회는 순회제도와 사랑방에서 사람들을 접촉하는 개인 복음전도를 강조하였다.

감리교 역시 네비우스 정책의 영향을 받아 1890년대에 들어 광범위한 순회제도에 대한 계획을 세우고 실행하였다. 그러나 감리교의 경우에는 이보다는 의료기관과 교육기관의 설립 및 운영에 집중하는 것을 주요 선교 원칙으로 내세웠다. 특히 교육기관은 감리교 선교 초기부터 중추적인 역할을 담당하였다. 앞서 알렌을 매개로 조선 정부의 호의와 후원을 제공받았

---

18) 스톡스, 찰스 데이비드(2010), pp.83-84.
19) 민경배(1973), 『한국기독교회사 : 한국민족교회형성과정사』, 대한기독교서회, pp.195-196.
20) 일례로 장로교 선교사인 레이놀즈(William D. Reynolds, 1867~1951)는 한국 선교사 잡지인 *Korean Repository*에 '자전', '자립', '자치'를 원칙으로 하는 '네비우스 정책'을 강조하는 기사를 기고하였다. W. D. Reynolds(1896), "Native Ministry", *Korean Repository*, Vol.3, p.199.

던 장로교와 다르게 감리교 선교사들은 교육 사업의 일환으로 운영된 대표적인 교육기관인 배재학당과 이화학당의 설립을 계기로 독립적으로 정부의 인가를 받았다.21) 미 감리회의 첫 한국 선교사였던 아펜젤러(Henry G. Appenzeller, 1858~1902)는 1885년 6월 한국에 입국하여 한 달 후에 교육사업을 시작했다. 그는 먼저 스크랜턴의 집 한 채를 사서 방 두 칸 벽을 헐고 작은 교실을 만들었다. 그리고 8월 3일에 이겸라, 고영필 두 학생을 앞에 두고 수업을 시작하였다. 이후 1887년 2월 이 학교는 고종으로부터 '배재학당(培材學堂)'이라는 교명을 하사받았고 같은 해 서울 정동에 새로 교사를 지었다. 이후 배재학당은 산업부를 설치하는 등 점차 기틀을 잡아갔고 1890년대에 들어서는 신앙교육을 본격적으로 실시하게 되었다.22)

한편 1885년 6월 한국에 입국한 감리교 선교사 메리 스크랜턴(Mary F. Scranton, 1832~1909) 역시 이듬해인 1886년 5월 31일 여학생 한 명을 상대로 학교를 시작하였다. 당시 여성의 교육에 회의적이었던 한국 사회에서 학생을 구하기 어려워 가난한 집 아이와 고아를 대상으로 교육 사업을 전개해야만 했다. 이후 1887년 학생이 7명으로 늘어났을 때 명성황후가 친히 '이화학당(梨花學堂)'이라는 교명을 하사하였으며 이후에는 계속해서 학생 수가 증가하여 1897년에 이르러서는 46명으로 늘어났다. 이렇게 되자 이전의 한옥 교사로는 감당할 수가 없어 이를 헐고 그 자리에 2층 건물을 지어 1900년 완공하였다. 1904년 중등과 인가를 받기 이전까지 이화학당은 그동안 교육에서 배제되었던 한국 여성을 해방시키고 이들에게 신앙교육을 통해 기독교 복음을 전파하는 것을 목표로 하는 초보적인 교육을 중심으로 운영되었다.23) 미 감리교회 한국 선교사로 활동하면서

---

21) 스톡스, 찰스 데이비드(2010), pp.118-119.
22) 김민영(1998), 『한국초대교회사 : 한국 초기 선교사들의 활동과 선교 정책』, 쿰란출판사, pp.77-81, 99.
23) 김민영(1998), pp.101-102.

1930년대까지의 한국 감리교회사를 집대성한 스톡스(Charles D. Stokes, 1915~1998)는 학교와 병원 등 기관을 매개로 한 감리교의 선교활동은 이 기관들이 한국인들로부터 순수한 감리교의 것으로 인정받는 동시에 감리교회가 왜 한국에 와서 헌신적으로 사업에 참여하는지에 대한 관심을 유발하였고, 그 결과 직접적인 복음 활동이 가능하게 된 중요한 계기로 작용하였다고 평가하였다.24)

아펜젤러와 스크랜턴 등의 주도로 전개된 감리회의 교육 중심 한국 선교 정책은 시흥 지역의 개신교 전래와 확산에도 직접적인 영향을 미쳤다. 앞서 1900년 연회록에서 스웨어러가 언급한 바와 같이 김동현은 배재학당에서 받은 신앙교육을 토대로 무지내교회의 설립과 운영에 이바지하는 등 시흥 지역 개신교 전래와 확산에 주도적인 역할을 하였다. 그뿐만 아니라 이화학당을 설립한 메리 스크랜턴은 이후 지방 교육기관 설립에도 힘썼는데, 그 과정에서 1901년 무지내교회 예배당 옆 무지리여학교의 설립 비용을 지원하면서 시흥 지역 감리교 교육 사업에 이바지하였다. 이와 관련된 내용은 1901년 연회록 상의 스웨어러의 보고를 통해 확인할 수 있다.

> 그들은 스크랜턴 부인으로부터 받은 원조로 목사관 오른편에 학교 건물을 짓고 있다. 스크랜턴 부인은 이곳에 선생을 배치하려고 하는데 우리는 이 일에 큰 성과가 있기를 바란다.25)

정리하면 1880년대 중반 이후부터 한국에서 개신교 교단 사이의 경쟁이 치열해지는 와중에 감리교는 교육 사업에 초점을 둔 선교 정책을 실시하였

---

24) 스톡스, 찰스 데이비드(2010), pp.83-84.
25) Wilbur C. Swearer(1901), "Report Ⅳ. Su-won and Kong-chu Circuit", *Official Minutes Annual Meeting of the Korea Mission of the Methodist Episcopal Church*, Seoul : The Trilingual Press, p.41.

으며, 이는 배재학당을 통해 신앙교육을 받은 김동현, 그리고 스크랜턴의 원조로 설립된 무지리여학교 등의 형태로 시흥 지역 개신교 전래 및 확산에 영향을 주었다는 것을 알 수 있다.

3.2. 감리교의 공주·수원 구역 내 교세 확장

1890년대 중반 이후 시흥 지역에서의 개신교 확산은 이 무렵 감리교회 선교부가 실시한 구역제도와도 밀접한 관련이 있다. 1892년 무렵 감리교회의 한국 선교 정책에는 변화의 바람이 불기 시작했는데, 이는 다름 아닌 한국인들의 기독교에 대한 태도의 변화에서 비롯되었다. 스크랜턴(William B. Scranton)이 1892년 12월에 작성한 서한에 따르면 이 시기에는 한국인 구도자들이 스스로 찾아와 가르침을 구하고 있어 선교사들이 애써 개종시킬 사람들을 물색하러 다닐 필요가 없을 정도였으며,[26] 같은 시기 한국에서 활동한 미 감리교 선교사 존스(George H. Jones, 1867~1919)는 1892년 당시 개종자가 500명 정도로 1890년 당시 100명에 비해 2년 만에 500퍼센트의 성장을 이룬 점을 중요하게 강조하였다.[27] 이러한 한국인들의 태도 변화로부터 기회를 포착한 감리교회 선교부는 새로운 정책으로서 구역제도를 실시하게 된다. 그 결과, 서울에 있는 교회는 두 개의 구역으로 나뉘었고 제물포와 평양, 전주, 원산에는 선교사가 담임자로 임명되었으며 그 밖에 공주와 수원, 그리고 대구, 의주는 보완되어야 할 구역으로 분류됨으로써 전체 9개의 구역이 만들어졌다.[28]

시흥 지역이 포함되어 있는 공주·수원 구역이 감리교 구역제도의 주요

---

26) *The Gospel in All Lands*(January 1893), p.191.
27) 존스, 조지 히버(2013), 옥성득 편역,『한국 교회 형성사 : 한국 개신교의 여명, 그 첫 이야기』, 홍성사, p.166.
28) 스톡스, 찰스 데이비드(2010), p.103.

단위 중 한 곳으로 설정된 것은 서울 이남 지역에 선교 거점을 확보하려는 미 감리회 한국 선교부의 의지가 반영된 결과였다. 하지만 인력 및 거리상의 한계 등으로 인하여 처음에는 선교 후보지로 설정되어 1895년까지는 관리자를 파송하지 못하였고 서울, 원산, 제물포 등에서 우선적으로 선교 사업을 전개하였다. 그러다가 마침내 1896년 공주·수원 구역에 스크랜턴(William B. Scranton)이 관리자로 임명되고 순회 선교를 시작하면서 이 구역의 교세가 본격적으로 가파른 성장세를 보이기 시작하였다. 스크랜턴은 1897년 어머니인 메리 스크랜턴과 함께 시흥, 수원, 용인에 걸쳐 경기도 남부지방을 순회하였다. 이 여행에서 스크랜턴은 교인들을 세례하거나 이미 세례를 받은 교인들을 격려하는 등 적극적인 선교활동을 수행하였고 이로써 경기도 남부지역에 강력한 선교 구심점들이 형성되었다.

1896년 이후 공주·수원 구역의 가파른 교세 확장은 감리교 선교회가 작성한 통계자료를 통해서도 확인할 수 있다. 이 시기의 『감리교 선교회 연례보고서』(Annual Report of the Missionary Society of the Methodist Episcopal Church)(이하 연례보고서) 통계자료를 연도별로 살펴보면 1896년부터 공주·수원 구역이 새로 추가된 것을 확인할 수 있다.

〈표 1〉 1895년 감리교 연례보고서(1896년 발행)

	교인		세례		주일학교		
	학습인	입교인	어린이	성인	학교	학생	교사
서울 상동	107	24	6	39	1	40	2
서울 동대문	27	18	-	2	1	45	-
서울 정동, 이화학당, 종로	70	50	1	15	2	250	7
평양	14	6	-	-	-	-	-
제물포	55	22	6	7	2	50	4
애오개	-	2	-	-	-	-	-
원산	15	-	-	-	-	-	-
합계	288	122	13	63	6	385	13

출처 : Annual Report of the Missionary Society of the Methodist Episcopal Church (1896), Methodist Episcopal Church Missionary Society, p.250.

〈표 2〉 1896년 감리교 연례보고서(1897년 발행)

	교인		세례		주일학교		
	학습인	입교인	어린이	성인	학교	학생	교사
애오개	-	-	-	-	-	-	-
제물포	67	27	7	-	2	50	4
정동, 이화학당, 종로	105	62	5	22	3	250	10
동대문	39	18	-	15	1	32	2
공주, 수원	26	17	-	-	-	-	-
평양	30	21	9	-	-	-	-
달성교회, 상동	105	81	21	57	1	180	8
원산	215	4	6	-	-	-	-
합계	587	230	48	94	7	512	24

출처 : Annual Report of the Missionary Society of the Methodist Episcopal Church (1897), Methodist Episcopal Church Missionary Society, p.243. 강조 표시는 필자.

이 구역의 교세는 1년 만에 가파르게 성장하여 1897년에는 입교인(full member)과 학습인(probationer)의 규모가 평양을 상회할 정도로 크게 확대된 것을 확인할 수 있다.

〈표 3〉 1897년 감리교 연례보고서(1898년 발행)

	교인			세례		주일학교		
	학습인	입교인	본처전도사	어린이	성인	학교	교사	학생
제물포	110	46	1	16	28	4	12	200
공주, 수원	241	29	-	5	34	4	4	150
평양	235	28	2	14	25	1	7	83
서울, 볼드윈 예배당	32	18	1	2	4	1	2	32
정동 등	96	69	3	-	19	3	9	251
달성	145	111	2	18	57	1	12	245
원산	215	4	1	7	13	1	1	6
합계	1,074	305	10	62	180	15	47	967

출처 : Annual Report of the Missionary Society of the Methodist Episcopal Church (1898), Vol. 79, Methodist Episcopal Church Missionary Society, p.248. 강조 표시는 필자.

한편 개신교의 교세 확장과 관련하여 놓쳐서는 안 될 중요한 사실은 이것이 감리교 선교부의 정책과 그에 의거한 선교사들의 활동으로서만 가능한 것이 아니며, 지역 주민들의 적극적인 신앙 활동이 함께 이루어졌기에 실현될 수 있었다는 것이다. 1896년을 전후로 전개된 공주·수원 구역의 성장 역시 감리교 선교 정책인 구역제도가 실시되면서 구역 내 순회 선교에 나선 선교사들의 역할과 더불어 지역 주민들의 적극적인 신앙 활동이 상호작용한 결과였다. 이 지역 토착 교인들의 신앙 열기는 스크랜턴 모자의 기록을 통해서도 확인할 수 있다.[29]

> 우리는 가는 곳마다 종교적 관심이 깊어지는 것을 느꼈다. 사람들은 가르침을 들으러 몰려왔고 그중 몇몇은 무언가를 얻기 위해 온 것이라고 확신한다. 지방에서는 글을 아는 사람을 거의 보지 못했지만 그들은 배운 것을 기억하려고 진심으로 노력했고, 많은 경우 우리의 말을 몇 번이고 따라하면서 마음속에 담으려고 하였다. 나는 그들 스스로 글을 읽는 법을 배울 수 있다는 점을 그들에게 각인시키고자 했는데, 몇몇 사람들은 열정이 들끓어서 글을 배우려는 시도가 머지않아 이루어질 것으로 생각했다. 하지만 글을 가르칠 교사가 확보될 때까지는 실현되기 어려운 일이라는 것을 잘 알고 있다.[30]

이듬해인 1898년 5월에도 스크랜턴 모자는 수원과 공주 지방으로 순회 여행을 떠났다. 특히 공주 지방 여행은 이때가 처음이었는데 아직 수원과 공주 지방에 주재 선교사나 토착 전도인이 파송되지 않았는데도 수원과 공주를 잇는 도로 주변 13개 마을에 입교인과 학습인을 합쳐 315명의 교인이 자발적인 집회를 열고 있었다.[31] 스크랜턴에 이어 1898년 가을

---

29) 이덕주(2014), pp.405-407.
30) M. F. Scranton(1897), "Among Women of City and Country", *Korean Repository*, Vol. 4, p.296.
31) W. B. Scranton(1898), "Su-won and Kong-chu Circuit,"*Official Minutes Annual Meeting of the Korea Mission of the Methodist Episcopal Church*, Seoul : The Trilingual

공주·수원 구역 관리자로 임명된 스웨어러 역시 매년 연회록 보고서를 통해 공주·수원 구역 교인들의 활발한 전도 활동에 기반한 교세 확장 현황을 세밀하게 기록하였다.

정리하면, 1896년을 전후로 하여 공주·수원 구역에서 감리교의 교세가 확장 기로에 접어들 수 있었던 것은 서울 이남 지역 선교를 위하여 구역제도를 실시한 감리교 선교부의 결정과 이에 의거하여 공주·수원 구역을 여행하면서 순회 선교를 실시하고 연례보고서 등을 통해 이를 지지하고 인력 지원의 필요성을 알린 스크랜턴 모자 및 스웨어러 등 선교사들의 활발한 활동, 마지막으로 해당 지역 주민들의 자발적인 입교 및 전도 활동이 복합적으로 작용한 결과임을 알 수 있다.

이 무렵 공주·수원 구역에 포함된 시흥 지역 역시 주민들의 활발한 입교 및 전도 활동이 전개되고 있었는데, 이는 『독립신문』 1897년 7월 기사의 내용을 통해 확인할 수 있다.

> 고양군 채장리 사는 신화춘은 서울 정동 있는 미국 목사 원두우 씨 (Horace G. Underwood, 1859~1916)의 교도인데 전도할 차로 안산군 방죽뫼에 간즉 그 동리 사는 교도 홍덕순이 말하기를 금번에 본동 사람들이 동회하려고 동리 인민들에게 통문을 돌리는데 노소간에 발문 중에 모두 자호로 썼는데 유독 나만 관명으로 썼기에 그 발문 중에 내 성명을 빼내었더니 동장 윤가가 본군 겸관 남양군에 무소하여 남양군 차사가 나를 잡으러 와서 차사 예채 이백 사십 냥을 물었노라 한즉 신화춘이 그 동중 사람들에게 남양군 차사가 받아 간 차사채 중에 일백 냥을 물려 가지고 왔더니 이 일이 탄로 되니까 원두우 씨의 교중에서 한성부로 기별한 고로 서서에서 신화춘을 잡아 경무청으로 보내었다더라.[32]

Press, p.26.
32) 『독립신문』, 1897년 7월 8일 자.

이달 8일 제80호 신문에 기재한 고양군 채장리 사는 신화춘은 당초에 미국 목사 원두우 씨가 알지도 못하는 사람이요 교중에서도 교우로 알지 못하는 사람이어늘 이 신화춘이가 거짓 교도라 칭하고 안산군 방죽뫼에 가서 탁란질 하고 그 동리에서 돈 일백 냥을 가져온 일로 안산 사는 교우가 그 돈으로 말미암아 교중에 와서 말한즉 교중에서 경무청에 기별하여 신화춘을 잡아 가두고 그 돈 백 냥을 받아 보내라고 하였다더라. 교중에는 당초에 고양군 사는 신화춘이 없을 뿐더러 매양 신화춘이 같은 외인들이 협잡할 마음으로 교를 팔고 외처에서 혹 탁란하는 폐단이 있다 하기로 이러한 폐단은 교중에서 특별히 살펴서 엄금한다 더라.[33]

고양군 채장리에 거주하는 신화춘의 부정행위에 대해 다룬 위 기사에서 "안산군 방죽뫼"는 오늘날 시흥 지역의 방죽들을 일컫는 지역으로서 물왕동, 광석동을 포함하여 도창동, 매화동, 안현동, 은행동, 미산동, 하상동, 포동까지 연결되는 넓은 들판이다. 위 기사 내용을 통해 1897년 당시 시흥 지역에 위치한 안산군 방죽뫼에는 홍덕순과 같은 교도들이 있었으며 이들이 모이는 교회나 그에 준하는 모임이 있었을 것으로 추정할 수 있다.[34] 따라서 감리교의 공주·수원 구역에서의 전반적인 교세 확장에 발맞춰 시흥 지역 역시 교인들의 자발적인 집회 활동 등으로 개신교의 확산이 이루어지고 있었음을 알 수 있는 것이다.

3.3. 시흥 지역 주민들의 적극적인 신앙활동

앞서 시흥 지역 개신교 전래 서사 분석에서 언급한 바와 같이 19세기

---

33) 『독립신문』, 1897년 7월 13일 자.
34) 차선혜(2007b), p.78.

말 시흥 지역 개신교 전래 및 확산의 주역은 김동현이었다. 인천부 전반면 칠리(오늘날 시흥시 무지내동) 출신인 김동현은 감리교 교육기관인 배재학당에서 수학한 뒤에 1890년대 중반 이후 공주·수원 구역에서의 감리교 교세 확장이 활발하게 전개되던 시기 시흥 지역의 개신교 확산을 주도하였다. 다만 앞서 강조하였듯이, 지역 내 교세 확장은 한 개인의 노력만으로는 실현되기 어려운 일이며 선교부, 선교사, 지역 주민들의 상호작용이 이루어져야만 가능한 일이다. 이와 관련하여 3장 1절과 2절에서 감리교 선교부의 선교정책, 그리고 선교사들의 지방 선교활동에 주목하였다면 마지막 3절에서는 김동현과 시흥 지역 개신교 전래 및 확산 활동을 함께 한 지역민들의 역할에 주목하고자 한다.

먼저 무지내교회를 설립할 때 김동현의 경주 김씨 일가의 인적·물적 지원이 핵심적인 역할을 했다. 경주 김씨 일가는 무지내교회가 위치한 인천부 전반면 칠리 은행동에 세거하면서 집성촌을 이루었다. 이 일가가 개신교 전래와 관련이 있다는 사실은 해당 지역 주민의 구술 자료를 통해서도 확인할 수 있다.

"저희 아버진 이웃동네 벌말에 사시다가 경주 김씨 집을 사서 이곳 무지내교회 바로 밑으로 이사왔어요. 이 동네가 예전엔 경주 김씨들이 많이 살았어요. 서양문물을 받아들이고 하느님을 믿었었죠. …"[35]

오늘날 시흥시 무지내동에 해당하는 지역 일대에 경주 김씨 일가가 세거했다는 사실은 1912년 조선총독부 임시토지조사국에서 작성한 토지조사부를 통해서도 확인할 수 있다. 이 자료에 따르면 당시 경기도 부천군

---

35) 무지내교회 장로인 문현모(1949년생)의 구술자료를 인용하였다. 최분임(2014), 「과림1통(무지내) 마을이야기」, 『과림동사 : 어제, 오늘, 내일의 과림동을 바라보다』, 시흥시 과림동, p.26.

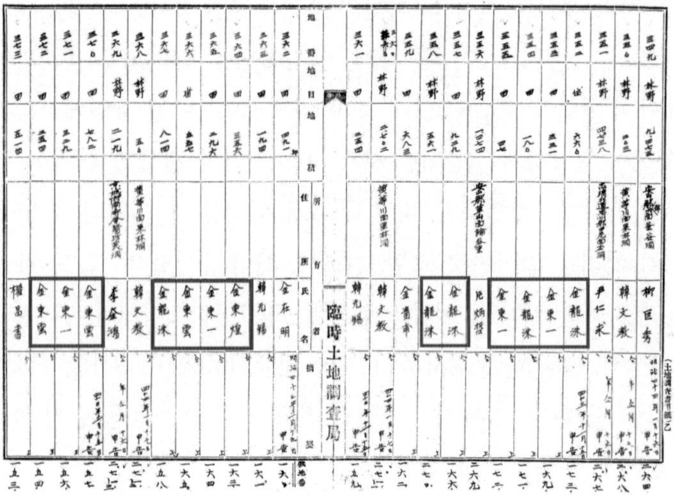

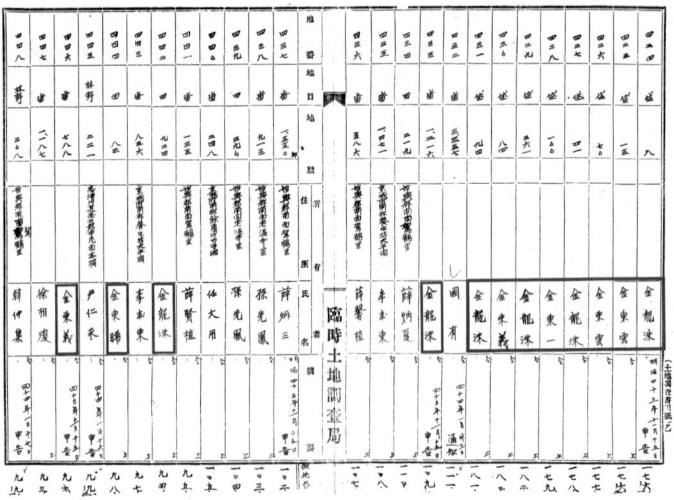

〈그림 3〉 1912년 조선총독부 임시토지조사국에서 생산한 경기도 부천군 소래면 무지리 토지조사부의 일부. 김동현의 삼촌 김용수(金龍洙), 사촌 김동일(金東一)등 경주 김씨 일가 소유의 전답이 다수 포함되어 있는 것을 알 수 있다.
출처 : 국가기록원 지적아카이브

소래면 무지리 174~545번지에 해당하는 전답 약 28만 9,000정보 가운데 4만 2,785정보 이상을 김동현의 경주 김씨 일가가 소유하고 있었다는 점을 알 수 있다.

그뿐만 아니라 경주 김씨 일가는 무지내교회 부지 확보에도 직접적으로 개입한 것으로 추정된다. 1912년 조선총독부 임시토지조사국에서 생산한 토지조사부 공유자연명표에 따르면 무지내교회 부지인 무지리 256과 257의 소유자는 당시 무지내 구역 감리사인 버딕 (George M. Burdick) 외 5인으

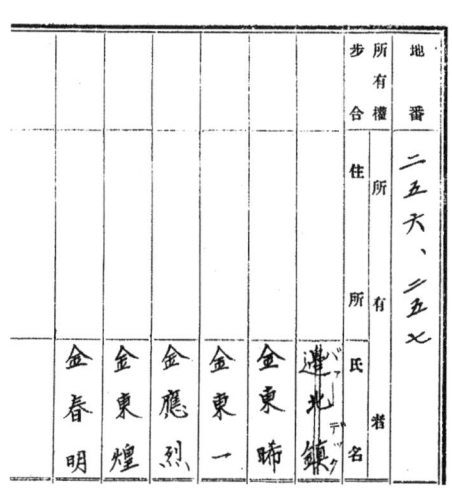

〈그림 4〉 부천군 소래면 무지리 256, 257 공유자연명표
출처 : 국가기록원 지적아카이브

로 되어 있다. 〈그림 4〉를 보면 맨 오른쪽에는 버딕의 한국명 변조진(邊兆鎭)을 두 줄로 긋고 "バアーデック"이라고 써있고 이어서 김동희, 김동일, 김응열, 김동황, 김춘명 순서로 기재되어 있다. 이들은 모두 김동현의 경주 김씨 일가 친척으로 특히 김동현의 사촌인 김동일은 안산지방 여러 교회의 교역자로 활동하였고 김동현의 오촌인 김응열은 그의 동생 김홍렬과 함께 무지내교회에서 평생 동안 신앙 활동을 전개한 것으로 알려져 있다.36) 정리하면, 19세기 말 김동현은 친척들의 인적·물적 지원을 바탕으로 경주 김씨 세거지에 무지내교회를 설립하고 운영하면서 시흥 지역 개신교 확산에 이바지했음을 알 수 있다.

한편 1890년대 중반 이후 시흥 지역 교세확장에서 토착 교인들의 역할을 좀 더 구체적으로 파악하기 위해서는 무지내교회와 더불어 이 시기 시흥 지역 내 감리교 선교 거점으로 설정된 덕고개교회와 삼막골교회의 초기 운영 과정에도 주목할 필요가 있다. 먼저 덕고개는 1914년 이전에는 과천

---

36) 이진호(2002), p.57.

군 하서면 도양리에 속한 지역으로서 이곳에 1895년에 세례를 받고 개신교 신자가 된 자가 있었다는 점을 아래의 『대한크리스도인회보』 기사를 통해 확인할 수 있다.

> 과천 덕고개 교우 허대진 씨는 일천 팔백 구십오년에 세례를 받고 천 팔백 구십 육년에 입교한 후로 눈에 보이는 육신과 우상과 세상 영화를 버리고 눈으로 볼 수 없는 영혼과 하느님과 천국 복락을 위하여 농사하던 여러 위답 수십 석을 버리니 … 근근히 연명하다가 기한을 견디지 못하고 본년 이월에 병이 나 우리들이 그를 불쌍히 여겨 하느님께 기도하였더니 초파일에 그 형제가 찬미 기도하고 자기 자녀를 교우에게 부탁하여 하느님의 도를 가르치라 하고 세상을 떠났으니 우리들이 교중 법례대로 장사하고 허 씨의 처자를 심히 위로하여 기도하노라 하였더라.37)

이후 1897년 덕고개 지역에 교회 공간이 마련되었는데 이에 대한 스크랜턴의 보고에 따르면 덕고개와 더불어 수원 초평, 삽다리(현 충남 예산군 삽교리), 용인 곳은골(현 용인시 처인구 백암면 백봉리) 등지에 교회에서 이름 붙이고 공부하는 사람이 남성은 약 200명, 여성은 57명이었다.38) 다만 이 교회당은 1901년 과천군수의 일방적인 조치로 허물어졌으며 이후 1906년에 새로운 교회당이 지어질 때까지 덕고개 주민들은 자신의 집 안팎에서 예배를 드리고 자발적으로 모금활동을 전개하면서 열악한 환경에서도 적극적인 신앙 활동을 전개하였다.39)

한편 삼막골은 시흥군 군내면 안양리에 위치한 지역으로서 이곳의 교회

---

37) 현대어 풀이 및 강조 표시는 필자. 『대한크리스도인회보』, 1900년 4월 4일 자.
38) 『대한크리스도인회보』, 1897년 3월 24일 자.
39) Wilbur C. Swearer(1901), p.42 ; 『신학월보』, 1901년 9월.

설립 및 교세 확장을 주도한 이는 하영홍(河泳弘, 1879~1915)이었다. 그는 1900년에 개신교 신자가 되었으며 1901년 감리교회 지도자반에서 수학한 후 그의 진주 하씨 일가가 거주하는 집성촌인 삼막골에서 전도 활동을 시작하였다. 1901년 스웨어러의 보고에 따르면 하영홍과 함께 활동한 이 지역 24명의 학습인들은 서로 혈연관계라고 하는데 이는 곧 하영홍의 진주 하씨 일가 친척들을 의미하는 것으로 추정된다. 1901년 하영홍은 일가 소유의 전답을 팔아 그 돈으로 교우 일곱 가정과 함께 삼막골교회를 건축하였는데, 이 교회의 봉헌예배 때에 김동현이 개회기도를 드렸다는 점에서 김동현 및 무지내교회와의 밀접한 관련성을 확인할 수 있다.[40]

정리하면, 시흥 지역 개신교 전래 서사에서 '김동현의 주도'로 교세가 확장되었다는 말은 곧 김동현이 배재학당 수학 후 경주 김씨 일가의 인적, 물적 지원을 바탕으로 그들의 세거지에 무지내교회를 설립, 운영한 것을 의미한다는 것을 확인하였다. 또한 1890년대 중반 이후 시흥 지역에서의 개신교 교세 확장은 1895년 무렵부터 자발적인 예배활동 및 교회당 설립을 위한 모금활동을 추진한 덕고개 지역 주민들과, 김동현의 신앙적 지원을 바탕으로 하영홍의 주도하에 감리교회를 운영하면서 시흥 지역의 또 다른 선교 구심점으로 부상한 삼막골 지역 주민들의 활약의 결과물이라는 점을 알 수 있다.

이후 김동현은 1901년 수원지방 권사(2년급 1반)에 임명되었고[41] 이듬해인 1902년에는 공주·수원 구역 내에 '시흥 지역'(the Si-heung)이라는 별도의 단위가 설정되면서 김동현이 본처 전도사(local preacher)로서 이 지역에 파송되었다.[42][43] 이후에도 그는 감리회 선교부로부터 공인된 개신

---

40) Wilbur C. Swearer(1901), p.42 ; 「감리교 인물DB」, 기독교대한감리회 역사정보자료실(https://his.kmc.or.kr/person-dictionaries/43369?page=14, 검색일 : 2024.8.18.)

41) *Official Minutes Annual Meeting of the Korea Mission of the Methodist Episcopal Church*(1901), Seoul : The Trilingual Press, p.4.

교 선교 인력으로 성장하여 시흥 및 수원·공주 지역에서 활약하였다. 또한 무지내교회의 경우에는 1902년 교회당을 새로 건축하고 이후 1905년 무렵에는 주변의 6개 마을의 중심지로 성장하였으며 그 결과 1908년에는 감리교 선교부에 의해 무지내 구역이 별도로 설정되기에 이른다.44) 무지내 구역은 1912년 안산 구역에 흡수되어 김동현의 사촌인 김동일이 파송되기 전까지 계속 유지되었으며 이후에도 지역 주민들의 인적·물적 지원을 토대로 자립을 추구하면서 시흥 지역 개신교 확산을 주도하였다.45)

4. 나가며

본 연구는 19세기 말 시흥 지역에서의 개신교 전래 과정과 관련하여 '김동현에 의한 무지내교회의 설립'과 '서울 이남 감리교 선교 거점으로서 시흥 지역'이라는 내용을 중심으로 하는 기존의 서사를 확장, 보완하고자 하였다. 특히 감리교 선교부의 선교정책과 그에 의거한 선교사들의 활동이라는 하향식 흐름과 지역 주민들의 자발적인 신앙활동이라는 상향식 흐름이 김동현이라는 인물을 매개로 하여 복합적으로 작용하는 과정을 규명하고자 하였다. 결론을 정리하면 19세기 말 시흥 지역의 개신교 전래 및 확산은 첫째, 다수의 개신교 교단들의 한국 진출 및 상호경쟁 과정에서 감리교가 채택한 교육기관 중심의 선교 정책, 둘째, 감리교 선교부의 구역

---

42) *Official Minutes Annual Meeting of the Korea Mission of the Methodist Episcopal Church*(1902), Seoul : The Trilingual Press, p.4.
43) Wilbur C. Swearer(1902), "Report V. Su-won, Ichon and Kong-chu Circuits," *Official Minutes Annual Meeting of the Korea Mission of the Methodist Episcopal Church*, Seoul : The Trilingual Press, pp.45-46.
44) *Annual Report of the Missionary Society of the Methodist Episcopal Church*(1909), Methodist Episcopal Church Missionary Society, p.115.
45) 이진호(2002), p.54.

제도에 의거하여 설정된 공주·수원 구역의 가파른 성장과 궤를 같이한 시흥 지역의 교세 확장, 마지막으로 감리교의 교육기관인 배재학당에서 수학한 김동현과 그를 도와 토착 교회 설립에 일조한 무지내의 경주 김씨 일가, 그리고 같은 시기 무지내교회와 함께 시흥 지역의 교세 확장을 이끈 무지내 인근의 덕고개, 삼막골 주민 등 다양한 요인들이 복합적, 역동적으로 작용한 결과임을 밝혀냈다.

본 연구는 "시흥 지역 무지내교회의 설립"이라는 하나의 역사적 사례에 주목하여 19세기 말 한국 사회가 서양 선교사들을 매개로 서구 문명과 상호작용하였던 구체적인 양상을 알아보았다는 점에서 그 의의가 있다. 연구 수행하는 과정에서 당시 선교사들이 그들의 다양한 선교 활동을 개인적 또는 공식적인 차원에서 세밀한 기록으로 남겼다는 점, 그리고 특히 교회사 연구자들에 의해 이러한 자료들이 적극적으로 발굴 및 활용되고 있다는 점 등을 알 수 있었다. 다만 현 시점에서 접근 가능한 자료들로는 시흥 지역 교인들의 성별, 입교인/학습인 여부 등에 대한 간략한 정보만 파악할 수 있으며 신분, 계층 등 좀 더 다양한 차원의 분석까지는 나아가지 못했다는 점이 본 연구의 한계이며, 이는 향후 추가적인 자료 발굴과 함께 후속 연구를 통해 보완해 나가려고 한다. 앞으로도 역사학 연구에서 선교사 기록물 및 교회사 연구자료 등을 적극적으로 발굴, 활용하여 19세기 말 한국의 사회상을 보다 생생하게 파악할 수 있는 연구가 지속적으로 제출되기를 희망한다.

참고문헌

【자료】

기독교대한감리회 감리교 인물DB(https://his.kmc.or.kr/person-dictionaries)
국사편찬위원회 역사지리정보 데이터베이스(https://db.history.go.kr/hgis/)
『대한크리스도인회보』
『독립신문』
『신학월보』
『토지조사부』(조선총독부 임시토지조사국, 1912)
『감리교 선교회 연례보고서』(Annual Report of the Missionary Society of the Methodist Episcopal Church)
『코리안 리포지터리』(Korean Repository)
『조선감리회연회록』(Official Minutes of the Korea Mission of the Methodist Episcopal Church)
『더 가스펠 인 올 랜즈(The Gospel in All Lands)』
『더 미셔너리 리뷰(The Missionary Review)』

【논저】

김민영(1998), 『한국초대교회사 : 한국 초기 선교사들의 활동과 선교 정책』, 쿰란출판사.
민경배(1973), 『한국기독교회사 : 한국민족교회형성과정사』, 대한기독교서회.
이덕주(2014), 『스크랜턴 : 어머니와 아들의 조선 선교 이야기』, 공옥출판사.
이진호(2002), 『무지내교회 백사년사』, 무지내교회104년사 발간위원회.
차선혜(2007a), 「근대적 개혁과 지방제도 변화」, 『시흥의 근현대』, 시흥시사편찬위원회.
차선혜(2007b), 「지역사회 변화와 국권회복운동」, 『시흥의 근현대』, 시흥시사편찬위원회.
최분임(2014), 「무지내교회 이야기」, 『과림동사 : 어제, 오늘, 내일의 과림동을 바라보다』, 시흥시 과림동.
존스, 조지 히버(2013), 옥성득 편역, 『한국 교회 형성사 : 한국 개신교의 여명, 그 첫 이야기』, 홍성사.
스톡스, 찰스 데이비드(2010), 장지철·김홍수 역, 『미국 감리교회의 한국선교 역사 : 1885~1930』, 한국기독교역사연구소.

1914년 경기도 군·면 통폐합 논의와 계획 수립
: 시흥군 및 소재 면의 사례를 중심으로

이 원 식

1. 들어가며

1914년 행정구역 통폐합은 한국의 역사에서 군현제의 성립 이후 지방행정구역의 틀을 바꾸는 일대 사건이었다. 1914년 3월 1일에 군(郡)의 행정구역 통폐합이 이루어졌고, 이어서 4월 1일 부제(府制) 실시와 함께 면(面)의 행정구역 통폐합이 시행되었다. 이때의 조치로 기존의 317개 군은 220개로, 4,322개 면은 2,522개로 행정구역의 수가 크게 감소하였다. 이로써 재편된 행정구역의 틀이 오늘날까지 이어진다는 점에서, 1914년의 통폐합은 지역사회 공간을 이해하기 위한 중요한 기점이 된다.

기존의 선행연구들을 통해 1914년 군·면 통폐합이 기존 행정구역의 지나친 편차를 줄이고 경비지출을 절감하려던 조선총독부의 의도에 따라 단행되었다는 점이 밝혀졌다.[1] 나아가 당시 조선총독부 내무부와 각 도에서 생산한 통폐합 관련 문서군을 본격적으로 분석한 연구들은, 각 지역의

---

1) 孫禎睦(1992), 『韓國地方制度·自治史研究』上, 一志社, pp.154-161 ; 姜再鎬(2001), 『植民地朝鮮の地方制度』, 東京大學出版會, pp.171-179 ; 윤해동(2006), 『지배와 자치』, 역사비평사, pp.118-129.

통폐합안이 수립된 배경으로서 당국자들의 판단이나 수정이 이루어진 과정을 상세히 규명하였다.[2] 이를 통해 총독부가 통치상의 효율성을 위하여 면적과 인구의 양적 균질성을 달성하려던 한편, 각 지역의 지형, 교통, 경제, 관습, 연혁 등 다양한 요소들을 고려하여 현지 상황을 반영하려 했음을 보여주었다.

하지만 위와 같은 총독부의 통폐합 조치가 지역사회에 끼친 영향이 어떠했는지에 관해서는 의견이 엇갈린다. 우선 이때의 통폐합이 지형이나 교통 조건을 충분히 반영하지 않고 인위적으로 경계를 긋는 '탁상행정'식이었다는 당대 지방관리의 비판을 인용한 연구들은, 통폐합 결과가 주민의 생활권과 괴리되어 재래 지역사회의 질서를 해체하는 데 일조하였다고 평가하였다.[3] 또한 당시 폐군(廢郡)이나 행정거점 이전에 반대하는 지역민의 의사가 제대로 반영되지 않았고 당국의 정책적 필요가 우선시된 강압적·하향적 성격이 지적되었다.[4]

반면에 1914년 통폐합의 계획 과정에서 지역사회의 다양한 요소들이 고려되었을 뿐 아니라, 당시 총독부의 의도나 역량상 지역질서의 해체를 상정했다고 보기 힘들다는 점, 그리고 일률적으로 지역 내에서 갈등이 발생하지 않았다는 점이 지적되기도 하였다.[5] 또한 지역유지 주도의 운동

---

[2] 김연지(2007), 「1914년 경상남도 지방행정구역의 개편과 성격」, 『역사와 세계』 31, 효원사학회, pp.66-76 ; 이대화(2009), 「20세기 초반 지방제도 개편의 목적과 추진과정」, 『숭실사학』 23, 숭실사학회, pp.90-109 ; 김승정(2019), 「1914년의 군 폐합이 한국의 초기 도시화 과정에 미친 영향」, 서울대학교 대학원 석사학위논문, pp.22-41 ; 이원식(2023), 「1906~1917년 일제의 지방제도 개편과 郡의 지위 정립」, 서울대학교 대학원 석사학위논문, pp.51-65.

[3] 北畠良弘, 「邑面行政區域整理に對する私見」, 『朝鮮地方行政』 1936년 3월호, pp.35-36 ; 윤해동(2006), pp.118-129 ; 이명학(2020), 「일제시기 행정구역의 개편과 명칭의 변화」, 『한국독립운동사연구』 70, 독립기념관 한국독립운동사연구소, pp.143-144.

[4] 김연지(2007), pp.89-92.

[5] 이대화(2009).

을 통해 군청 소재지 선정에 영향력을 끼친 사례들에 주목하여, 당시의 통폐합이 하향적으로만 이루어졌다는 이해에 대하여 비판이 제기된 바 있다.6)

이상의 연구들을 통해 1914년 행정구역 통폐합 과정에서 조선총독부가 각 지역의 다양한 지역의 요소들을 반영하려던 점이 밝혀졌지만, 그러한 총독부의 의도나 통폐합 결과가 지역사회의 실정에 부합하였는지, 그리고 지역에 따라 어떠한 영향을 끼쳤는지에 대해서는 충분히 해명되지 못하였다. 본 연구에서는 이를 해명하기 위한 전제로서, 1914년 행정구역 통폐합의 계획 과정을 군과 면 단위로 구분하여 구체적인 진행 과정을 검토하고자 한다. 기존의 연구에서는 군과 면의 통폐합 과정을 분석하더라도 양자의 차이에는 크게 주목하지 않았다.7) 하지만 군과 면 단위로 구분하여 통폐합의 진행과 결정 과정을 면밀히 검토함으로써, 비로소 1914년 통폐합에 대한 비판의 맥락을 제대로 이해할 수 있다.

위와 같은 문제의식 아래 본 연구에서는 당시 총독부와 경기도 사이에서 이루어진 군·면 통폐합 조사와 계획의 수립 과정을 검토하고자 한다. 군과 면 단위별로 통폐합을 위한 조사와 통폐합 기준이 수립된 과정을 분석한 뒤, 통폐합 계획이 구체화되는 과정에서 호수나 면적의 기준 외에 지형, 교통, 경제력, 연혁 등 여러 요소들이 반영된 양상을 살펴볼 것이다. 이를 통해 군의 경우 계획이 진행되면서 군청 소재지의 입지와 교통 조건이 주로 반영되었고, 면의 경우 지형, 교통, 경제력, 연혁 등 다양한 요소와 더불어 행정상의 편의와 군 단위의 계획 등이 복합적으로 고려되었음을 보이고자 한다. 한편 그럼에도 불구하고 지역민의 의사를 도외시한 일방

---

6) 김승정(2019), pp.36-39.
7) 경상남도 지역의 통폐합을 분석한 김연지는 부·군의 경우 인구, 면적, 교통이 주로 고려되었고, 면 통폐합 기준으로는 인구가 중시되었다고 보았지만, 통폐합 전후의 지표만을 분석하여 통폐합 기준의 수립이나 구체적인 논의 과정을 충분히 분석하지 않았다(김연지(2007), pp.69-76).

적인 통폐합 과정으로 인해 지역 실정이 제대로 반영되지 못하였고, 이 점이 훗날 지역민의 불만이나 행정구역 통폐합에 대한 비판이 제기되었던 배경이 되었음을 밝힐 것이다.

본 연구는 구체적인 분석을 위한 사례로서 경기도의 부·군 통폐합, 그리고 오늘날 시흥시의 연원이 되는 시흥군·과천군·안산군 지역의 면 통폐합 과정을 검토한다. 지금의 서울특별시 금천구 일대에 위치한 과거의 시흥 지역은 아래의 〈그림 1〉과 같이 1914년 행정구역 통폐합을 기점으로 과천군과 안산군(반월면 제외)을 흡수하여 새로운 행정구역으로 거듭났다. 이후 1936년 영등포의 경성부 편입과 1970년대 수차례의 행정구역 분리 및 편입을 거친 결과, 오늘날의 시흥시는 과거 안산군의 일부와 인천부의 일부 지역으로 구성되어 이전의 시흥군과는 공간적으로 단절되었다.[8] 본 연구에서는 이와 연관된 경기도의 부·군 통폐합, 그리고 시흥군·과천군·안산군의 면 통폐합 과정을 분석함으로써, 1914년 통폐합의 실상뿐만 아니라 시흥 지역의 공간적 변화를 이해하는 데에도 일조할 수 있을 것이다.

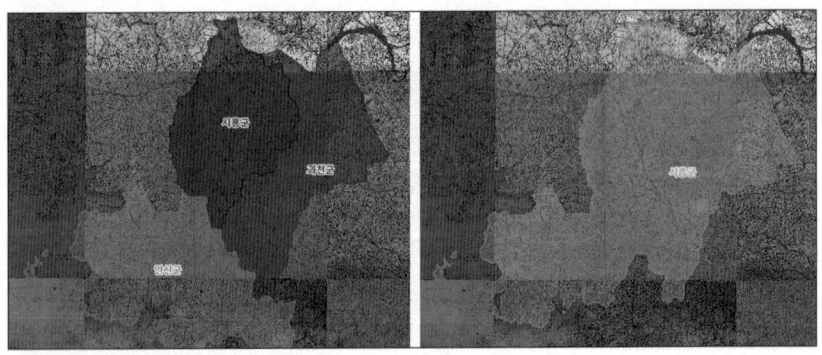

〈그림 1〉 1914년 행정구역 통폐합 이전(좌)과 이후(우)의 시흥군 일대
출처 : 국사편찬위원회 역사지리정보DB (https://db.history.go.kr/hgis/pro_g1/gis/gisPage.do, 검색일 2024.8.18.)

---

8) 조선후기부터 현대에 이르기까지 시흥의 행정구역 변화에 대해서는 『시흥시사 3 : 시흥의 근현대』, 시흥시사편찬위원회, 제1부 1장, 제2부 1장, 제4부 4장 참조.

2. 경기도의 부·군 통폐합 계획 과정

2.1. 지역 실정의 조사와 통폐합 기준 수립

조선총독부의 부·군 통폐합안은 1913년 12월 29일 총독부령 제111호 「도(道)의 위치·관할구역 및 부군(府郡)의 명칭·위치·관할구역」을 통해 발표되어 1914년 3월 1일부로 시행되었다.[9] 이러한 통폐합 계획이 확정되기까지 각 도 당국과 중앙의 주무부서인 조선총독부 내무부 사이에는 여러 차례의 조사 보고와 의견 조정이 이루어졌다. 총독부 내무부와 경기도 당국에서 작성한 경기도의 부·군 통폐합안으로는 아래의 3개의 안이 현전한다.[10]

① 1912년 5월 20일 경기비(京畿秘) 제867호 「부군폐합에 관한 건」(경기도장관→내무부장관)
② 1913년 5월 21일 내비(內秘) 제114호 「부군폐합에 관한 건」(내무부장관→경기도장관)
③ 1913년 8월 6일 경기비(京畿秘) 제467호 「부군폐합에 관한 건」(경기도장관→내무부장관)

여기서는 ①을 경기도에서 작성한 '초안', ②를 내무부에서 작성한 '수정안', ③을 경기도에서 작성한 '재수정안'으로 지칭한다. 총독부와의 협의를

---

9) 「朝鮮總督府令第111號 道ノ位置, 管轄區域及府郡ノ名稱, 位置, 管轄區域」(1913년 12월 29일), 『朝鮮總督府官報』 호외(1913년 12월 29일).
10) 3건의 자료 모두 「府郡廢合ニ關スル件」, 『府郡廢合關係書類』, 국가기록원 관리번호 CJA0002545, pp.23-59에 편철되어 있다. 이후 국가기록원 소장문서를 인용하는 경우 국가기록원 관리번호와 함께 국가기록원에서 표기한 면수를 기재하여 인용한다.

거쳐 경기도 측의 재수정안이 보고된 1913년 8월 이후로는 개별 부·군의 실정이나 지역민의 청원에 관한 대응 등을 두고 의견 조정이 이루어진 후 통폐합이 확정되었다.

조선총독부에서 각 도에 부·군 통폐합 방안에 대한 조사를 처음 지시한 시점은 1911년 10월경이다. 각 도는 관할 지역에 대한 조사를 거친 후 대체로 1912년 5~10월 사이에 부·군 통폐합 초안과 함께 회답하였다.[11] 각 도의 초안에서는 공통적으로 관할 내 부·군의 면 수, 민족별 호수 및 인구수, 전답의 경지면적, 세액(호세 및 지세)에 관한 조사표, 그리고 통폐합 계획을 가시화한 도면이 첨부되었다.

경기도의 초안에서는 기존의 2부 36군을 2부 23군으로 합하여 총 13개 군을 줄이기로 하였다. 또한 경기도 관내의 1개 부·군당 현재 평균 호수 6,520호는 통폐합 이후 10,206호, 현재 인구수 31,029명은 통폐합 이후 48,567명으로 늘어날 것으로 예상하여, 전반적으로 부·군의 수는 줄이면서 개별 부·군의 인구 규모를 증가시키는 방향을 상정하였다. 초안에 첨부된 조사표에는 현재 관내 부·군별 면 수, 호수 및 인구수, 경지면적, 세액을 항목별로 기재하였다. 여기서는 각 부·군의 인구 규모와 경제력을 나타내는 지표로서, 통폐합 전후 호수와 세액의 변화만을 추려서 정리하면 다음 〈표 1〉과 같다.

먼저 〈표 1〉에서 호수에 주목하여 보면 통폐합 대상이 된 부·군들은 대체로 호수가 5,000호 미만으로, 규모가 상대적으로 작은 곳들끼리 합하거나 인접한 큰 규모의 부·군과 통폐합하였음을 알 수 있다. 조사표의 비고 항목에 기재된 통폐합 사유로는 주로 해당 지역의 지세상 협소함이나

---

11) 시기순으로는 1911년 12월 전라북도, 1912년 5월 경기도와 충청북도, 동년 6월 충청남도와 경상북도, 7월 경상남도, 10월 전라남도가 초안을 회답하였다. 여기서는 부·군 통폐합 기준이 동일하게 적용된 경기도 및 삼남 지방의 도만을 살펴보았으며, 각 도의 부·군 통폐합안은 국가기록원 소장『府郡廢合關係書類』(CJA0002545, CJA0002546, CJA0002550)를 참고하였다.

〈표 1〉 1912년 5월 경기도 부·군 통폐합 초안[12]

통폐합 내용	면 수	통폐합 전 호수	통폐합 후 호수	통폐합 전 세액(원)	통폐합 후 세액(원)
경성부 독립존치	13	63,880	이전과 동일	47,208	이전과 동일
안성군 독립존치	24	5,721		18,821	
양주군 독립존치	32	18,680		20,854	
수원군 독립존치	40	15,891		44,404	
광주군 독립존치	18	14,801		25,150	
개성군 독립존치	14	15,883		23,436	
양평군 독립존치	19	13,037		20,453	
가평군 독립존치	8	5,397		5,445	
여주군 독립존치	16	9,687		17,372	
장단군 독립존치	20	10,945		26,772	
남양군 독립존치	20	10,312		24,355	
용인군 독립존치	16	7,913		24,607	
풍덕군 독립존치	8	5,865		16,849	
삭녕군+연천군	7	4,629	8,058	11,486	18,235
	6	3,429		6,749	
마전군+적성군	8	3,132	5,504	8,132	11,918
	3	2,372		3,786	
영평군+포천군	8	4,090	10,149	5,455	13,522
	12	6,059		8,067	
파주군+교하군+고양군	13	5,967	15,074	16,561	43,672
	8	3,023		12,096	
	9	6,084		15,015	
통진군+김포군	12	4,114	6,436	21,811	32,273
	8	2,322		10,462	
양천군+부평군	5	1,516	5,471	5,229	22,534
	15	3,955		17,305	
시흥군+과천군	6	3,376	7,542	8,065	17,423
	7	4,166		9,358	
인천부+안산군	13	12,759	17,295	16,892	29,265
	9	4,536		12,373	
이천군+양지군	15	5,952	8,535	22,424	28,685
	10	2,583		6,261	
음죽군+죽산군	8	3,078	8,575	10,445	27,668
	15	5,497		17,222	
양성군+진위군	13	2,734	6,467	10,794	27,689
	15	3,733		16,895	
강화군+교동군	17	12,500	14,270	25,442	32,963
	4	1,770		7,521	

참고 : 통폐합 후 호수와 세액 항목은 조사표에 기재된 현재 각 부·군의 호수와 세액을 필자가 단순 합산한 결과이다. 따라서 인천부와 안산군 통폐합 사례의 경우 부제 시행 예정지가 제외되지 않은 채 합산되었다.

교통상의 이유가 거론되었다. 하지만 이 시점에는 명시적인 통폐합 기준이 확정되지 않았기에 위와 같은 통폐합 내용은 잠정적인 수준에 불과했다. 또한 경성부와 인천부는 부제 시행 예정지가 별도로 구분되지 않았고, 이후 통폐합의 주요 기준이 되는 '면적' 항목이 확인되지도 않는다는 점에서 행정구역 통폐합에 관한 조사가 충분히 반영되지 않았음을 알 수 있다.[13]

위의 조사표와 함께 각 지역의 교통 조건과 군청사 위치를 나타낸 참고 자료로서, 통폐합 전후 경기도 관할 행정구역의 변화를 표시한 관내도가 첨부되었다. 해당 도면에는 현재의 도 및 부·군의 경계, 주요 교통로인 철도망 및 도로망, 정차장의 위치, 군 청사 소재지, 그리고 통폐합 이후 예상되는 새로운 군 경계와 군 청사 소재지를 표시하였다.

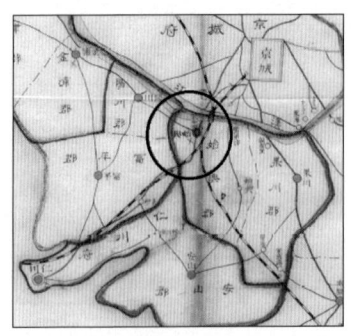

〈그림 2〉 경기도 초안 내 관내도의 시흥군
비고 : 필자가 원으로 표시한 부분 안의 점은 현재 군 청사의 위치, X는 통폐합 이후 군 청사의 위치를 나타낸다.

경기도 시흥군의 경우 〈그림 2〉에서 보이듯, 철도 노선과 도로가 교차하는 영등포 지역의 현재 시흥군 청사를 통폐합 이후에도 사용할 예정으로 표시하였다.[14] 또한 굵은 선으로 통폐합 대상지인 시흥군과 과천군, 인천부와 안산군, 부평군과 양천군을 다른 통폐합 지역과 구분하고 있다. 하지만 앞의 조사표와 마찬가지로, 해당 도면에서는 경성부와 인천부의 경

---

12) 「府郡廢合ニ關スル件」, 『府郡廢合關係書類』, CJA0002545, 1914, p.56.
13) 다른 도의 초안에서도 마찬가지로 면적 항목이 조사에 포함되지 않았다. 유일하게 초안의 조사표에 면적을 기재한 경상북도의 경우, 공식적인 조사항목이 아니라 조사표 상단에 대략적인 면적을 필기한 식이기에 자체적인 참고사항으로서 기재한 것으로 보인다(「府郡區域變更ニ關スル調査ノ件」, 『府郡廢合關係書類』, CJA0002546, 1914, pp.643-646).
14) 원래 시흥군 군내면 읍내리(현재 금천구 시흥동)에 위치했던 시흥군청은 1910년 12월 영등포역이 위치한 하북면 영등포리(현재 영등포구 영등포동)로 이전되었다(서울특별시 영등포구(2022), 『영등포구지』 1권, p.36).

우 부제 시행지와 잔여 지역을 구분하지 않았다. 이처럼 경기도의 초안 단계에서는 각 부·군 규모의 대소 정도를 파악하고 여기에 지형과 교통상의 조건, 군 청사 위치 등을 함께 고려하여 대략적인 수준의 통폐합안을 작성하였다.

위와 같이 각 도에서 작성한 초안이 총독부로 보고된 후, 이듬해에 총독부에서 전국의 각 도에 적용하기 위한 통폐합 기준을 마련하였다. 1913년 2월 22일 조선총독 데라우치 마사타케(寺內正毅) 명의로 작성된 「총독의견」은 지방제도의 전반적인 개편의 필요성과 방향을 밝히면서 이를 위한 행정구역 통폐합의 기준을 언급한 점에서 주목된다. 여기서 군의 통폐합은 산하(山河)의 형세, 교통의 편부(便否), 인구의 대소, 인정 및 풍속의 차이 등 지방의 상황을 고려하는 가운데 면적 40방리(方里)[15]를 기준으로 진행할 것, 그리고 기존 군의 구역을 사분오열하여 분할하기보다는 가능한 온존할 것 등의 방침을 제시하였다.[16] 면의 통폐합 방침에 대해서는 호수 1,000호의 기준과 함께 마찬가지로 지형, 교통, 인정 및 풍속을 함께 고려할 것을 언급하였는데, 면 통폐합에 관한 구체적인 내용은 다음 장에서 후술한다.

위의 통폐합 방침과 함께, 「총독의견」에서는 당시 지방의 상황에 대한 인식을 바탕으로 군·면 통폐합의 필요성과 의도를 제시한 내용이 주목된다.[17] 이 중 군 통폐합에 관한 내용을 정리하여 다음과 같다. 첫째로 경기도 및 삼남 지방은 토지가 비옥하고 인구가 많아 각 군의 평균 면적이 지나치게 좁다. 둘째로, 삼한시대 이래 각 군의 풍속과 관습이 달라 고려나 조선왕조는 그에 따른 구분을 인습(因襲)하였지만 오늘날에는 그러한 차이가 크지 않으며, 현재의 총독정치는 "과거와 같이 군수가 모든 권한을

---

[15] 당시 1리가 3.92727km이므로 1방리는 15.4km², 40방리는 약 617km²에 해당한다.
[16] 「總督意見」(1913.2.22.), 『府郡廢合關係書類』, CJA0002547, 1914, pp.685-686.
[17] 「總督意見」, pp.679-683.

장악하고 지방의 인정·풍속"에 따라 정치를 행하지 않는다. 셋째로, 철도와 도로 등 교통시설을 갖춘 오늘날 협소한 군을 다수 존치하는 것은 행정상의 불편과 비용을 초래하고 인민의 부담을 더한다. 마지막으로, 대다수의 군에서 사무부담에 비해 일본인 및 조선인 서기가 2~3명 정도로 적은 상황을 지적하였다.

즉 각 군 규모의 편차, 기존 연혁의 불필요한 존중, 다수 군의 존치에 따른 행정·재정적 부담, 행정인력의 부족 등이 통폐합의 배경으로 제시되었다. 따라서 각 군의 지형 및 교통 관계를 참작하여 1개 군의 규모를 평균 40방리로 조절하고 중앙에 군청을 둔다면, 군의 수를 크게 줄이고 행정경비의 절감분을 다른 군으로 돌릴 수 있으며, 각 군의 서기 인원을 증원하여 행정 성적을 제고할 수 있다고 전망하였다. 이러한 군 통폐합의 목적은 기존 선행연구에서 강조한 면적과 인구의 편차를 줄이고 행정비용의 절감이라는 방향에 부합한다. 한편으로 앞서 통폐합 방침으로서 지역의 다른 요소들과 함께 인정·풍속을 고려할 것을 언급하면서도, 현재의 총독정치가 이러한 지방의 사정을 따라 정치를 행하는 것이 아니라고 강조하였다. 군청의 위치 선정이나 군서기의 증원 방향 역시 기존 관행이나 연혁의 존중보다는 지역사회에 대한 통치의 편의성을 우선하는 의도를 보여준다.

위의 「총독의견」에서 밝힌 지방제도 개편 방침에 통폐합 기준의 조정이 더해진 후, 최종적인 통폐합 기준과 구체적인 방침이 1913년 5월에 정무총감 명의의 통첩으로 아래와 같이 각 도에 하달되었다.[18]

1. 한 군(郡)의 크기는 면적 약 40방리 또는 호수 약 1만 호를 표준으로 하며, 현재 위 표준 이하의 면적이나 호수를 가진 곳은 폐합하고

---

18) 「府郡廢合ニ關スル件」, 『府郡廢合關係書類』, CJA0002547, 1914, pp.667-669.

그 이상의 곳은 현재대로 한다. 단 40방리 미만인 곳이라도 지세 또는 인접 군과의 관계상 병합하기 어려운 곳은 현재대로 하고, 또 40방리 이상인 곳이라도 호구가 근소하거나 인접 군과의 관계상 병합을 필요로 하는 곳은 이를 병합할 것.
2. 폐합을 행함에 있어서는 지세·교통 등의 관계를 참작한다. 또한 한 군의 전 구역과 다른 군의 전 구역을 병합하며, 불가피한 경우 외에는 한 군을 세분하여 수 개의 군으로 병합하지 말 것.
3. 부(府)는 부제 시행 예정지(거류민단 소재지 및 청진(淸津)의 시가지세 시행 예정지와 동일한 구역으로 함)를 제외하고 나머지 구역을 정리할 것.
4. 군 경계가 불명확한 곳, 복잡한 곳 및 기타 정리의 필요가 있는 곳은 상당하는 조치를 취할 것.
5. 도서(島嶼)는 교통의 편부(便否)를 따라 정리할 것.
6. 군의 폐합을 행함에 있어서는 별도로 통첩한 면의 폐합도 예상하여 이를 처치할 것.
7. 군 폐합을 행함에 있어서 고래의 구관, 습속의 차이가 있는 것은 힘써 이를 보존하여 폐합 후 군민의 화협(和協)을 결여하거나 또는 시정상의 장해를 초래하지 않도록 유의할 것. (밑줄은 필자)

위와 같이 통첩된 군 통폐합 방침을 통하여, 앞서 「총독의견」에서 제시된 면적 40방리에 더하여 호수 1만 호가 통폐합 기준으로 확정되었음을 알 수 있다. 하지만 이러한 기준을 무조건 적용하는 것이 아니라, 지세와 교통, 인접 군과의 관계, 구관과 습속 등의 요소를 함께 고려하고, 가능하면 군의 구역을 온존할 것을 지시하였다. 또한 동시기에 별도로 통첩된 면 통폐합에 관한 내용도 반영하도록 했는데, 이는 다음 절에서 살펴볼 경기도의 재수정안에서 일부 면을 다른 군에 편입하는 내용으로 구체화되었다.

이상의 과정을 살펴보면, 처음 경기도에서 제출한 초안에서는 인구와 경제력의 규모, 지형과 교통상의 조건, 군 청사 위치 등을 고려하여 통폐합 계획을 보고하였다. 이후 「총독의견」을 거쳐 정무총감 통첩안에 이르러 명확해진 군 통폐합 기준에서는 인구와 더불어 면적을 주요한 통폐합 기준으로 정하였고, 그 외에도 지역의 다양한 요소들을 고려하면서 통폐합 여부를 판단하도록 방침을 정하였다. 다만 「총독의견」에서 각 지역의 '인정과 풍속'보다 중앙의 방침을 우선하였듯이, 이후 통폐합 계획의 구체화 과정에서 각 지역의 요소들은 선별적으로 반영되었다.

2.2. 통폐합의 구체화와 군청 소재지 선정

1913년 5월 30일 발송한 정무총감 통첩과 비슷한 시기에, 총독부 내무부 장관 명의로 각 도 초안을 바탕으로 수정된 통폐합 계획이 하달되었다. 이전의 초안에서 각 부군의 면 수, 민족별 호수 및 인구수, 경지면적, 세액이 조사된 것과 달리, 내무부의 수정안에서는 통폐합 전후의 호수 및 인구수와 면적만을 기재하였다. 초안 단계에서는 각 부·군별 조사표와 도면을 첨부하여 통폐합을 위한 전반적인 자료의 수합이라는 성격을 띠었다면, 이 시점에서는 군 통폐합의 기준이 확정된 상황에서 통폐합 내용을 보다 구체화하는 데에 방점을 두었던 것으로 보인다. 또한 수정안에서는 초안의 내용과 수정된 내용을 병기하고, 군청 예정지도 기재하였다.

수정안에서 통폐합 이후 행정구역의 수는 앞서 경기도 측의 초안에서 상정한 것보다 3개 군이 더 감소한 2부 20군으로 예정되었다. 또한 현재 1개 부·군의 평균 면적 26방리, 호수 8,407호, 인구수 39,957명은 통폐합 이후 평균 면적 47방리, 호수 12,925호, 인구수 62,925명으로 증가하는 것으로 계획되었다.[19] 이는 1년 전의 초안에서 상정한 1개 부·군당 평균 호수 10,206호, 인구수 48,567명보다 더 큰 규모이자 앞서 총독부에서 하달한

⟨표 2⟩ 1913년 5월 경기도 통폐합 예정안(수정안)의 수정 내용[20]

수정 내용	통폐합 후 면적(方里)	통폐합 후 호수(호)	기존 도 제출의견
경성부+고양군 (부제시행지 제외)	36	17,124	경성부는 독립존치 고양군+파주군+교하군
인천부+부평군 (부제시행지 제외)	29	10,908	인천부+안산군, 부평군+양천군
과천군+시흥군+안산군	33	12,221	안산군+인천부
양지군+용인군	45	10,339	양지군+이천군 용인군은 독립존치
이천군+여주군+음죽군	67	19,576	이천군+양지군, 음죽군+죽산군 여주군은 독립존치
죽산군+안성군+양성군 +진위군	54	17,897	죽산군+음죽군 안성군, 양성군, 진위군은 독립존치
양천군+김포군+통진군	25	8,106	양천군+부평군, 김포군+통진군
교하군+파주군	42	9,123	고양군+교하군+파주군
풍덕군+개성군	33	23,317	두 군 모두 독립존치
적성군+마전군	21	5,615	두 군 모두 독립존치
연천군+삭녕군	27	8,434	두 군 모두 독립존치

참고 : 수정안에서 포천군과 영평군의 통폐합 내용이 기존 경기도 의견과 다른 것으로 기재되었으나, 앞선 경기도의 초안에서도 두 지역을 합한다는 내용으로 보고하였으므로 이는 표에서 제외하였다.

면적 40방리와 호수 1만 호의 기준을 충족하는 결과였다.

위의 ⟨표 2⟩는 앞서 1년 전 경기도에서 제출한 초안과 비교할 때에 수정된 내용만을 추려 정리한 것이다. 전반적으로 통폐합 범위를 늘리거나 기존의 독립존치 예정 군을 통폐합하는 등 통폐합의 규모를 늘리는 방향으로 수정되었다. 경성부와 인천부의 경우 초안 단계에서는 각각

---

19) 그런데 앞서 살펴본 1912년 5월 경기도 초안의 조사에서는 통폐합 이전 1개 부·군의 평균 호수를 6,520호, 평균 인구수를 31,029명으로 파악하여, 1년의 시간차를 감안하여도 초안과 수정안에 기재된 수치가 상당한 차이를 보인다. 수정안에 기재된 호수 및 인구수가 1911년도『朝鮮總督府統計年報』의 수치와 일치하는 점을 고려할 때, 총독부의 수정안에서는 각 도의 초안과 함께 수합한 조사자료가 아니라 1911년 12월 말 시점에 작성된 통계연보의 수치를 근거로 통폐합안을 작성한 것으로 보인다.

20)「府郡廢合ニ關スル件」,『府郡廢合關係書類』, CJA0002545, 1914, pp.46-53.

독립존치되거나 안산군과 합할 예정이었지만, 내무부 수정안에서는 부제 시행지 외의 잔여 지역이 각각 고양군이나 부평군과 합하기로 변경되어 부제 시행 내용이 반영되었다. 이미 1911년 시점부터 내무부는 향후 부제 시행지를 각 부의 거류민단 구역 및 이에 맞닿은 구역으로 설정할 것을 상정하였다.21) 이는 앞서 하달된 정무총감 통첩안에서 부제 시행 예정지와 그 바깥의 기존 부 구역을 구분하여 정리하는 내용에 반영된 것이다. 이러한 변화에 따라 초안에서 인천부 지역과 병합될 예정이었던 안산군은 시흥군 및 과천군과의 병합으로 변경되었다.

경기도에서는 앞서 통보된 정무총감 명의의 통폐합 방침과 위의 수정안을 바탕으로, 1913년 8월 다시 조사를 거쳐 도의 수정 의견을 반영한 재수정안을 총독부 내무부에 회신하였다. 재수정안에서는 앞선 내무부의 수정안과 비슷하게 현재 부·군별 호수 및 인구수, 면적을 조사사항으로 기재하는 한편, 군을 하부의 면 단위로 분할하거나 다른 군에 편입하는 등 면 통폐합에 관한 내용을 반영하였다. 특히 각 부·군별 통폐합 사유를 상세하게 설명하여 구체적인 통폐합 결정의 맥락을 살펴볼 수 있다. 이 중 부·군 단위의 통폐합에 관한 재수정 내용과 그 이유를 정리하면 다음 3개 사항으로 요약된다.22)

① 기존에 이천군 및 음죽군과 합하려던 여주군을 독립존치한다. 여주군은 현재 면적 38방리, 호수 10,500여 호, 인구 50,800여 명으로 거의 1군의 표준에 해당하기에 독립하는 것이 적당하기 때문이다. 또 3군을 병합하는 경우 군청 소재지를 예정하기에 곤란하므로 인접군의 통폐합을 참작하여 이천군과 음죽군만으로 폐합을 행한다.
② 기존에 양성군, 안성군, 죽산군과 합하려던 진위군을 제외하고, 진위

---

21) 朝鮮總督府 內務府(1911), 『朝鮮地方制度改正ニ關スル意見』, p.11.
22) 「府郡廢合ニ關スル件」, 『府郡廢合關係書類』, CJA0002545, 1914, pp.23-45.

군을 수원군에서 분할한 15개 면과 폐합한다. 진위군은 죽산군에서 10여 리 떨어져 있고 그 사이에 안성군과 양성군을 사이에 두고 있어 인정·관습이 다소 다르므로, 안성군을 중심으로 죽산군과 양성군을 병합하고 군청을 안성군에 두는 것이 지형 및 교통관계상 적당하다. 한편 수원군청은 위치가 북쪽에 치우쳐 남단에서 10여 리의 거리에 있어 불편하고, 수원군의 수북면(水北面) 외 14개 면은 지세 관계상 평택역을 중심으로 교통 및 물자의 수출입이 이루어지기에, 이참에 이들 면을 분할하고 진위군에 이속하여 종래 인민이 희망한 평택역 부근으로 군청을 옮기는 것이 지형상·교통상 가장 적당하다.

③ 기존에 독립존치하려던 남양군[대부면(大阜面)·영흥면(靈興面) 제외]을 광주군의 의곡면(儀谷面)·왕륜면(旺倫面), 그리고 안산군의 월곡면(月谷面)·북방면(北方面)·성곶면(聲串面)과 더불어 수원군(위의 ②에서 언급한 14개 면 제외)으로 이속한다. (밑줄은 필자)

①의 경우 앞서 수정안 내용을 정리한 〈표 2〉에서 보이듯, 이천·음죽·여주 3개 군을 합할 경우 면적 67방리, 호수 19,576호로 그 규모가 지나치게 커졌다. 또한 기존의 수정안에서는 통폐합 이후 여주군청을 군청 소재지로 사용하도록 계획하였지만, 재수정안에서는 군청 소재지를 정하기에 곤란하다고 판단하여 여주군을 제외한 뒤 교통상 접근성을 갖춘 현 이천군청을 새로운 군청으로 사용하기로 결정하였다. 다만 이후 군청 소재지의 입지에 관해서 총독부와 도 당국 간의 이견이 드러나기도 했다. 경기도는 재수정안의 보고 이후 9월경 이를 정정하여, 도로와 수운 교통의 요지이면서도 큰 장시가 위치하여 장래 발전 가능성이 있는 음죽군의 장호원(長湖院)으로 군청 이전을 건의하였다. 하지만 총독부에서는 장호원의 위치가 동편에 치우쳐 있다는 점을 이유로 결국 이천군청으로 군청 소재지를 확정하였다.[23] 이러한 과정은 군청 위치를 군의 중앙에 둔다는 총독부의

방침과 해당 지역의 발전 가능성을 전망하는 도의 입장이 충돌하였던 일례를 보여준다.24)

②는 기존의 4개 군의 통폐합안에서 진위군을 독립시키기로 변경하고, 진위군에 수원군의 15개 면과 충청남도 평택군을 병합하는 내용이다. 진위군은 죽산군과의 사이에 2개 군을 사이에 두고 있기에 거리가 멀고 인정·관습이 다르다는 점이 독립 사유로 설명되었다. 한편 수원군의 경우 넓은 면적에 비하여 수원군청 소재지(당시 수원군 북부면)가 북쪽에 치우친 상황에서, 수원군 남부의 면들은 북쪽의 군청보다 인접하면서도 교통 및 물자의 유통에 유리한 진위군의 평택역을 이용하는 것이 더 편리하다는 점도 제시되었다.

특히 진위군청을 종래 인민이 희망한 평택역 부근으로 옮긴다고 언급한 부분이 주목되는데, 당시 경기도 당국에서는 진위군청의 이전을 진정하던 평택역 부근의 유지들이 군청사로 이용할 건물을 제공할 것이라고 보았다.25) 이러한 군청 소재지의 선정은 일부 지역민의 의사가 통폐합 과정에 반영된 것처럼 보이지만, 평택역의 교통·경제적 조건을 언급한 대목에서 보이듯 교통상의 편의와 발전 가능성이 충분히 갖추어졌는지 여부가 더 근본적이었다고 보아야 할 것이다.

③의 경우 남양군을 수원군에 편입시키는 이유가 별도로 설명되지 않았지만, 남양군의 대부면 및 영흥면을 신설 예정의 부천군에 통합하면서

---

23) 「府郡廢合ニ關スル件」, 『府郡廢合關係書類』, CJA0002545, 1914, pp.65-74.
24) 이처럼 재수정안의 보고 이후에도 통폐합 확정 이전까지 총독부와 도 당국 간에 수차례의 계획 조정이 이루어지는 사례들이 여럿 확인된다. 예컨대 경상남도 용남군의 경우 원래 총독부의 계획에 따라 고성군과 통폐합이 예정되었으나, 경상남도 측에서 용남군의 장래 발전 가능성을 이유로 독립존치 의견을 제시하고 계획이 수정되어 결국 거제군과의 통폐합으로 결정되었다(김승정(2019), pp.27-29).
25) 김승정(2019), pp.37-38. 이에 따라 1914년 3월 1일 진위군의 통폐합과 함께 진위군청이 진위군 병남면 평택리로 이전하였다(평택시사편찬위원회(2014), 『평택시사 1』, pp.40).

나머지 18개 면26)을 존치하지 않고 수원군에 병합한 것으로 보인다. 남양군에서 부천군으로 편입되는 두 면은 도서 지역으로, 이들은 선박 시설이 없어 교통이 불편하고 종래 지역민의 희망이 있기에 인천 지역에 편입한다고 보고하였다.

이처럼 경기도의 재수정안에서는 중앙에서 정한 면적과 호수의 기준에 따른 통폐합 방향을 따르면서도, 조정이 필요하다고 판단할 경우 군청 소재지의 위치와 교통 조건을 근거로 수정 의견을 상신하였다. 특히 경기도의 경우 군청 소재지의 선정 과정을 보면, 대부분 군세(郡勢)와 교통 환경, 그리고 군청 소재지를 지리상 중앙에 둔다는 점이 제시되었다.27) 이는 앞서 「총독의견」을 통해 살펴본 군 통폐합의 전반적인 취지에 부합하는 내용이었지만, 이천군과 음죽군의 사례처럼 어떠한 조건을 우선하는지에 따라 군청 위치에 관해 총독부와 도 당국 사이의 입장이 엇갈리기도 하였다.

한편 위와 같은 군청 소재지의 위치는 해당 지역민의 생활권에서도 중요한 사안이었다. 재수정안의 일부 사례에서 지역민의 의사를 거론하여 경기도에서 이를 통폐합 계획을 뒷받침하는 근거로 부연하기도 했지만, 이는 다양한 지역민의 반응 중 필요한 측면만을 선택적으로 참고한 결과에 가까웠다. 당시 경기도 내 폐군 예정 지역의 민심을 시찰하여 작성한 보고에 따르면, 남양군에서는 군 참사(參事)와 면장 등을 비롯한 군 내 유지들의 주도로 폐군을 반대하는 진정을 제기하였다. 연천군에 병합되는 마전군과 적성군의 경우, 연천군에 인접한 면들은 통폐합에 긍정적인 반응을 보이기도 했지만, 적성군의 일부 면들은 물자 교류나 교통 관계상 더 인접한 양주군이나 파주군과의 병합을 희망하는 등 어느 지역에 인접한지에 따라서도 다양한 반응이 나타났다.28) 하지만 이처럼 통폐합 계획에

---

26) 18개 면의 면적과 호수를 합하면 면적 30방리, 호수 8,815호이다.
27) 김승정(2019), pp.35-36.
28) 「府郡廢合ニ關スル地方民心ノ件」, 『面廢合關係書類』, CJA0002564, 1914, pp.461-472.

부정적인 반응에 대해 도와 군에서는 통폐합의 취지를 강조하고 경거망동을 삼가도록 하는 내용의 유시(諭示)를 내리거나, 경찰관헌의 협조를 받아 이를 강압적으로 저지하는 식으로 무마하였다. 또한 교통상의 편의를 따라 군청 소재지를 정하였지만 오히려 군청이 한편에 치우친 결과, 훗날 군청 이전 요구를 초래하는 배경이 되기도 하였다.29)

이상과 같이 살펴본 것처럼, 부·군 통폐합안을 처음 조사하던 단계에서부터 총독부와 경기도는 각 부·군의 면적과 인구 규모뿐만 아니라, 경제력, 지형, 교통, 군청 위치 등 다양한 요소들을 조사하였다. 하지만 점차 통폐합 내용이 구체화되고 면 단위의 편입까지 반영되는 재수정안 단계에 이르면서, 군청 소재지의 위치와 교통 조건을 중심으로 통폐합 계획이 논의되었다. 이는 당시의 지방제도 개편 과정에서 지방행정의 핵심적 축을 담당하였던 군의 지위을 고려하여 통폐합 계획이 진행되었던 결과이다.30) 하지만 이러한 과정에서 지역민의 진정·청원 운동을 비롯한 지역사회의 다양한 요구들은 배제되었다.

3. 시흥 지역의 면 통폐합 계획 과정

3.1. 면 재정 중심의 통폐합 기준 수립

면 통폐합의 구체적인 계획은 부·군 통폐합안보다 늦게 보고되었지만,

---

29) 예컨대 당시 시흥군의 북쪽인 영등포 지역에 편재(偏在)한 시흥군청은 과천 및 안산군과의 통폐합 이후에도 군청으로 사용되었다. 이후 1930년대 중반 영등포읍의 경성부 편입 때에, 시흥군청의 위치가 지나치게 치우쳤다는 불만을 배경으로 시흥군청을 서이면(西二面) 안양으로 이전할 것을 안양 인근 유지들이 제기하기도 하였다(「始興郡廳舍 移轉을 劃策」, 『동아일보』, 1936년 2월 26일 ; 「郡廳誘致코저 郡民大會開催」, 『동아일보』, 1936년 3월 4일).

30) 이원식(2023), p.65.

이를 위한 조사 작업은 훨씬 일찍부터 이루어졌다. 이는 면과 동리의 경계 확정을 위한 조사가 강제병합 전후 토지조사사업의 진행과 맞물려 이루어졌기 때문이다. 강제병합 이전부터 일본의 한국 토지조사에 관한 보고에서는 면과 동리의 경계가 명확하지 않아 경지(耕地)를 충분히 파악할 수 없다고 지적하며 향후 토지조사의 필요성을 제기했다.[31] 1911년 시점 총독부 내무부의 의견서에서는, 면의 면적과 인구상 편차가 심하여 이를 적당한 표준에 따라 정리해야 하지만, 토지조사의 진전 이후에 통폐합을 단행하기로 방침을 세웠다.[32] 다만 본격적인 면 통폐합에 앞선 토지조사 과정에서도 면이나 동리 단위의 명칭 및 구역의 변경은 진행되고 있었다.[33]

면 통폐합의 기준에 대해서는, 앞서 살펴본 1913년 2월 데라우치 총독 명의의 「총독의견」에서 호수 700~1,000호 정도의 표준을 제시하여 전국의 면 수를 2,500~2,600여 개로 줄인다는 계획을 처음으로 제시하였다. 이에 따르면 면 통폐합의 취지는, 당시 면장의 봉급 등을 포함한 면 경비를 면에서 자체적으로 부담하던 상황에서, 경비를 절감하고 각 면의 편차를 줄여 면민의 부담을 완화한다는 것이었다.[34]

여기서 중요하게 간주되는 면의 특징은, 군과 달리 면 스스로 경비를 부담할 재정 능력을 갖추어야 한다는 점이다. 강제병합 이전부터 일본인 관리들 사이에서는 면을 일본의 정촌(町村)에 대응하는 단위로 간주하고, 면 스스로 비용을 부담하고 재정 능력을 갖추기 위해서 아직 빈약한 면의 통폐합을 단행해야 한다고 논의하였다.[35] 강제병합 이후에도 면이 독립적

---

31) 宮嶋博史(1991), 『朝鮮土地調査事業史の研究』, 東京大學東洋文化研究所, pp.425-428.
32) 朝鮮總督府 內務府(1911), p.4.
33) 「面洞里ノ整理ニ關スル件」(1912년 1월), 『土地調査例規』 第3輯, pp.283-284 ; 「安山의 面洞里 구역 개정」, 『매일신보』 1912년 2월 19일 ; 「과천군의 면동리 변경」, 『매일신보』 1912년 7월 27일.
34) 「總督意見」, 『府郡廢合關係書類』, CJA0002547, 1914, pp.674-679.
35) 度支部 司稅局(1908), 『面ニ關スル調査』, pp.57-58.

인 재정을 갖추고 공공사업을 운영할 수 있는 '조선면제'의 제정이 추진되는 과정 속에서 면의 통폐합이 선결과제로 여겨졌다.36) 이처럼 면 재정의 확충이 요구되던 상황을 배경으로 면 통폐합의 필요성이 제기된 것이다.

최종적인 면 통폐합 기준은 1913년 5월 부·군의 통폐합 기준과 함께 정무총감의 통첩을 통해 각 도에 하달되었다.37) 여기서 면 통폐합을 위한 기준은 호수 800~1,000호, 면적 4방리로 정해졌는데, 이는 「총독의견」에서 제시한 호수의 기준을 약간 수정하고 면적의 기준을 추가한 것이다. 특히 이러한 면 통폐합 기준이 도출된 근거를 상세히 설명하였다. 이에 따르면 면의 통폐합 기준은 지세, 교통, 관습, 경제 등 여러 사정을 조사하여 정해야겠지만, 가장 중요한 것은 면 행정에 필요한 경비를 부담하기에 충분한 자력(資力)을 보유하고 있는지의 여부라는 우선순위를 명확히 밝혔다. 이에 따라 당시 전국 면 경비에 관한 예산 자료를 바탕으로, 현재의 면 지출 경비를 참고하여 설정한 표준 규모를 기준으로 면 통폐합을 단행한다면 전국에서 약 1,054개의 면을 줄일 수 있다고 계산하였다.38) 이러한 기준의 도출 과정은 전국 단위의 평균치만으로 계산한 거친 추산에 바탕을 두었기에 각 지역의 실정을 제대로 반영하였다고 보기는 어렵다. 이는 단지 면을 운영하기 위한 최소한의 지출경비를 상정하여 '적절'하다고 간주되는 규모를 계산한 뒤 전국의 면에 적용한 결과로, 당시 면 통폐합의 방점이 결국 면 재정의 확충에 있었음을 잘 보여준다.39)

---

36) 염인호(1983), 「日帝下 地方統治에 관한 硏究 - '朝鮮面制'의 형성과 운영을 중심으로」, 연세대학교 대학원 석사학위논문, pp.20-23.
37) 「面ノ廢合ニ關スル件」, 『面廢合關係書類』, CJA0002560, 1914, pp.1185-1187.
38) 「面ノ廢合ニ關スル件」, pp.1194-1216 ; 이대화(2009), p.102.
39) 그런데 면의 경비 문제가 통폐합의 목적으로 언급되면서도, 면의 경제력을 직접 보여주는 세액이나 경지면적보다는 면적과 호수가 주요한 통폐합 기준으로 논의되고 있다. 면 통폐합의 최종적인 목적은 면 재정의 확충이지만, 군과 함께 전국 단위로 통폐합을 단행하기에 용이한 지표인 호수와 면적을 간접적인 기준으로 택하여 적절한 규모를 설정한다면 면 재정의 안정화를 꾀할 수 있다고 판단한

위와 같은 획일적 기준을 어떻게 구체적으로 적용할지에 관한 방침 역시 정무총감의 통첩을 통해 하달되었다.[40] 이는 앞서 살펴본 군의 통폐합 기준과 함께 이를 구체적으로 적용하기 위한 방침을 하달한 것과 같은 내용이다.

1. 면은 지방 상황에 따라 그 <u>호수가 최소한 약 800 내지 1,000을 보유한 것을 표준으로 삼는다. 그 표준호수를 초과한 현재의 면은 그대로 이를 존치하고, 표준호수의 최소한보다 미만인 면은 이를 폐합한다. 다만 면적 약 4방리 이상의 면 또는 지세, 교통 등의 관계상 폐합이 불가능한 곳은 호수가 800 미만이더라도 이를 존치할 것.</u>
2. 면 폐합은 가능하면 <u>어떤 면의 구역 전부와 다른 면의 구역 전부로 이를 행할 것. 다만 필요상 한 면을 분할하는 것이 있어도 이를 사분오열하여 인접 면에 병합하거나 또는 동리를 분할하는 것은 이를 피할 것.</u>
3. 면의 폐합을 행함에 있어서는 <u>지세, 교통 등의 관계를 참작할 것.</u>
4. 시가지세(市街地稅) 시행 예정지에 관계 있는 면은 그 시행 지역 내에 속하는 부분을 한 면으로 삼고 나머지 부분은 적절히 이를 정리할 것.
5. 면 폐합에 관계없이 단지 경계 정리에 그치는 것일지라도, <u>월경지[飛地] 또는 심한 견아상입지[突入地]</u>[41] 등은 아울러 제거하고 정리할 것.
6. 면 폐합을 행함에 있어서 고래의 구관, 습속의 차이가 있는 것은 힘써 이를 보존하여 폐합 후 면민의 화협(和協)을 결여하거나 또는 시정상의 장해를 초래하지 않도록 유의할 것. (밑줄은 필자)

것으로 보인다.
40) 「面ノ廢合ニ關スル件」, 『面廢合關係書類』, CJA0002560, 1914, pp.1188-1190.
41) 월경지(越境地)는 한 군의 땅이 경계를 넘어 다른 군에 있는 경우를 가리키며, 견아상입지(犬牙相入地)는 한 군의 영역이 다른 군 안쪽으로 깊숙이 돌출한 경우를 가리킨다.

위의 통폐합 방침은 다음과 같은 내용으로 정리할 수 있다. 첫째로, 최소한의 표준호수인 800호에 미달하는지의 여부에 따라 면을 통폐합하거나 존치한다. 다만 800호에 미달하더라도 면적 4방리 이상이거나 지세, 교통 관계로 통폐합이 불가능하다면 예외적인 존치를 인정하였다. 둘째로, 지세와 교통, 구관과 습속 등을 참작하고, 면의 구역을 분할하기보다는 되도록 온존하여 통폐합을 행한다. 이는 앞서 본 군의 통폐합에 관한 방침에서도 동일하게 확인되는 내용이며, 여기서 기존 구역을 분할하는 것은 면민의 화합을 저해하여 시정상 장해를 초래한다고 보았다.[42] 마지막으로, 경계의 정리에 관하여 월경지나 견아상입지를 제거한다. 이는 군 통폐합에 관한 방침에서 언급된 경계의 정리 사항과 연결된다.

3.2. 통폐합 과정에서 지역 실정의 반영 양상

실제 면 통폐합의 수립 과정이 어느 정도로 지역 실정을 반영하였는지를 분석하기 위하여, 이번 절에서는 면 통폐합 계획이 구체화되었던 과정을 분석한다. 총독부에서 각 도에 통첩한 면 통폐합 계획의 조사 사항은 ① 면의 연혁과 새로운 면 명칭의 유래, ② 신구 면별 호수, 인구 및 자력(資力, 경지면적과 지세액), ③ 통폐합 후 각 면의 동리 수, 면적 및 최장거리,[43] ④ 각 면별 면유재산의 종류와 수량, 처분 방법, ⑤ 면적 4방리 이하 및 호수 800호 미만으로 한 면을 이루거나 한 면을 분획하여 인접 면들에

---

[42] 이는 면 통폐합이 면적과 인구라는 형식적이고 양적인 기준에 따라 획일적으로 진행되었다는 이해와 다르게, 군과 함께 면 단위에 대해서도 지역 단위의 화합을 깨뜨릴 경우 통치상 지장을 초래한다고 인식한 점을 보여준다(윤해동(2006), pp.121-123). 다만 이러한 인식은 당시 조선의 지역 단위 사회조직에 대한 충분한 이해를 바탕으로 성립한 것이 아니라 통폐합에 대한 반발을 최소화하려던 차원에서 수립된 방침으로 보아야 할 것이다.

[43] 면 내에서 가장 멀리 떨어져 있는 부락(人家 소재지)들 간의 거리를 기재한다.

합병시키는 경우와 그 이유, ⑥ 기타 참고사항 등이었다. 또한 부·군 단위의 도면을 첨부하여 신·구 면의 구역, 면사무소의 현재 및 예정 부지, 그리고 산천, 도로, 항만, 경지, 촌락 등을 표시하도록 했다.[44]

여기서는 통폐합 이전 시흥군, 안산군, 과천군 소재 면의 통폐합 계획 과정을 살펴보고자 한다. 각 군의 면 통폐합안을 도 단위에서 종합하지 않고 조사가 종료되는 부·군부터 차례로 보고하였기에, 경기도의 관할구역 내에서도 부·군마다 보고 시점이 조금씩 달랐다. 앞서 살펴본 경기도의 1913년 8월경의 부·군 통폐합 재수정안에 면 통폐합에 관한 내용이 반영된 점을 고려하면, 이 시점까지는 대략적인 면 통폐합의 성안이 마무리되었을 것으로 보인다. 시기순으로 안산군은 1913년 9월 30일에, 과천군과 시흥군은 10월 7일에 면 통폐합안을 총독부에 상신하였다. 이들 지역의 면 통폐합 조사 내용에서 면적과 인구 규모, 지세액에 관한 사항을 추려 정리하면 아래의 〈표 3〉과 같다.

〈표 3〉 시흥·안산·과천군 소속 면의 통폐합 예정안[45]

통폐합 후 면 명칭 (면 개수)		면적(方里)	호수	인구수	지세액(원)
舊 시흥군 (6→3)	북면	2.0	1,341	6,483	2,113
	동면	2.8	994	4,857	1,858
	서면	2.2	1,060	5,518	2,776
舊 과천군 (7→5)	신북면	1.7	997	4,883	673
	신동면	2.5	912	4,668	2,045
	과천면	1.8	811	3,941	1,664
	서이면	1.5	970	5,143	2,275
	남면	1.5	755	3,048	1,716
舊 안산군 (9→3)	반월면·	3.7	1,388	7,154	2,840
	수암면	3.0	1,597	8,034	3,701
	군자면	3.0	1,550	8,298	3,892

참고 : 반월면은 시흥군이 아닌 수원군에 편입되지만, 여기서는 다른 면과의 비교를 위하여 같이 기재한다.

---

44)「面ノ廢合ニ關スル件」,『面廢合關係書類』, CJA0002560, 1914, pp.1270-1275.

위 통폐합 예정안에서는 기존의 시흥군에 속한 6개 면을 3개 면으로, 과천군 7개 면을 5개 면으로, 안산군 9개 면을 3개 면으로 합하면서 개별 면의 규모를 확대하였다. 호수 800~1,000호와 면적 4방리의 통폐합 기준에 비추어 볼 때, 남면을 제외한 모든 면들이 800호 이상의 기준을 충족하였지만, 면적의 경우 모든 면들이 4방리 미만으로 기준에 크게 미달하였다.

유일하게 호수의 기준에 미달함에도 한 면으로 독립한 과천군의 남면은 통폐합 이후 기존의 명칭이나 구역의 변동 없이 그대로 존치되었다. 이에 관하여, 경기도청에서는 과천군 내 면들은 통폐합 표준과 함께 지세와 교통의 편부를 참작하였다고 보고하면서, 남면의 경우는 지형상 종래대로 존치하였다고 기재하였다.46) 여기서 언급한 '지형'은 산맥이나 하천과 같은 자연지형을 의미한다고 볼 수도 있지만, 자연지형뿐만 아니라 교통상의 조건이나 면사무소 위치 등도 여기서 같이 고려되었기에 좀 더 상세한 검토가 필요하다.47)

다음 〈그림 3〉은 당시 통첩된 면 통폐합 조사 방침에 따라 신·구 면 경계와 소속 리의 위치, 각종 지형 및 시설을 표시하여 첨부한 도면이다. 여기서 과천군 남단의 남면과 이에 인접한 하서면 사이에는 산맥과 같은 지형이 표시되지 않았으며, 동쪽의 산맥은 광주군과의 경계를 이루는 산맥을 표시한

---

45) 「通津郡外九郡面ノ廢合ニ關スル件」, 『郡面廢合關係書類』, CJA0002549, 1914, pp.443-444 ; 「抱川郡外四郡面廢合ニ關スル件」, 『郡面廢合關係書類』, CJA0002549, 1914, pp.650-653, 675-685.

46) 「抱川郡外四郡面廢合ニ關スル件」, 『郡面廢合關係書類』, CJA0002549, 1914, p.676.

47) "...덧붙여 다음 면은 폐합 후 호수가 800호 미만이지만, 이는 교통의 관계 및 산맥 등 자연의 지세상 이를 분획하여 폐합함은 불리하거나 불가능한 사정도 있고 또 면사무소의 위치 및 인민의 便否 등을 참작하여, 호수는 해당 표준에 충족하지 않지만 한 면으로 존치시키기에 적당하다고 인정하오니 이에 승낙받고자 함께 아룁니다. - 포천군 내동면, 연천군 관인면, 과천군 남면, 광주군 돌마면"(강조는 필자. 「抱川郡外四郡面廢合ニ關スル件」, 『郡面廢合關係書類』, CJA0002549, 1914, p.658).

48) 「抱川郡外四郡面廢合ニ關スル件」, 『郡面廢合關係書類』, CJA0002549, 1914, p.680.

것이다. 물론 〈그림 3〉은 정밀한 지형
도라기보다는 대략적으로 각 면의 현
황과 통폐합 계획을 나타내기 위한 약
도이지만, 경기도청에서 각 면에 대한
조사 내용과 함께 첨부한 근거자료라
는 점에서 이를 면 통폐합 계획과 연결
하여 볼 필요가 있다. 이에 따라 〈그림
3〉에 나타난 남면의 현황을 살펴보면,
남면의 존치 배경이 된 '지형'의 구체
적인 배경으로 남면 일대를 통과한 경

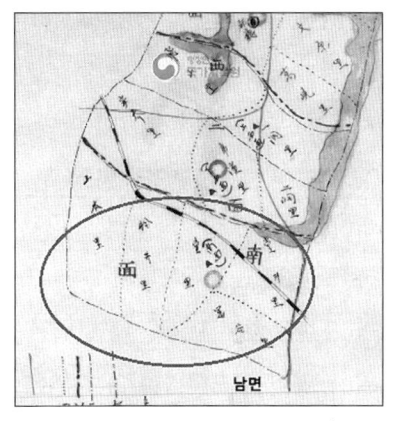

〈그림 3〉 과천군 약도의 남면 일대[48]

부선 철도에 주목해 볼 수 있다. 특히 당시 철도역인 군포장역(軍浦場驛)이
위치한 남면 당리(堂里)에 남면사무소가 위치한 점 역시 남면의 독립존치
방향에 힘을 싣는 배경이 되었을 것이다.

위의 남면과 같은 예외적 존치 사례 외에, 여러 면을 통폐합하는 내용에
서도 호수나 면적 외에 지세나 교통 등의 요소가 반영되었다. 예컨대
안산 지역에서는 기존의 9개 면을 3개씩 묶어 반월면(기존의 월곡·북방·성
곶면), 수암면(기존의 군내·인화·초산면), 군자면(기존의 마유·대월·와리
면)으로 통합하였다. 그 이유는 이들의 통폐합이 지형상 적절할 뿐만
아니라, 각 3개 면에 속하는 기존 면들이 예로부터 풍속과 민정이 같고,
오히려 이를 사분오열할 경우 면민의 화합을 도모하기 어렵다는 이유
때문이었다.[49] 이는 앞서 내무부에서 각 도에 하달한 면 통폐합 방침
중에서, 기존의 면들 중 고래의 구관과 습속의 차이를 반영하여 면민의
화합을 깨뜨리지 않도록 한 내용에 해당한다.

위와 같은 설명은 당시 안산 지역의 실정을 일정 부분 반영한 것으로

---

49)「通津郡外九郡面ノ廢合ニ關スル件」,『郡面廢合關係書類』CJA0002549, 1914, p.488.

보인다. 1842년 간행된 『안산군읍지(安山郡邑志)』에 따르면, 수암과 군자 지역에 속하는 3개 면들을 각각 '동삼면(東三面)'과 '서삼면(西三面)'으로 칭하고, 동면[수암]에는 밭이 많고 논이 적은 반면에 서면[군자]에는 논이 많고 밭이 적다고 언급되어 두 지역이 이전부터 지세에 따라 구분되어 인식되었음을 알 수 있다.50) 한편 안산군에서 수원군으로 편입되는 반월면은 본래 조선시대부터 광주군의 견아상입지였으나 1906년의 행정구역 정리 때에 새로 안산군에 편입된 지역이었다.51) 따라서 수암, 군자, 반월면의 통폐합은 이러한 각 지역의 기존 연혁을 반영한 결과이다.

하지만 면 통폐합이 기존 면의 연혁을 존중하는 방향으로만 이루어진 것은 아니었는데, 이는 위의 반월면이 본래 속하였던 광주군이나 시흥군이 아닌 수원군으로 편입된 과정을 통해 알 수 있다. 안산군 지역의 면 통폐합 계획이 보고된 1913년 9월에 앞서, 8월에 경기도에서 내무부에 상신한 부·군 통폐합안의 재수정안에서 다음과 같이 밝히고 있다.52)

> 광주군 의곡면, 왕륜면 및 안산군 월곡면, 북방면, 성곶면을 분할하여 수원군(수북면 외 14면 제외)에 이속시키고, 이 군과 남양군(대부면, 영흥면 제외)을 병합한다. 광주군 의곡면, 왕륜면은 수원군의 북방으로 들어가 있고, 안산군의 월곡면, 북방면, 성곶면의 3면은 원래 광주군에서 안산군으로 편입된 면이므로 의곡면, 왕륜면과 함께 안산군에서 이를 분할하여 수원군으로 이속시키는 것이 지당하다고 여겨진다.
> 왜냐하면 안산군 월곡면, 북방면, 성곶면은 다른 면의 결세(結稅) 8원에 비교하여 6원 60전결이며 또한 풍속·습관 등이 여전히 광주군과 유사하다. 하지만 이상의 각 면을 모두 광주군에 편입시키는 것은 지형상 적당

---

50) 『安山郡邑志』(奎 17366), p.2 연혁 참조.
51) 「勅令第49號 地方區域整理件」(1906년 9월 24일) 『官報』 부록(1906년 9월 28일).
52) 「府郡廢合ニ關スル件」, 『府郡廢合關係書類』, CJA0002545, 1914, pp.35-36.

하지 않을 뿐 아니라, 수원군청의 현재 위치는 북쪽으로 치우쳐 있으므로 이상의 5면을 수원군에 이속시킴은 지형 및 교통상 가장 편리하다고 여겨진다. (밑줄은 필자)

위 내용은 광주군의 2개 면과 안산군의 3개 면을 수원군에 편입하는 이유를 밝힌 대목으로, '반월면'이라는 명칭이 정해지기 이전부터 이 지역의 수원군 편입이 확정되었음을 보여준다. 경기도 측은 이 면들이 과거 광주군에 소속되어 관습상 광주군과 유사하다고 인지하면서도, 해당 면들의 결세, 즉 경제력이 다른 면들에 비하여 상대적으로 빈약하다는 점, 이들을 다시 광주군에 편입하는 것이 지형상 적당하지 않다는 점, 그리고 현재 수원군청이 수원군의 북쪽에 치우쳐 있으므로 여기에 인접한 면들을 수원군에 편입한다는 점을 제시하였다.

여기서 광주군으로의 편입이 지형상 적당하지 않다는 언급은 이들이 과거 광주군에 속한 견아상입지이므로 이를 다시 허용할 수 없다는 취지로 보인다. 이는 앞서 통첩으로 하달된 면 통폐합 방침에서도 월경지와 견아상입지를 제거하여 정리하도록 한 내용에서 확인된다. 또한 안산군의 3개 면을 포함하여 수원군의 북쪽에 접한 면들을 편입함으로써, 군 통폐합 과정에서 군청을 군의 중앙에 두려는 방향에도 부합하였다. 이처럼 면 단위의 통폐합에서 기존 면의 연혁과 지세를 반영한 내용이 확인되지만, 군 단위의 통폐합과 연관되는 경우 경계 정리와 군청의 입지를 우선하였던 점을 보여준다.

한편으로 통폐합 이전 면의 구역을 온존하지 않고 하부의 리(里) 단위로 분할하여, 기존 면을 나누어 새로운 면을 신설하거나 여러 면에 병합시키는 경우들도 있었다. 이는 가능하면 면의 구역을 온존하도록 한 내무부의 지침보다도 분할의 필요성을 우선한 경우인데, 시흥, 과천, 안산 지역 중에서는 과천군 상북면과 동면, 시흥군 군내면이 이에 해당한다. 과천군

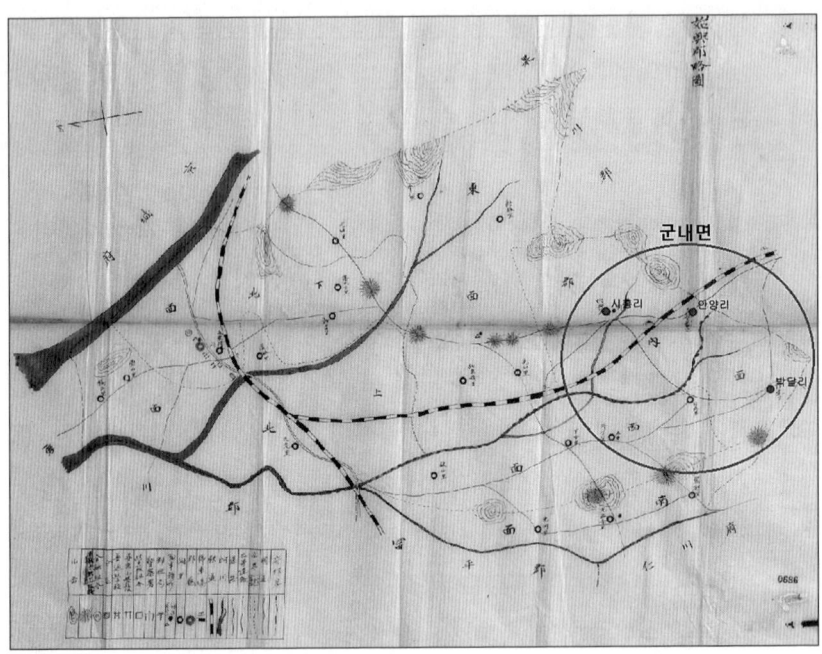

〈그림 4〉 시흥군 약도와 군내면 일대53)

상북면은 하북면과 동면에 나뉘어 흡수된 결과 각각 신북면과 신동면으로 신설되었고, 동면의 경우 관내의 주암리가 군내면(통폐합 후 과천면)으로 이속되었다. 시흥군 군내면은 동면과 서면에 나뉘어 병합되었다. 이러한 조치들은 모두 지형과 교통상의 편의를 따른 조치로 설명되었다.54)

이 중 위에서 언급한 '교통과 지형상의 이유'가 명확히 밝혀진 시흥군

---

53) 「始興郡略圖」, 『郡面廢合關係書類』, CJA0002549, 1914, p.686. 위 그림에서 새로운 면 경계를 표시한 점선은 약도상의 점선을 더 뚜렷이 보이도록 수정한 것이다.

54) 과천군 상북면과 시흥군 군내면의 분할에 대하여, 총독부는 1914년 2월 지령안을 통해 이들이 지형과 교통상의 편의에 따라 적당한 조치라고 인정하여 이를 인가하였다. 과천군 동면 주암리를 군내면으로 편입한 조치의 경우, 내무부에서 이에 대해 재조사를 명하여 경기도에서 1914년 2월 회답한 내용에 따르면, 지형과 교통상의 이유와 더불어 인정·풍속이 군내면과 유사하고 행정상으로도 군내면에 이속시키는 것이 더 편리하다는 이유로 설명되었다(「抱川郡外四郡面廢合ニ關スル件」; 「回答 面ノ廢合ニ關スル件」, 『郡面廢合關係書類』, CJA0002549, 1914, pp.641-643, 770).

군내면의 분할 사례를 살펴보면, 군내면 중 시흥리와 안양리는 동면에 편입되었던 반면에 박달리만 서면으로 편입되었는데, 이는 박달리와 안양리 사이의 하천 때문으로 설명되었다.55) 앞의 〈그림 4〉는 시흥군의 통폐합 전후 변화를 나타낸 약도로, 여기서 시흥군 서쪽의 안양천에서 뻗어 나와 군내면의 안양리와 박달리 사이를 흐르는 지류를 따라 점선으로 새로운 면 경계를 표시하였다.

이상의 면 통폐합 과정을 정리하여 보면, 대체로 2~3개의 면을 합하는 통폐합을 통해 호수의 기준을 충족하면서도, 과천군의 남면처럼 호수가 미달하지만 교통 조건을 고려하여 예외적으로 존치시키기도 하였다. 안산 지역의 3개 면은 기존 면들의 연혁과 지세를 고려하여 통폐합이 이루어졌지만, 이 중 반월면은 기존 연혁을 따르지 않고 상위의 군 통폐합 차원에서 견아상입지의 정리 방침과 군청 소재지의 입지가 우선시된 결과 수원군으로 편입되었다. 한편 이들처럼 기존 구역을 온존하지 않고 면 구역을 분할하는 경우, 하천과 같은 지형이나 교통, 행정상의 편의 등이 분할의 근거로 제시되었다. 즉 면 통폐합의 계획 과정은 획일적일 기준보다 지세, 지형, 연혁, 교통 조건 등 여러 요소들에 대한 고려와 함께 군 통폐합 계획과 연동되어 구체화되었다고 정리할 수 있다.

위와 같은 면 통폐합은 이듬해인 1914년 2월 이후 총독부의 인가를 받아 확정된 후 1914년 4월 1일부로 실시되었다. 1912년도 예산의 1면당 경비 581원은 1918년 1,725원으로 증가했고, 같은 기간 면서기 인원도 0.9명에서 3.6명으로 증가한 점에서 당초에 총독부가 목표로 하였던 1면당 면 재정의 증가뿐만 아니라 면 행정력의 보강 또한 일정하게 이루어졌다.56)

하지만 실질적으로는 통폐합 이후에도 여전히 각 면의 편차가 극심하였고 재정이 빈약한 면들이 다수 존재하였다. 예컨대 시흥군 신북면은 통폐합

---

55) 「抱川郡外四郡面廢合ニ關スル件」, 『郡面廢合關係書類』, CJA0002549, 1914, p.683.
56) 이명학(2020), p.143.

이후에도 면 경비를 감당하기 어렵다는 이유로 결국 2년 만에 다른 면들에 분할되어 정리되었다.57) 또한 호수가 미달함에도 독립존치된 남면의 경우, 1930년대 중반까지도 호수가 700~800호 정도에 불과했고 시흥군 내의 면들 중 가장 재정규모가 열악했기 때문에 면민들이 인접한 수원군 의왕면과의 병합을 요구하기도 하였다.58) 이외에도 대다수 면의 열악한 재정 상황이 1920년대 이후에도 지속된 결과, 1920년대 후반부터 본격적으로 재정이 부실한 면의 조사와 통폐합 작업이 다시 진행될 수밖에 없었다.59)

위와 같은 결과는 결국 1914년의 면 통폐합 과정에서 지역의 실정을 반영하고 면 재정의 안정을 꾀하려던 총독부의 계획이 충분히 달성되지 못하였음을 보여준다. 앞서 살펴본 것처럼, 과천군 남면은 호수의 기준에 미달했지만 '지형'상의 이유, 구체적으로는 철도 교통의 조건이 유리하게 작용한 결과 통폐합 대상에서 제외되었다. 이후 1925년에는 해당 지역의 대표적인 장시였던 시흥군 서이면의 군포장(軍浦場)이 남면의 군포장역으로 이전하는 등 철도 교통에 따른 이익을 누리기도 했지만, 당시 안양역과 함께 급속하게 발전한 안양장(安養場)에 비하여 군포장의 장세가 상대적으로 약세를 보인 결과 남면의 부진에 영향을 끼친 것으로 보인다.60)

또한 통폐합 과정에서 소외된 폐군 지역의 면들은 군청 소재지나 교통

---

57) 기존의 상북면 일부와 하북면이 통합되어 1914년 4월 1일부로 신설된 신북면은, 약 2년 뒤인 1916년 5월 1일부로 사당리를 제외한 모든 면 구역이 시흥군 북면으로 병합되고 사당리는 신동면에 편입되어 소멸하였다(「朝鮮總督府京畿道令第4號」, 『京畿道報』 호외(1916년 4월 24일)]. 이는 〈표 3〉에서 보이듯이 신북면 지역이 다른 면에 비하여 경제력이 빈약하였기 때문으로, 통폐합 이후에도 결국 면 경비를 감당하기 어렵다고 판단되어 정리되었다(「面廢合二關スル件申請」, 『行政區劃關係書類』, CJA0002571, 1915, pp.1196-1205).
58) 「始興郡의面財政 事務費가四九%」, 『조선일보』, 1934년 6월 15일 ; 「合面志願書 始興南面에踏至」, 『동아일보』, 1934년 11월 16일.
59) 정미성(2005), 「1920년대 후반~1930년대 전반기 조선총독부의 면 재정 정비과정과 그 의미」, 『역사와 현실』 56, 한국역사연구회 ; 이명학(2020), pp.152-160.
60) 군포시사편찬위원회(2010), 『군포시사』 1, pp.224-225.

중심지에 비하여 시설 입지상의 불리함을 감수해야 했다. 과거 안산 지역의 면 통폐합으로 신설된 수암면과 군자면의 경우 면의 인구 규모는 충분했으나, 1920년대 후반까지도 우편소나 의료 기관이 부재하여 이에 관한 면민들의 진정이 계속되었다.61) 과천면의 경우 과천군의 소멸과 함께 과거 삼남대로를 연결하던 주요 교통로인 남태령(南太嶺)이 경부선 개통 이후 쇠락한 결과, 과천 방면의 쇠퇴와 함께 해당 도로를 이용하는 인접 주민들이 교통상 불편을 겪는다는 불만으로 이어졌다.62)

1930년대에 들어서 1914년의 면 통폐합 조치가 탁상행정식으로 이루어져 주민의 생활권과 괴리되었다는 비판이 제기되었는데, 이 역시 위에서 살펴본 면 통폐합의 과정을 통해 다시 검토될 필요가 있다. 이러한 면 통폐합에 대한 비판은 대체로 하천을 통폐합의 주된 경계선으로 삼고 산악과 교통은 전혀 고려하지 않아, 인접한 타 지역의 면사무소가 아닌 산맥이나 높은 봉우리를 넘어서 소속 지역의 면사무소에 가야 하는 등 면 생활권에 큰 불편을 초래했다는 내용이었다.63) 물론 식민통치 초기 시점에 총독부가 개별 지역사회의 실정을 충분히 파악했다고 보기 어렵지만, 면 통폐합의 계획 과정을 보면 일부 요소만을 기준으로 한 획일적인 방식보다는 다양한 요소들이 고려되었음을 알 수 있다.

이러한 과정에도 불구하고 통폐합 이후 여전히 면 재정이나 시설 입지상의 편차에 관하여 문제가 제기되었던 배경은, 결국 총독부와 도 당국의 의견만을 따라 교통 조건이나 향후 발전 가능성을 갖추었다고 판단한

---

61) 「地方瑣信 : 安山邑에 郵便所計劃」, 『조선일보』, 1928년 10월 20일 ; 「地方瑣信 : 醫師를 渴望하는 舊安山」, 『조선일보』, 1929년 3월 2일 ; 「集配人常置를 遞信局에 陳情」, 『동아일보』, 1932년 5월 18일.
62) 「南太嶺道路問題」, 『동아일보』, 1935년 9월 19일.
63) 北畠良弘, 「邑面行政區域整理に對する私見」, 『朝鮮地方行政』 1936년 3월호. 기사 원문에는 필자명이 '北留良弘'으로 기재되었으나, 『조선총독부직원록』과 이대화(2009), p.96을 참조하여 정정하였다.

지역을 중심으로 통폐합이 결정되었던 과정에 있었다. 훗날 제기된 면의 통폐합에 대한 비판은, 위와 같은 일방적인 통폐합의 결과에 더하여 1914년 이후 신설된 면 단위의 생활권이 뚜렷해지면서 제기된 것으로 이해할 수 있다.[64]

4. 나가며

갑오개혁기나 통감부시기의 지방행정구역 개편 시도에서 보이듯이, 행정구역 통폐합을 통해 지역 간의 편차를 줄이고 통치비용을 절감한다는 과제는 조선총독부 이전에도 시도된 바 있다. 1914년의 행정구역 통폐합은 이러한 지방제도 개편 시도의 연장선상에 있으면서, 식민통치 초기 시점에서 조선총독부의 지방통치 구상에 따라 지역사회가 재편되기 시작하는 단계였다. 부·군과 면의 통폐합 계획은 이러한 식민권력과의 관계 속에서 구체화되었다.

부·군 통폐합 계획은 1911년 10월부터 정무총감의 통첩이 하달된 이후 경기도와 총독부 내무부 사이에서 몇 차례 조사자료와 수정 의견이 오가는

---

[64] 이와 관련하여, 통폐합 당시에는 '면 단위의 통일성'과 같은 지역민의 관념이 상위의 군에 비하여 강하게 존재하지 않았을 가능성을 생각해 볼 수 있다. 통감부시기부터 행정단위로서 면의 제도화가 진행되었지만, 그 전까지 조선후기의 면은 부세수취를 위해 행정적으로 편제된 단위에 가까웠기 때문이다(姜再鎬(2001), pp.175-176 ; 이대화(2009), pp.107-108). 또한 18~19세기 대구부 동상면·서상면의 면리 운영에 관한 연구에 따르면, 조선후기 면리 단위의 호구 편제 과정은 주로 부세 운영 차원에서 이루어졌기에 실생활의 거주를 그대로 반영하지 않았고, 오히려 이후 토지조사사업의 진행과 1914년 행정구역 통폐합 시점부터 면리의 경계가 지형 등 생활권의 경계에 부합하기 시작하였다(이유진(2021), 「조선후기-대한제국기 호구 파악 방식의 변화 양상」, 서울대학교 대학원 박사학위논문, pp.121-123). 따라서 1930년대에 들어 면의 만성적인 재정난이나 면 구획의 불합리성이 지적된 배경으로, 일본의 정촌(町村)을 모델로 삼은 면의 제도화와 생활권 형성이라는 요인을 고려할 필요가 있다.

과정과 함께 진행되었다. 총독부와 경기도의 당국자들은 우선 호수와 면적이 협소한 군들을 통폐합 대상으로 삼은 후 각 지역의 다양한 요소들을 계획에 반영하고자 했다. 하지만 부·군 통폐합 계획이 구체화되면서 점차 교통상의 조건과 군청 소재지의 위치 문제가 더 중요하게 반영되었다. 이 과정에서 인접한 지역민의 반응은 무시되거나 선별적으로만 참고되었다.

면의 통폐합은 강제병합 이전부터 토지조사의 필요와 더불어 면의 재정적 자립 문제가 대두되던 상황에서, 면 재정을 고려한 적절한 규모를 상정하여 기준이 수립되었다. 실제 면 통폐합의 계획 과정에서는 호수를 일차적 기준으로 충족하면서도, 지형이나 교통, 연혁, 행정상의 편의, 군청의 입지 등을 다양하게 고려하면서 특정 면을 존치하거나, 병합 혹은 분할하였다. 하지만 이에 따라 통폐합을 단행하였음에도 대다수 면의 재정은 충분히 안정되지 않았을 뿐 아니라, 폐군 지역의 면은 이후 각종 시설의 입지와 개발 과정에서 소외되면서 불만을 제기하는 배경이 되었다.

다만 이를 좀 더 명확히 검증하기 위해서는 통폐합 이후 시흥군의 공간적·사회적 변화에 대한 본격적인 분석과 함께 이를 장기적인 지역사회의 변동 과정과 연결하여 살펴보아야 한다. 이에 대해서는 추후의 연구를 통해 해명하고자 한다.

참고문헌

【자료】

『東亞日報』, 『每日新報』, 『新韓民報』, 『朝鮮日報』, 『朝鮮地方行政』.
『京畿道報』.
『官報』.
『安山郡邑志』(奎 17366).
『朝鮮總督府官報』.
朝鮮總督府 內務府(1911), 『朝鮮地方制度改正ニ關スル意見』.
朝鮮總督府臨時土地調査局(1916), 『土地調査例規』.
度支部 司稅局(1908), 『面ニ關スル調査』.
『府郡廢合關係書類』(1914), 국가기록원 관리번호 CJA0002545, 2546, 2550.
『郡面廢合關係書類』(1914), 국가기록원 관리번호 CJA0002549.
『面廢合關係書類』(1914), 국가기록원 관리번호 CJA0002560, 2564.
『行政區劃關係書類』(1915), 국가기록원 관리번호 CJA0002571.
국가기록원 "내 고향 역사알기" DB(https://theme.archives.go.kr/next/oldhome/viewMain.do)

【논저】

김승정(2019), 「1914년의 군 폐합이 한국의 초기 도시화 과정에 미친 영향」, 서울대학교 대학원 석사학위논문.
김연지(2007), 「1914년 경상남도 지방행정구역의 개편과 성격」, 『역사와 세계』 31, 효원사학회.
孫禎睦(1992), 『韓國地方制度·自治史硏究』 上, 一志社.
염인호(1983), 「日帝下 地方統治에 관한 硏究 - '朝鮮面制'의 형성과 운영을 중심으로」, 연세대학교 대학원 석사학위논문.
윤해동(2006), 『지배와 자치』, 역사비평사.
이대화(2009), 「20세기 초반 지방제도 개편의 목적과 추진과정」, 『숭실사학』 23, 숭실사학회.
이명학(2020), 「일제시기 행정구역의 개편과 명칭의 변화」, 『한국독립운동사연구』 70, 독립기념관 한국독립운동사연구소.
이원식(2023), 「1906~1917년 일제의 지방제도 개편과 郡의 지위 정립」, 서울대학교 대학원 석사학위논문.
이유진(2021), 「조선후기-대한제국기 호구 파악 방식의 변화 양상」, 서울대학교 대학원 박사학위논문.
정미성(2005), 「1920년대 후반~1930년대 전반기 조선총독부의 면 재정 정비과정과 그 의미」, 『역사와 현실』 56, 한국역사연구회.
군포시사편찬위원회(2010), 『군포시사』 1.
시흥시사편찬위원회(2007), 『시흥시사 3 : 시흥의 근현대』.
서울특별시 영등포구(2022), 『영등포구지』 1.
평택시사편찬위원회(2014), 『평택시사』 1,
姜再鎬(2001), 『植民地朝鮮の地方制度』, 東京大學出版會.
宮嶋博史(1991), 『朝鮮土地調査事業の研究』, 東京大學東洋文化研究所.

1920~30년대 후반
소래 지역의 성쇠와 지역사회의 대응

박 정 민

1. 들어가며

 현재 시흥시의 '소래(蘇萊)' 지명은 일반적으로 소래포구를 연상하게 하는 정도이지만, 일제시기 이래로 소래 지역[1]은 상업의 왕성에 따라 주요 도시로 기능하며 나름대로 경인권에서 지역적 위상을 지녀왔다. 지금의 소래 지역은 본디 근대적 행정체계 정리가 일단락된 1914년 이래 부천군 소래면이었으며 1973년에 시흥군으로 편입되었다. 1973년 소래면의 시흥군 편입은 시흥군 군자면·수암면의 그린벨트화를 비롯하여 시흥군의 경제를 뒷받침하던 안양면의 시 승격에 따른 시흥군의 막막한 현실을 타개하는 방안이었다. 『바라지의 고장 시흥』에 따르면 "기울어져 가던 시댁을 일으킬 수 있는 며느리가 시집을 온 격"[2]이라는데, 그만큼 소래 지역이 나름대로 탄탄한 사회경제적 기반과 이를 뒷받침하는 지역사회가 형성되어 있었던 사실과, 역사적 주체로서의 활약을 짐작할 수 있다. 그러

---

1) 이 글에서는 행위주체로서의 '소래면'과 지역으로서의 소래면 일대를 구별하기 위해 전자는 소래면으로 후자는 소래 지역으로 표기하였다.
2) 『바라지의 고장 시흥』(2020), 수원 : 경기문화재단, p.47.

나 주지하듯이 상대적으로 윤택한 행정구역이 계속 '상실'되고, 산업 구조에서도 염업의 쇠퇴와 함께 시작된 1980년대의 시화공단 개발은 시흥의 경제적 중심지를 기존의 북부(소래권)에서 남부(군자, 현 정왕권)로 이동시키는 계기였다.

따라서 소래 지역의 역사적 성쇠는 현재 시흥의 지역적 정체성이 형성된 과정을 고스란히 드러낸다고 할 수 있다. 이 글은 1920~30년대 소래 지역(부천군 소래면)을 지역 주체로 규정하여 사회경제적 기반을 분석하고, 당시 부천군 내 소사면(읍), '부평'과의 경쟁구도를 지역사회의 움직임을 통해 밝혀 소래면의 지역적 위상을 드러내는 것을 목적으로 한다. 일제시기에 주목하는 이유는 다음과 같다. 첫째, 소래면의 탄생과 잇따른 지역적 위상이 일제시기에 확립되었기 때문이다. 둘째, 이 위상이 시화공단 설립에 따른 수암·군자의 개발로 시흥시의 경제적 중심이 이동하기 전까지 이어지므로 현대 시흥시의 분리된 '정체성·중심성'을 역사적으로 규명할 수 있는 기원이기 때문이다.

일제시기 소래면은 농업을 중심으로 하면서 뱀내장(사천시, 蛇川市), 소래염전 등 상업과 제조업이 함께 갖춰진 지역이었다. 이러한 사회경제적 기반은 인구의 증가, 인프라 부설과 궤를 같이한다. 그러나 식민권력에 의해 '발탁된' 부천군 소사면의 등장은 우시장 신설 등 인프라 부설을 둘러싸고 소래면을 긴장하게 했다. 그뿐만 아니라 1930년대 후반(전시체제기) 경인시가지계획에 따라 경성부와 인천부 사이 부천군 관할의 광활한 지역에 도시계획이 실시되었고, 공업·주택지대로 선정된 부평지구의 등장으로 공업화·도시화의 제반시설은 부내면, 소사면에 집중된 바 있다. 이는 부평읍으로의 승격운동으로 이어졌다. 부천군의 '전통' 소래면은 신흥 도시인 '소사', '부평'3)과 지역사회를 매개로 1920~30년대 내내 사회경

---

3) 면으로 편재된 소사면과 달리 '부평'은 본래 부평군에서 유래하였으나 실제로 가리키는 지역은 부평역 주위이다. 이 지역은 오히려 부평군 시절의 읍치와는

제적 기반을 유지·획득하기 위해 경쟁하게 되었다.

시흥 지역에 관한 전반적인 연구내용은 『시흥시사』[4]를 통해 집대성되었다. 이외에도 행정구역의 변화가 일제시기~현대를 통틀어 빈번하였기 때문에 1914년, 1973년의 행정구역 통폐합을 기준점으로 그 변천 과정에 대한 연구가 다수 축적되었다. 그중 서울의 확장을 경기도의 변화와 연결시키는 관점에서 시흥 행정구역의 변화를 조명한 연구[5]가 주목되는데, 이 글은 경인 지역과의 관계를 염두에 두고 부천군 내 소래면의 사회경제적 위치를 규명하는 것을 목표로 한다. 일제시기 경인 지역에 대해서는 도시사 연구에서 1920~30년대 '경인 지역' 관념의 등장과 그 실현을 밝히는 연구,[6] 전시체제기 이후 경인시가지계획 자체와 계획 실현의 사례로서 부평지구의 형성을 다루면서 주택을 위시한 사회간접자본 부설의 관계를 밝히는 연구가 축적되었다.[7] 따라서 경인 지역의 면(面) 주체가 겪은 성쇠를 살펴보는 것은 한국근대사 연구에서 '제국' 일본의 국토·지방계획으로서 실시된 병참기지화가 가지는 하향식 지역개발의 성격과 효과를 밝히는 의의가 있다.

거리가 있는 외곽이지만, 일제시기 전시하 병참기지로 주목받아 '(난)개발'되며 수많은 강제동원의 현장이 되었던 곳이다.
4) 시흥시사편찬위원회(2007), 『시흥시사』 1~10, 시흥 : 시흥시사편찬위원회.
5) 이현군(2020), 「시흥의 역사지리학」, 수원 :『바라지의 고장 시흥』, 경기문화재단.
6) 조율재(2023), 「1920~30년대 경인 관계의 변화와 '경인지역'의 형성」, 서울시립대학교 국사학과 석사학위논문.
7) 염복규(2007), 「1930~40년대 인천지역의 행정구역 확장과 시가지계획의 전개」, 『인천학연구』 6, 인천학연구원 ; 이연경·홍현도(2019), 「부평 미쓰비시 사택의 도시주거로서의 특징과 가치」, 『도시연구』 22, 도시사학회 ; 이명학(2023), 「총동원체제기(1938~45) 주택지경영사업의 전개와 사택촌의 형성」,『한국사학보』 91, 고려사학회. 이뿐만 아니라 이 지역의 개발은 기본적으로 전시체제기와 병참기지화 정책에 따른 것이기 때문에 '황해호수화론'에 관한 연구인 양지혜(2021), 「총력전과 바다 : 전시체제기 인천항 연안의 변용」, 『역사와 현실』 121, 한국역사연구회와 조병창 건설 및 운영과 강제동원에 관한 연구인 이상의(2019), 「구술로 보는 일제하의 강제동원과 '인천조병창'」, 『동방학지』 188, 국학연구원도 축적되었다.

선행연구를 참조하여 이 글은 소래면의 사회경제적 기반을 살펴보고, 그에 따른 소래면, 소사면, '부평' 지역사회의 움직임을 시야에 넣어 '지역'이 행위주체로 활약한 양상을 밝히고자 한다. 이를 통해 시흥시 '구도심' 소래 지역의 기원과 1973년 편입 이유를 설명할 수 있으리라 기대한다.

2. 1920~1930년대 중반 소래면의 사회경제적 기반과 지역사회

본래 소래 지역은 조선후기 인천부의 소속으로, 일제가 1914년 인천부 신현면, 황등천면, 전반면을 통합한 후 부천군을 신설하여 그 소속으로 '소래면'을 만들었다.[8] 당시 신현면, 전반면, 황등천면의 호수(인구)는 각각 509호(2,457인), 358호(1,872인), 326호(1,589인)였고 소래면의 호수(인구)는 1,193호(5,918인)였다. 소래면 주민 대부분은 조선인이고 일본인은 매우 적었다.[9] 주민들의 직업별 분포를 보면 유업자 중 대부분이 농업에 종사하고 있었으며 그 다음은 상업, 수산업, 공업 순이었다.[10] 통·폐합 전 자료인 『인천부읍지(仁川府邑誌)』에 따르면 인천의 풍속은 "권농(勸農), 자염(煮鹽), 민순(民淳), 사간(事簡)"이라는데,[11] 호조벌과 소래염전이 있는 소래면에도 들어맞는 평가라 할 수 있다. 다음 〈그림 1〉을 통해 각 면의

---

8) 朝鮮總督→京畿道長官(1914), 「驪州郡外六府面ノ廢合ニ關スル件」, 『郡面廢合關係書類綴』, CJA0002549, 국가기록원.
9) 부천군 전체로 보더라도 1936년 8월 기준 부천군의 인구는 16,625호, 88,931인이며 그중 조선인 16,173호, 87,168인, 일본인 331호, 1308인, 외국인 121호, 455인으로 전체인구의 1.47%에 불과하다.
10) 『시흥시사3 - 시흥의 근현대』, p.184.
11) 『仁川府邑誌』(1900), 奎17362, 서울대학교 규장각한국학연구원 소장, https://kyudb.snu.ac.kr/book/view.do?book_cd=GK17362_00, 검색날짜 2024년 7월 1일. 이 자료는 1841년에 편찬된 『京畿誌』의 제1책에 실린 「仁川府邑誌」를 저본으로 20세기에 전사한 자료이다.

〈그림 1〉 일제시기 부천군 지도
출처 : 동아일보사(1934), 『朝鮮道別現勢地圖 京畿道』, 서울역사박물관 소장
비고 : 동그라미로 표시한 지역이 소래면임.

위치를 확인할 수 있다.

일제시기 부천군 소래면, 시흥군 군자면, 시흥군 수암면이 현재 시흥시의 모태가 되는데, 세 지역은 공통적으로 농업에 사회경제적 기반을 두고 있었지만 소래면은 군자면과 수암면에 비해 포구와 우시장이 있어 수산업·제조업(소금)과 상업(우시장)이 상대적으로 활성화된 편이었다. 특히 소래면으로 통합된 (구)신현면 지역은 조선후기 이래 뱀내장(사천시, 蛇川市)이 열리는 번성한 곳으로 일제시기에는 소래면사무소가 위치하였고 소래염전이 건설된 지역이었다. 요컨대 전통사회의 상업 중심지 기능에 더하여 근대사회의 행정 중심지, 소금 생산의 중심지로서 활약하게 되었던 것이다. 이 장에서는 1920~30년대 소래면의 인구 변화와 사회경제적 구조를 살펴보고 인접 면과의 비교를 통해 부천군 내 소래면의 위상을 파악해 보겠다.

2.1 인구와 직업별 종사자수

다음 〈표 1〉은 1925~44년 사이 부천군 소래면의 인구통계이며 소래면의 지역적 위상을 파악하기 위해 인천·부천·시흥 지역에서 인구수 상위를

〈표 1〉 1925~44년 사이 시흥군 수암면, 군자면, 부천군 소래면, 계남면(소사면)
인구수(단위 : 명)

	1925	1930	1935	1940	1944
인천부	56,295	68,137	82,997	157,572	
시흥군	66,656	73,617	94,511	72,037	82,024
영등포면(영등포읍)	6,069	8,420	15,460	-	-
북면	10,139	13,333	19,068	-	-
수암면	8,377	8,324	8,932		9,317
군자면	9,708	9,968	12,187		12,021
부천군	76,172	81,927	100,693	68,267	79,871
다주면	7,679	9,444	13,649	-	-
소래면	7,664	7,885	8,899		10,757
부내면	6,276	6,606	7,896		
계남면(소사면)	6,209	7,396	9,553		

비고 : 인천부, 시흥군 영등포면 등은 비교를 위해 참고상 함께 정리하였음. 계남면은 1931년 소사면으로 개칭. '-' 표시는 1936년 혹은 1941년 행정구역 편입 시에 편입되어 상위 소속 행정단위가 변경된 경우이며 별도로 인구수를 기재하지 않았음.
출전 : 朝鮮總督府 編(1935), 『朝鮮國勢調査報告 昭和5年 道編 第1卷 京畿道』; 朝鮮總督府 編(1937), 『朝鮮國勢調査報告 昭和10年 道編第1卷 京畿道』, 日本國立國會図書館デジタルコレクション. 1940, 44년 통계 중 시흥군, 부천군 통계는 『시흥시사-근현대편』, pp.182-183, 각주 81에서 재인용. 1940년 인천부 통계는 『東亞日報』, 「늘어가는 인천 인구 전조선의 5위」(1940.5.1.)에서 인용. 빈칸은 미상.

기록한 인천부, 부천군 계남면(후일 소사면)과 다주면, 시흥군 영등포면, 북면, 군자면, 수암면의 인구수도 함께 표시하였다. 〈표 2〉는 『국세조사』(國勢調査) 자료를 통해 1930년 당시 시흥군 수암면과 군자면, 부천군 소래면, 계남면(소사면), 다주면의 직업별 종사자수를 정리한 것이다. 두 표의 비교군은 현 시흥시의 모태가 되는 면끼리의 비교를 하기 위해, 또 소래면은 시흥군이 아니었기에 부천군 내에서의 위상을 밝히기 위해 선택한 것임을 밝힌다.

〈표 1〉에 따르면 시흥군 내 인구 상위를 기록한 면은 순서대로 북면, 군자면, 수암면, 영등포면이다. 주지하듯이 1930년대 영등포가 공업지대로 변화하면서 읍으로 승격한 후, 경성부로의 편입이 있었다.[12] 북면 역시 경성부로 편입되었다. 부천군의 경우 다주면, 소래면, 부내면, 계남면

〈표 2〉 1930년 시흥군, 부천군 직업별 종사자수(단위 : 명)

	농업	수산업	광업	공업	상업
시흥군	19,194	338	45	2,739	1,802
수암면	3,618	49	-	37	114
군자면	2,844	258	-	377	150
부천군	26,989	2,636	185	826	1,674
소래면	2,307	129	4	41	155
계남면(소사면)	1,881	1	-	117	143
다주면	2,665	5	-	2,218	252
1930년	교통업	공무, 자유업	가사사용인	기타유업자	무업
시흥군	561	616	334	2598	45,390
수암면	1	27	23	65	4,390
군자면	15	45	37	61	6,181
부천군	652	366	339	1741	46,519
소래면	6	29	35	56	5,123
계남면(소사면)	62	60	53	233	4,846
다주면	41	48	28	794	5,394

출전 : 朝鮮總督府 編(1932-1935), 『朝鮮國勢調査報告 昭和5年 道編 第1卷 京畿道』, 1932-1935, (昭和7-10), 日本國立國會図書館デジタルコレクション (https://dl.ndl.go.jp/pid/1448080)

(소사면) 순으로 인구수가 많았다가 1930년 기준 계남면이 부내면의 인구 수를 추월했다. 부천군 다주면과 부내면은 1930년대 후반 두 번에 걸쳐서 인천부로 편입되는데 전자는 대공장이 설치된 지역이었고 후자는 경인시가지계획에 선정된 '부평지구'였기 때문이다. 부천·시흥·인천의 병참기지화, 공업화, 도시화는 직접 대상이 된 지역의 인구 상승을 추동했을 뿐만 아니라 인접한 농업을 주 생산기반으로 둔 지역의 인구도 동반상승시켰다. 그중 군자면과 소래면은 염전 노동자의 유입이 있었던 점이 주목된다.

〈표 2〉에 따르면 1930년 인구 기준으로 시흥군 수암면(43.5%),[13] 군자면 (28.5%)은 농업종사자의 비율이 높은 지역이었으며, 부천군 소래면도 농

---

12) 관련 연구로는 김하나(2013), 「근대 서울 공업지역 영등포의 도시 성격 변화와 공간 구성 특징」, 서울대학교 박사학위논문을 참조할 수 있다.
13) 소수점 둘째자리 이하는 반올림하였다.

업종사자의 비율(29.3%)이 높은 편이었다. 종사자의 업종별 비율을 비교하면 시흥군 군자면, 부천군 소래면,14) 부천군 계남면(소사면)이 유사하다. 군자면의 농업, 공업, 상업 종사자 비율은 각각 28.5%, 3.8%, 1.5%이며 소래면은 29.3%, 0.5%, 2%이고, 계남면은 25.4%, 1.6%, 1.6%이다. 종사자 수로 비교하자면 소래면은 농업, 상업, 수산업, 공업 순으로 종사자수가 많았으며, 군자면은 농업, 공업, 수산업, 상업 순으로, 계남면은 농업, 상업, 공업, 교통업 순으로 종사자수가 많았다. 세 지역의 사회경제적 기반으로는 농업이 주축이었으며 이에 더해 상업과 공업이 지역경제의 한 축을 담당하고 있었다. 다만 군자면의 경우 공업종사자 비율이 3.8%로, 다른 계남·소래의 1.6%, 2%에 비해 높은데 이는 군자염전의 염업이 포함된 것으로 보인다. 소래면의 경우 수산업자의 수(비율로는 1.6%)가 두드러지는데, 특산물인 새우를 비롯한 연안포구의 어업과 관련이 있다. 계남면(소사면)의 경우 교통업 종사자 수가 많은데, 소사역이나 소사-신천 간 도로의 개통에 따른 철도, 버스 및 자동차 운행에 의한 것으로 생각된다.

 시흥군 군자면, 부천군 소래면, 부천군 계남면(소사면)의 경제적 규모와 각 군내 지위는 1930년대 후반 경인시가지계획의 추진 및 전시체제기로 진입하면서 달라지기 시작한다. 군자와 소래가 쌀과 소금을 공급하는 기지였다면 소사는 인접한 다주면, 부내면과 함께 도시화·공업화에 편승하여 전시 병참·공업기지로 변모하게 된다. 이를 통해 식민권력의 하향식 지역개발 추진이 면 지역을 어떻게 재편성하는지 확인할 수 있다.

---

14) 소래면의 경우 1930년 소래수리조합의 몽리구역을 기준으로 경지와 계급구성을 제시하면, 논과 밭의 비율은 66 대 34, 소작농호수는 59%로 모두 부천군의 수치보다 높다. 쌀농사를 중심으로 지주소작관계가 매우 발달했다고 평가된다. 이상의 내용은 『시흥시사3』, p.188을 참조하여 정리하였다.

2.2 우시장 중심의 상업과 지역사회

현 시흥시 신천동은 일제시기 부천군 소래면 신천리였다.[15] 소래면에는 성주산 남서쪽 계곡에서 발원한 '뱀내'[16]라고 부르는 하천이 세 갈래로 나뉘어 흐르다가 소래포구로 모였는데, 이 하천을 뱀내천이라고 불렀다. 따라서 신천리에는 이 뱀내의 이름을 딴 '뱀내장'이 섰는데, 특히 300여 년 가까이 이어진 우시장으로 유명했다. 뱀내장은 1·6일장으로 수원장과 함께 경기 서남부 일대의 주요 우시장으로 손꼽혔다.[17] 경기 서남부 일대의 장시는 수원장(4·9일)-뱀내장(1·6일)-황어장(3·8일)으로 이어지는데 뱀내장은 수원장과 황어장을 연결하는 고리였고, 1930년대 부천 소사장이 2·7일, 삼거리장이 5·10일에 신설되며 하루 단위로 연결되는 '장돌림' 유통망이 성립되었다.[18]

뱀내장의 생우 거래 규모를 살펴보면 1년간 축류 매매고가 23만 6,108원으로 수원장 다음 갈 정도로 매매고가 높았으며, 1일 소의 출장두수는 200두 내외이고[19] 연간출장두수는 경기 남부 최대 우시장인 수원 2만 4,300두(4·9일 합계), 안성 9,900두, 오산 9,100두, 뱀내장 9,000두였다.[20] 또 뱀내장 주위로 소를 맡길 수 있는 마방, 시장에 왕래하는 사람들이 머물 수 있는 일종의 주막들도 있어 이 일대의 상권을 짐작할 수 있다.[21]

---

15) 1914년 행정구역 개편 당시 인천부 신현면 신촌리와 사천리가 합쳐져 부천군 소래면 신천리(新川里)가 되었다. 시흥군, 『시흥군지 下』, p.1080.
16) 조선총독부가 조선의 지리적 정보를 조사한 조선지지자료에 인천부 신현면의 시장으로 사천장(뱀내장)이, 하천명은 사천(뱀내)가 적혀있다.(朝鮮總督府(1911), 『朝鮮地誌資料 京畿道』, p.291)
17) 『시흥시사 근현대편』, p.79.
18) 『바라지의 고장 시흥』, p.49.
19) 善生永助(1926), 『朝鮮の市場經濟』; 『시흥시사』, p.231에서 재인용.
20) 吉田雄次朗(1927), 『朝鮮の移出牛』, p.81; 『시흥시사 5』, p.231에서 재인용.
21) 『바라지의 고장 시흥』, p.50.

다만 뱀내장은 생우를 제외하면 다른 품목의 거래는 많지 않아 주민들은 부천이나 인천의 시장으로 생필품을 구매하러 갔다.22) 특히 소사역과 신천리, 대야리를 잇는 등외도로도 건설되어 물자집산과 사람의 왕래가 더욱 용이해졌다.23) 뱀내장이 식민지기 경기 서·남부 일대의 손꼽히는 우시장이 된 이유는 이출우가 집결되는 인천이 그 배후지였기 때문이라고 지적된 바 있다.24)

인천은 전 조선의 물자가 모이는 항구도시로 1925년 4월 우역검역소까지 설치될 정도였고,25) 부천 역시 경성과 인천을 잇는 교통상 요충지로 상업 확대를 위해 '생우' 시장의 설치에 눈독을 들이고 있었다. 1927년 인천에서는 도산정 부근에 우시장을 설치하고 인천부가 공영할 계획이었다.26) 같은 시기 부천에서도 소사역 주위에 우시장을 포함한 공설시장을 건설하고자 계남면장을 위시한 지역주민들이 시장건설기성회를 조직하는 등 운동에 박차를 가하였다.27) 이 시기 소래면의 상업은 뱀내장의 우시장을 중심으로 하고 있었기 때문에 1920년대 후반 인천, 부천 지역사회의 우시장 개설 요구에 민감하게 반응할 수밖에 없었다. 따라서 인천의 우시장 설립에 대해 소래면장 이도영 등 20여 인은 인천부영 우시장에

---

22) 위의 책, p.50.
23) 「소사 사천장 간 신도로 금추 기공」, 『每日申報』, 1926.9.15.
24) 『시흥시사 5』, p.233. 같은 책에서 2대째 소중개업을 한 윤대열 씨를 인터뷰하였는데, 그에 따르면 뱀내장이 경기 남부 일대에 있던 큰 우시장인 안성장(2·7일)-오산장(3·8일)-수원장(4·9일)-뱀내장(1·6일) 순서에서 유통경로가 끝나는 지점이었기 때문에, 즉 '막장'이라 가지고 온 소를 다 팔고 가야 했기 때문에 규모가 컸다고 한다.
25) 「牛疫檢疫所增設」, 『朝鮮日報』, 1925.3.13.
26) 「인천우시장 부영으로 결정」, 『每日申報』, 1927.6.5. 결국 인천에 우시장은 설치되지 못해 1938년 인천 정육업자들이 다시 진정운동을 펼쳤으나 결국 실현되지 못하였다. 관련기사는 「우시장 없는 인천에 급속 실현을 촉진」, 『朝鮮日報』, 1938.12.2. 참조.
27) 「소사역전에 공설시장 건설 불원간 허가될 듯」, 『朝鮮日報』, 1927.2.17.

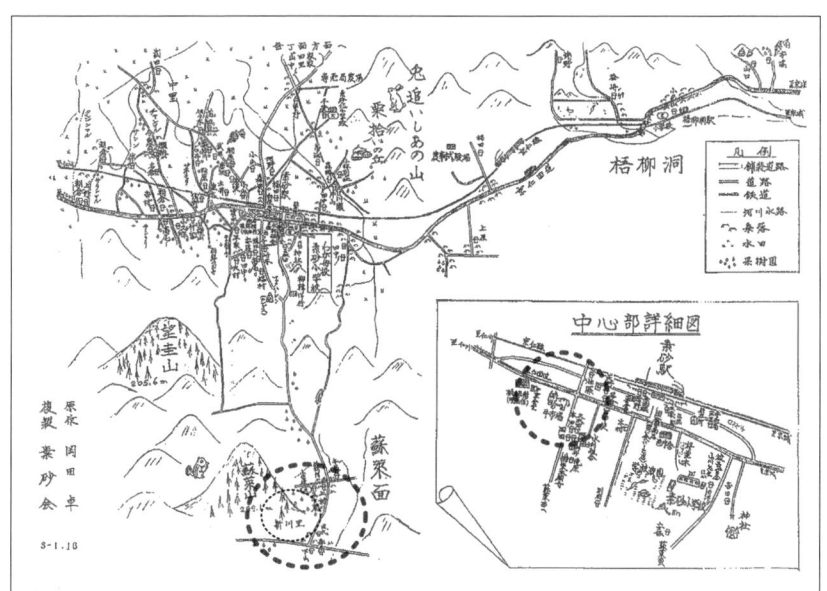

〈그림 2〉 일본인 오카다가 그린 1940년대 부천시가도
출처 : 부천시사편찬위원회(2002), 『부천시사』 5, p.65에서 인용. 왼쪽 동그라미는 신천리 뱀내장을 표시한 것이고 오른쪽은 소사 우시장을 표시한 것이다.

대한 반대 진정서를 경기도지사에게 제출했다. 소래면민의 논리는 뱀내장이 경기도 중에서 2위인 큰 시장으로 수입이 상당한데다가 이 시장으로 생활하는 사람들이 면민의 대다수이기 때문에 인천에 우시장이 설립되면 뱀내장이 폐장하게 될 것이라며 소래면민의 "사활문제"라는 것이었다.[28]

이어서 소사역 주위의 시장 설치에 대해 도 당국에서는 시장 설치를 조건부로 인가하여 가축류 중 생우를 제외하였다. 생우를 제외하게 된 것은 소사 주민들에게 유감이었지만 장래 발전을 위한다는 명분으로 이 조건을 수용하고 개시 준비에 박차를 가해, 1927년 10월 2일에 개장하였다.[29] 시장의 경영은 소사계리조합(소사계리주식회사)이 맡았다.[30] 장시

[28) 「인천우시장 존폐 부천 사활문제」, 『朝鮮日報』, 1927.7.12.
[29) 「소사시장인가」, 『朝鮮日報』, 1927.9.19. ; 「소사시장 곧 인가돼 10월 2일 개시」, 『朝鮮新聞』, 1927.9.23.

는 음력 2·7일에 서며 월 6회 개시를 목표로 하였다. 이로써 소사에는 각종 관공서, 전기 등 인프라, 화물 발송을 위한 소사역 개축 및 선로 증설이 잇따라 '대소사(大素砂)'로의 발전이 예상되었다.31) 우시장 제외는 유보적인 조치였을 뿐, 이것은 1930년대 부천군 내 소래면과 소사면 사이 경쟁의 서막이었다.

3. 1930년대 후반 하향식 지역개발에 대한 소래 지역사회의 대응 : '소사', '부평'과의 경쟁을 중심으로

1930년대 후반은 인천·부천·시흥 지역에 전시병참기지화에 따른 도시화·공업화의 바람이 불어닥친 시기였다. 이를 대표적으로 보여주는 정책이 경인시가지계획이었다. 이 계획에 따라 부천군 일대가 개발되어 '부평'이 되기 전까지 '소사'는 여전히 농·상업 중심의 사회경제적 기반을 유지하고 있었다. 계남면이 개칭(1931년)한 소사면은 경인선 소사역과 경인도로의 통과지라는 교통상 주요지에 위치해 있었고 이러한 편의는 상업과 행정을 활발히 할 수 있는 호조건이었다. 소래면 역시 농·상업 중심에 더해 1935년을 전후하여 소래염전이 건설·운영되는 등 부천군 내에서의 입지를 유지하고 있었다. 또 소사금융조합의 조합장 선거를 둘러싸고, 소래면장 이도영파와 소사면장 원영상파로 나뉘고 표도 각각 17표로 동률을 기록하자, 연장자 우선으로 소래면장 이도영이 재임하게 되었는데 이때 원영상파에서 불만을 표출하여 "(아)수라장화"될 정도였다.32) 이때

---

30) 「반감을 가져 무실의 무함」, 『每日申報』, 1934.10.30.
31) 「소사시장은 장래발전유망」, 『朝鮮日報』, 1927.10.5.
32) 「소사금조장의 개선운동맹렬 이원양파로 대립 길항 결국 이도영씨 재임」, 『每日申報』, 1933.4.20.

까지만 하더라도 두 지역사회가 팽팽하게 맞섰으나 이내 두 지역, 지역사회 간의 균형이 기울기 시작했다. 지역유력자의 조직적인 움직임이 지속된 데에 더해, 외적으로 경인시가지계획이 작용하여 소사면을 치고 나가게 했다.

이 시기 소사에는 소사계리주식회사(이하 계리사)가 설립되어 이 회사가 산업조합, 금융조합을 운영하고 있었다.33) 계리사는 본래 정조(正租)의 출회와 기타 농산물의 집산을 담당하던 소사계리조합인데, 사업을 확충하면서 일상용품 시장(추후 우시장 포함)을 경영하고 가축·상업·비료와 관련한 자금 융통 및 농산물 위탁판매에 나서고 있었다. 이 계리사의 구성원은 사장 칸베 마사오(神部正雄), 상무 원인상, 취체역 스토 오사다오(須藤定雄), 이성환, 최병희, 감사 최원기, 야나이 덴지로(柳井傳次朗)이다. 먼저 칸베(神部)는 1925년부터 소사시장의 설치를 면장 및 지역유력자와 함께 도 당국에 요구해 1927년의 설치로 관철시킨 인물이다.34) 또한 1933년 경기도회 의원으로 당선되었고, 소사에 농장을 경영하고 있었다. 원인상은 당시 "미곡계의 패왕"이라 불릴 정도로 정미업계의 거두였고, 스토(須藤)는 부평수리조합 구역 내 대농장을 경영하는 한다(反田)농림합명회사의 농장지배인이었다. 최원기는 "부평평야의 산물은 전부 해당 정미소에 소화되리라"고 언급될 정도의 규모를 갖춘 소사정미소의 주인이었다.35) 계리사의 구성원은 쌀 생산과 정미, 유통이라는 공통 경제기반 위에 조직을 꾸려 상품과 유통망을 확장해나갔던 것이다.

민족을 차치하고 소사 지역사회 내 경제인들끼리 네트워크를 형성하고, 이익을 추구하는 행위는 전(全) 조선 지역에서 빈번히 나타나는 현상이었다.36) 이들의 논리는 '지방발전', 즉 '지역개발'이었다. 전 조선에 빗발치는

---

33) 「부천지방소개」, 『東亞日報』, 1936.8.5..
34) 「素砂市場, 漸く認可さる, 十月二日市場開き」, 『朝鮮新聞』, 1927.9.23.
35) 이상 인물에 대해서는 위 기사, 『東亞日報』, 1936.8.5.를 참조하여 정리하였다.

'지역개발'의 목소리는 번영회, 기성회와 같은 유력자 조직에서 모여 주민운동으로 결집하게 된다. 전술한 칸베와 원영상은 1935년 "지방발전책을 강구하고" 그것을 실행하고자 소사번영회를 결성했다.37)

계리사의 사장 칸베는 소사면장 원영상, 부천군수 허섭38) 등과 함께 1920년대 소사시장이 설치될 때 제외된 우시장을 당국에 요구하였고 끝내 달성시켜 1934년 소사 우시장이 개설되었다.39) 농업과 상업에 기반을 둔 소사 지역사회의 유력자 입장에서는 별다른 제조업이 없는 상황에 시장 확대에 따른 유통·매매의 확대를 달성하기에 안성맞춤인 대상이 바로 우시장이었던 것이다. 소사 우시장이 개시할 때 계리사는 1,500원어치의 경품을 마련하고 곡예단까지 초빙할 정도였는데, 그만큼 계리사의 숙원과 갈망이었던 것을 알 수 있다.40) 소사의 우시장 매매고는 개시 때 농우 1천여 두가 운집하고 수백여 건이 매매되는 등 양호한 성적을 기록했다.41)

그렇다면 언제부터 소사 지역이 공업화·도시화되었을까? 1937년 인천시가지계획의 시행이 공식 결정되면서 경인 지역의 개발이 현실적 과제로 떠오르고, 이내 1939년 경인 지역에서 대규모 공업지역을 조성하면서부터라 할 수 있다.42) 1939년 10월 제5회시가지계획위원회에서 약 1억 평을

---

36) 문영주(2009), 「20세기 전반기 인천 지역경제와 식민지 근대성」, 『인천학연구』 10, 인천학연구원.
37) 「소사시민 좌담회」, 『東亞日報』, 1935.7.2.
38) 허섭은 1937년 11월 수원군수로 영전하였고, 김포군수였던 장영한이 부천군수에 영전하였다(「敍任及辭令」, 『朝鮮總督府官報』, 1937년 11월 16일자).
39) 「경인선 소사에 가축시장 설치」, 『朝鮮日報』, 1934.12.5.
40) 「소사에 우시장」, 『東亞日報』, 1935.1.10. ; 「소사가축시장 21일에 개시」, 『每日申報』, 1935.1.20.
41) 「소사가축시장 성적이 자못 양호」, 『朝鮮日報』, 1935.1.30. ; 「소사가축시장」, 『東亞日報』, 1935.2.6.
42) 이하의 경인 지역 개발에 관한 내용은 부평사편찬위원회(2021), 『부평사 부평의 산업과 사회 : 부평, 도시가 되다』 3-1, pp.31-44을 참조하여 정리하였다.

경인시가지계획(이하「계획」) 면적으로 결정하였고, 그중 소사면은 소사지구 혹은 부평지구로 구획되어 공업용지와 주택용지 건설 대상으로 선정되었다. 첫 사업으로 부평지구의 약 90만 평의 공업용지 조성과 60만 평의 택지 조성이 결정된 것이 1940년 1월이었다. 그리고 사업은 1940년 중반부터 개시되었다.

「계획」이 경기도와 총독부에서 논의되던 시기인 1938년, 이미 부천군의 '부평'에는 일본국산자동차공장, 히로나카(弘中)상공회사가 설립되는 등 공업도시화에 박차를 가하고 있었다.[43] 또한 공업지구, 주택지구, 토지구획정리 지구의 선정과 대공장 설립이 '부평'과 소사면에 이어졌다.[44] 지역사회에서는 경인 지역 개발에 따른 도시화·공업화를 적극 추진하기 위해 부천군수 및 부내면장, 자동차공장 및 히로나카상공회사 임원이 합세하여 부평번영회를 조직하였다. 이때 개발 대상이 된, 그리고 「계획」에 포함될 것이 자명해보이는 부천군 부내면, 소사면, 오정면은 인천부가 편입하고자 했다. 이 편입은 '인천부세진흥회'와 같은 지역유력자 단체가 적극 요구한 바 있다.[45] 소사면까지 인천부로 편입되지는 않았지만, 그 소식만으로도 공장부지 일대의 지가가 상승할 것이라는 기대가 확산되었고 이에

---

43) 「한해민에게 우선권 공사장에 취업알선」, 『朝鮮日報』, 1939.8.26.
44) 부평에는 1938년 2월 조선국산자동차공업주식회사가 토지를 매수하고 공장 건설을 준비, 동년 5월에는 히로나카상공회사가 공장 건설을 시작, 1939년 5월에는 일본고주파중공업이 2억 원을 투자하여 토지를 매수하고 공장건설에 착수했고 경성공작주식회사, 도쿄자동차공업주식회사, 디젤자동차공업주식회사, 오사카 섬유공장, 부평요업 등의 공장이 들어섰다. 이뿐만 아니라 인천육군조병창도 1939년부터 제1제조소 건립에 착수하여 1941년 5월 준공했다(『부평사』, p.33). 소사에는 1935년부터 동산산업주식회사, 일흥사조선공장, 하천오류동주공장, 유한양행소사공장, 조선금속공업주식회사, 요시다철공소, 조선주조주식회사 등 자본금 규모가 상당한 중공업 공장이 1941년까지 줄지어 들어섰다.(「富川郡素沙面ニ關スル調書」, 국가기록원, pp.220-221)
45) 「소사등 5면을 편입 인천부역 4배확장?」, 『朝鮮日報』, 1938.5.8. ; 인천부세진흥회의 '지역주의'에 대해서는 류창호(2023), 「1920~30년대 '대인천' 건설 운동과 지역주의」, 『역사와 현실』 128, 한국역사연구회를 참조할 수 있다.

당국이 브로커 문제에 「토지수용령」 적용을 검토하는 등 지가 상승을 방지할 것이라고 발표했다.46) 또한 상술한 부평번영회는 경인 지역의 개발을 상징하는 '경인일체화'에는 적극 참여하면서도 부내면을 부평읍으로 승격시킬 것을 결의하는 데 이르렀다.47) 조선총독부와 경기도 당국이라는 식민권력이 추진하는 하향식 '지역개발'에 대해 각 지역사회는 개발열로 들썩이고 있었다.

소래 지역도 당대 지역사회가 염원하던 '공업도시로의 발전'에 편승할 기회가 있었다. 먼저 소래염전이 방산동과 포동 일대에 1935~37년 사이에 준공되었다.48) 본래 소래염전은 1구, 2구, 3구가 차례로 건설되었으며 그중 3구가 당시 부천군 소래면 미산리, 방산리, 시흥군 수암면 하중리 갯벌에 건설된 것이다. 3구의 부지는 260만㎡, 실면적은 190ha였다. 1938~1939년 3구의 제염량은 각각 약 360만kg, 1,690만kg을 기록했고 1939년 1월 기준 2등염 60kg의 판매가는 1.07원이었다. 소래면은 군자면과 함께 전시체제기 소금공급의 기지로 활약하였는데, 특히 공업용 원염(原鹽) 생산을 목표로 하였다. 후술하겠지만 공업용 염 생산은 화학원료를 생산하는 소다공업과 관련이 있기에 일대에 화학공장 진출이 모색된 것은 개연적인 일이다. 다만 소래면에서 그 외 다른 제조업은 크게 성행하지 못한 것으로 보인다. 1936년 8월 기사에 따르면 당시 부천군의 공업생산액 32만 원 중 절반인 16만 원이 주류생산이었는데, 특히 소래면 신천리 소재의 일본인 大月一이 경영하는 소래양조장이 주목할 만했다.49)

두 번째로 1938년, 일본대자본 기업이 소래면 일대에 대공장을 설치하고

---

46) 「인천부근공장후보지 지가 조상을 방지」, 『朝鮮日報』, 1938.6.1.
47) 「부평군 부내면 읍으로 승격운동」, 『朝鮮日報』, 1938.5.28.
48) 이하 소래염전 3구에 대한 내용은 남동구20년사편찬위원회(2010), 『남동구20년사』, pp.489-497을 참조하여 정리하였다.
49) 앞의 기사, 『東亞日報』, 1936.8.5. 大月一은 지원병으로 나가 사망, 소래면과 지역사회에서 장례를 치러주었다.

자 실사했다는 소식이 전해졌다. 그 규모는 2~3천만 원 내외로 소래 지역사회를 들썩이게 할 만한 금액이었고, 그 '주인공'은 미쓰이, 미쓰비시, 일본질소(노구치) 중 하나로 알려졌다.

> 공도(工都) 인천을 비롯하야 부천군 소래 방면에까지 모모재벌이 진출하여 모종의 대공장을 건설하려고 방금 암중비약을 하는 중이라 한다. 그 지방은 남으로 경부철도, 동으로 경인철도, 서로는 수인철도를 끼고 있어 교통수가 편리할 뿐 아니라 경기도 소래염전이 불원한 시일에 준공하게 됨으로 동 소래면 대야리, 계수리를 중심으로 삼천만원 자금의 대공장을 건설하야 잿물(조달), 염산, 유안 등 화학적 공산업을 대대적으로 계획 중이라는 바 이러한 공장이 실현되는 때는 조선비료의 공급 부족을 족히 완화할 수 있다하며 그들 재벌은 三井(미쓰이-이하 인용자), 野口(노구치), 三菱(미쓰비시) 등이라 한다.[50]

관련 기사를 인용하면 위와 같다. 기사에서 공통적으로 다루는 바가 있는데 건설될 공장은 소다(조달)를 생산하는 것이며 곧 건설될 소래염전에서 생산된 공업용 염(鹽)을 원료로 할 것이라는 내용이다. 자료상의 한계로 상세한 이유는 알 수 없으나 이 대공장 계획은 실현되지 못하였다.

그러나 소래주민들은 굴하지 않았다. 당시 부천군 내의 중심으로 떠오른 소사면에는 경제생활과 관련된 농산물 시장과 정미소, 금융조합과 면사무소 및 학교 등 농촌 지역민이 활용하는 인프라가 전부 구축되어 있었다.[51] 시설이 부족한 소래 지역사회는 금융조합 지소, 우편소, 동력선, 전등 가설 등을 당국에 꾸준히 요구하고 일부 달성하였다. 그중에서도 여러 차례 요구되었던 것이 바로 금융조합의 설치와 전등 설치, 소래산

---

50) 「부천군 소래 방면에 화학공장 진출설」, 『朝鮮日報』, 1938. 2. 17.
51) 「오곡리 구역변경 동민 반대운동」, 『東亞日報』, 1939. 3. 30.

사방공사이다. 1935년 7월 소래면에서 "지방발전을 도모하고자" 개최된 시민대회에서는 ① 소사금융조합 지소를 설치할 것, ② 전기를 끌어올 것, ③ 소래산에 사방공사를 시행할 것 등을 만장일치로 결의하였다.[52] 또한 면장 김진형을 위시한 이순필, 이범섭 등의 지역 유력자들은 때마다 힘을 모아 인프라 설치에 대해 당국에 진정하였고, 경성전기의 전기를 끌어와 소사역부터 뱀내장까지 전등을 가설하는 데 성공했다.[53]

김진형은 전임 면장 이도영이 수리조합 회계 비리로 사임하자 임명된 면장으로 각종 소래면의 현안에 대해 유력자들과 함께 상위 행정당국에 진정운동을 펼쳤다. 이순필은 뱀내장 "상계의 거두"로 원(元) 시흥 출신이며 공공을 위한다는 호평을 듣는 유력자였다.[54]

아래의 기사는 1939년 당시 공업도시의 '주변' 농촌으로서 소래면이 처해있던 현실을 드러내기에 전문을 인용했다.

소래지방의 당면문제

현금의 모든 기관과 시설이 현금의 모든 기관과 시설이 도시중심주의에 편벽되고 산업의 원료생산지인 동시에 소비지이오 국민생활의 원동력이라고 할 수 있는 농산어촌에 있어서 그들을 위한 기관과 시설이 너무도 빈약 혹은 개무상태에 있어 그들 대중에게 기다의 무리와 희생을 강요케 되며 산업발전의 지지와 파행성을 면치 못하게 됨은 너무 자명한 사실인 동시에 관계당국과 일반식자의 최대관심사이다. 이에 소래는 부천동남단에 있는 농산어촌으로서 또한 모든 시설이 완비되어 있지 못하므로 일상생활에 막대한 손실을 받고 있으며 지방 발전상 불소한 지장을 생하고 있나니 이에

---

52) 「소사발전 위해 교섭위원 상경」, 『東亞日報』, 1936.2.22.
53) 「소래지방민들 전등가설운동」, 『朝鮮日報』, 1936.11.22. ; 「부천군 소래시장에 전등가설공사」, 『朝鮮日報』, 1937.1.21.
54) 앞의 기사, 『東亞日報』, 1936.8.5.

긴급 중요한 문제를 들어서 관계당국과 유지 제씨의 관심을 환기코자 한다.

금조지소의 설치

소래는 경인간 중심지이며 인수간(인천-수원, 인용자) 중앙지로서 수천 정보의 평야와 수백 정보의 염전, 백여 정보의 소규모인 수리조합, 어촌 포구가 있는 관계상 선박의 출입과 부천군내 제1위인 우시장 등을 배경으로 농산물과 기타 해산물의 연산 판매고가 수십만 원을 지나고 있으며 이에 따른 필수품 공급기관인 상점의 은성(殷盛)은 소래시장 설치 이래 더욱 괄목할 실적을 보이고 있는 상태이며 계절적이나마 군농회 주최로 각종 농산물 공동판매 등이 실시되고 있는 현상이 비추어 금융기관의 필요는 초미의 급무인 것이다. 현재 소래는 20~30리나 원격한 소사금융 조합구역으로서 금융취인상 불편이 지대하고 또한 과다한 금액은 경성 혹은 인천 등지의 은행을 이용하고 있는 바로서 우리는 무엇보다도 소래금조지소 설치를 강조하는 바이다. 유지 제씨가 2, 3차나 맹렬한 지소설치운동을 한 바이니 시종이 여일하게 나가야 할 것이다. 소래에 조합원이 천 명에 달하니 즉 이 조합원들이 매년 4~5차쯤은 동 조합에 왕래하게 된다. 1인당 적어도 2~3원의 경비를 쓰게 된다. 이에 바라노니 당국은 재삼고려하여 소래지소를 설치할 것이오. 지방인사는 이에 적극적 원조와 활동이 있어야 할 것이다. 그리하여 일반세민의 불리를 제거하고 **소래발전의 원동력이 되게 하여야 할 것이다.** (강조는 인용자)[55]

"제반 공장이 설치되는 오늘에 있어 소래에는 정미업이나마 동력선이 없는 관계로 유지치 못하여 소사 지방으로 전부 쌀과 보리를 찧으러 가"[56]

---

55) 「금융조합의 지소와 우편소 설치 긴급」, 『朝鮮日報』, 1939.1.12.
56) 「동력선 설비 요망 소래지방의 정미업자 궐기」, 『朝鮮日報』, 1939.7.6.

는 현상은 부천군 내 '부평'과 소사면에 비해 산업화되지 못한 소래면을 적나라하게 보여준다. 그럼에도 개발 지역과 인접하고 일찍이 소사-신천, 대야리 사이 도로가 건설되어 교통이 원활했기 때문에 소래면의 미산리, 포리, 신천리, 대야리 등의 지가가 덩달아 상승하는 등 지역이 개발열에 휩싸였다.57) '경인일체'의 이름으로 지역을 휩쓴 개발열은 "소신(소사-신천) 일체"58)로, 즉 소래면을 소사면에 더욱 연결하는 방식으로 나타났다. 소래면 면장과 지역 유력자들은 전술하였듯이 소사에서 뱀내장이 있는 신천리까지 124주(柱)의 전등 가설뿐만 아니라 소사-신천을 오가는 도로의 개축을 적극 추진하였다. 소래면의 '유지(有志)'는 소신도로개축기성회를 조직하였고, 기존에 하우고개(下峴) 때문에 우회하던 도로를 직선으로 개축할 것을 요구하였다.59) 이 도로는 3등도로이며 1939년 10월 궁민구제 사업으로 총공사비 1만 6,400원으로 착수되어 12월 준공되었다.60)

1940년대 소래면은 공업도시로 변모하지는 못했지만 우시장,61) 염전, 산미(産米)라는 전통 형태의 산업 구조를 유지했고 나아가 인구도 1,800호(약 1만 명)로 유지했다. 1937년 소래면 뱀내장의 경우, 1936년 8월 기준 일반상점 매매고 3,894원과 축우 매매고 1만 원, 총 1만 3,894원이었던 데 비해 1937년 9월 기준 5,000원으로 떨어졌다.62) 다만 매출 감소는 인근 우시장 설립에 따른 것이라기보다 만주사변 이후의 불경기로 인한 현상이라 이해되고 있었고,63) 소사 우시장 개설로 타격은 있었겠으나 그럼에도

---

57) 「발전에 앞서서」, 『朝鮮日報』, 1939.7.6.
58) 「소신간의 도로 개축공사 착수」, 『朝鮮日報』, 1939.10.1.
59) 「현안의 소신도로 소래에서 기성회 조직」, 『朝鮮日報』, 1939.3.18.
60) 위 기사, 『朝鮮日報』, 1939.10.1.
61) 「소래가축시장 계돈류도 매매」, 『朝鮮日報』, 1938.5.26.
62) 「사천시황 부진」, 『朝鮮日報』, 1937.9.21.
63) 「사천시의 상업부진」, 『朝鮮日報』, 1937.12.11. ; 경성부영시장의 1938년 8월 가축 매매고는 전년 동기에 비해 21만 8,791원 증가한 76만 8,181원을 기록했으며 당시 기사에서는 군수경기의 반영이 원인이라 평가했다.

1938년 기사에 따르면 '대번장'을 이루었다고 하는 것으로 보아 여전히 상권을 유지하고 있었던 것으로 보인다. 기사를 인용하면 다음과 같다.

> 부천군 소래면 뱀내장은 종래 소장으로 사백여 년이라는 긴 역사를 가진 유명한 우시장이다. 날이 갈수록 점점 발전되어 인구도 상당할 뿐 외라 경각지에서 각종행상이 운집하여 대번장을 이루는 중 가축시장에 닭, 도야지장까지 있어서 일반생산자나 양계양돈자에 편리함이 적지 않다고 한다.[64]

그럼에도 불구하고 1940년대 소래 지역사회는 '개발지구'와의 인접이라는 지리적 이점을 살리고자 소사 지역과의 교통을 더욱 확대하고자 하였다. 지역사회의 요구는 소래면-경기도 당국으로 이어져 실현되었다. 다만 이미 소사면에 대공장이 설치되고 「계획」에 따라 공업지구, 주택지구로 설정되어 이 지역이 '개발'의 중심에 들어간 반면, 소래면은 소금과 쌀 생산이라는 - 으레 식민지 조선의 농촌사회가 요구받았듯이 - 원료생산지로 기능하며 증미계획·농촌진흥운동에 집중하게 되었다. 제국일본과 조선총독부가 추진한, 전쟁 수행을 위한 국토·지방계획이 하향식으로 추진되면서 공업·주택지구로 선정된 소사면과 원료공급지로 선정된 소래면의 길이 갈라지게 되었다. "미(米)산지로 발달하고", "산업 발흥에 수반하여 공장 진출이 현저한 공장지대로 발전하고 있는" 소사면은 "시구정리 등 공공시설을 다수 요하므로" 읍제 실현을 당국에 요청하였고, 결국 1941년 소사읍으로 승격했다.[65]

소래면과 지역사회가 지켜온 우시장과 소래염전은 해방 이후에도 지역의 사회경제적 기반으로 활약하였다. 뱀내장은 1980년대 폐장될 때까지

---

64) 앞의 기사, 『朝鮮日報』, 1938.5.26.
65) 「富川郡素沙面ニ關スル調書」, 국가기록원, p.213.

부천 상권과의 연결 속에 상업의 거점으로 기능하였으며,66) 소래염전은 1970년대 기준 생산량이 국내 수요의 30%를 담당할 정도였다.67) 한편 1960년대 부천을 포함한 '경인공업지구'의 지정은 공업지대의 빠른 조성을 야기하였고, 더욱이 서울 도시화의 심화는 주위 위성도시로 인구를 밀어내고 있었다. 이에 당시 박정희 정권은 서울의 인구집중을 해소하기 위해 주위 위성도시를 시로 승격시키는 행정구역 개편을 단행하였다. 이때 시흥군 안양읍이 안양시로, 성남출장소가 성남시로, 소사읍이 부천시로 승격되었다. 부천군은 폐치되었고 부천군에 속한 면들은 시흥군과 김포군으로 편입되게 되는데, 소래면은 시흥군으로 편입되었던 것이다.68)

『통계연보』(부천군) 자료를 통해 소래면이 시흥군에 편입되기 직전인 1963, 1970년 인구수 및 농업종사자수를 확인할 수 있는데, 1963년은 총인구 1만 9,601인에 농업종사자 6,949인, 1970년은 2만 86인, 농업 1만 3,349인이다.69) 1973년 자료에 따르면 전체인구의 57.4%가 농업(그중 75.5%가 논 경작)에 종사하고 서비스업·기타가 41.7%를 차지했으나, 여전히 공업은 소규모일 뿐이었다.70) 다만 소래면의 제조업 분포 비율은 군자·수암면의 1975년 약 1%, 약 2%, 1979년의 약 4%, 약 5%에 대해 15.56%, 20%이라 상대적으로 다른 지역보다 산업화의 비율이 높았으며,71) 경인공업지역 및 인천·부천 생활권과 인접한 소래 지역의 인구증가 폭은 군자·수암

---

66) 『바라지의 고장 시흥』, p.49.
67) 『바라지의 고장 시흥』, p.51.
68) 이상의 부천시 승격에 관한 내용은 부천시사편찬위원회(2002), 『부천시사3』, pp.7~11을 참조하여 정리.
69) 富川郡(1963), 『富川郡統計年報』 8, pp.14~16 ; 『富川郡統計年報』, 1970. 두 자료 사이에 업종별 인구수를 조사한 메타데이터가 달라 부득이하게 공통으로 확인할 수 있는 총인구와 농업인구수만을 제시하는 데 그쳤다.
70) 사단법인 도시 및 지역계획연구소(1974), 『蘇萊都市基本計劃 1990』, 始興郡, pp.50-52.
71) 『시흥시사3』, p.436.

지역에 비해 월등히 높았다. 이는 1975~1990년간 구(舊)소래읍사무소 주변이 개발계획의 대상이 되었던 것과 1980년 신천제1지구 토지구획정리사업이 실시된 것에서 기인했다. 1973~1987년까지 소래 지역은 136.5%, 수암 지역은 10.7%의 인구증가율을 보였고, 반대로 군자권은 30% 감소했다.[72)
이러한 '성장'에 힘입어 소래면은 1980년 12월 소래읍으로 승격했다.[73) 인구팽창은 또다른 행정구역 개편을 예고했다. 1988년 기준 소래읍의 인구는 6만 1,000여 명, 군자면 1만 5,000여 명, 수암면 1만 7,000여 명을 기록했는데, 이미 당시 시 승격 인구요건인 5만 명을 넘어서고 있었다.[74) 이때 인천상공회의소는 인천 시세확장을 위해, 또 생활권이 같다는 이유로 소래읍을 인천시로 편입하자고 내무부에 건의했고, 부천시는 원래 부천군 소래면이었다는 연고를 내세워 부천시로 편입하자고 주장했다. 이때 소래읍민들은 "인천이나 부천시로 편입되느니보다 독자적인 「소래시」로 승격하는 것이 바람직하다"며 소래시 승격 추진운동을 벌였고, 이는 1989년 시흥시 승격으로 이어졌다.

4. 나가며

본 글에서는 1920년대 초 유사한 사회경제적 기반을 가진 소래면과 소사면이 1930년대 후반 식민권력의 하향식 지역 '개발'에 따라 지역의 위상과 기능이 달라지게 되었음을 밝혔다. 지역사 차원에서도 소래면이 부천군이라는 큰 테두리 안에서, 지역유력자와 지역사회의 '운동'을 통해

---

72) 이상의 소래, 군자, 수암의 인구에 관한 내용은 『시흥시사3』, pp.445-446을 참조하여 정리.
73) 「35개면 읍승격 1일부터」, 『매일경제』, 1980.12.1.
74) 아래의 내용은 「군 민원 인근 5개시서 담당 … 시흥 내용 따라 처리지역 달라 "민원"」, 『경향신문』, 1988.8.8.을 참조하여 정리.

살아남은 과정을 조명하고자 하였다. 이를테면 현 시흥시 소래지역의 전사(前史)라 할 수 있겠다.

일제시기 소래 지역은 행정구역상 부천군 소래면으로 편제되어 있었으며, 뱀내장·포구를 비롯한 상업 그리고 농업을 사회경제적 기반으로 삼고 있었다. 농·상업적 기반을 토대로 부천군 내에서는 다수의 인구를 기록한 지역이었지만, 1930년대 후반 경인지역이 군수공업지대로 '개발'되는 과정에서는 소외되고 각종 인프라 시설도 부천군 소사면, 부내면(부평)에 집중되어 상대적으로 미비하였다. 그럼에도 이러한 '개발'에 포함되기 위해 소래면 지역사회는 금융조합, 전등 설치, 사방공사 등의 인프라 설치를 도·군 당국에 강력히 요구하였다. 요컨대 소래 지역의 성쇠는 하향식 '개발'에 따라 지역의 위상과 기능이 달라짐을 보여주는 사례로서 의미가 있다고 생각된다. 또한 일제시기 소래 지역의 사회경제적 기반과 생활권이 해방 이후 함께 시흥시로 편입되는 군자·수암면과 차이가 있었기 때문에 현대 시흥시의 '단절'을 해명할 수 있었다.

1973년 소래면의 시흥군 편입은 단절적인 조치였다. 상권·교통권 등 생활권을 고려하면 부천시(소사읍이 승격)나 인천시로 편입되는 것이 자연스러웠을 것이다. 그럼에도 불구하고 소래주민들은 1980년대에 소래 중심의 시 승격을 외치면서 군자와 수암면을 포괄하는 소래시승격운동을 펼쳤다. 비록 일제시기 이래 사회경제적 기반과 생활권이 달랐을지라도, 1973년 소래면의 시흥군 편입 이래 지역민들의 노력 끝에 현재의 시흥시가 유지되고 있음을 기억할 필요가 있다.

참고문헌

【자료】

『仁川府邑誌』(1900), 奎17362, 서울대학교 규장각한국학연구원.
朝鮮總督府(1911), 『朝鮮地誌資料 京畿道』.
「驪州郡外六府面ノ廢合ニ關スル件」(1914), 『郡面廢合關係書類綴』, CJA0002549, 국가기록원.
朝鮮總督府 編(1932), 『朝鮮國勢調査報告 昭和10年 道編 第1卷 京畿道』(日本國立國會図書館デジタルコレクション 所蔵).
朝鮮總督府 編(1937), 『朝鮮國勢調査報告 昭和10年 道編 第1卷 京畿道』(日本國立國會図書館デジタルコレクション 所蔵).
富川郡(1963), 『富川郡統計年報』.
富川郡(1970), 『富川郡統計年報』.
사단법인 도시 및 지역계획연구소(1974), 『蘇萊都市基本計劃 1990』, 始興郡.
『朝鮮總督府官報』
『每日申報』, 『東亞日報』, 『朝鮮新聞』, 『朝鮮日報』, 『朝鮮中央日報』
『매일경제』, 『경향신문』

【논저】

남동구20년사편찬위원회(2010), 『남동구20년사』.
부천시사편찬위원회(2002), 『부천시사』 5.
부평사편찬위원회(2021), 『부평사 부평의 산업과 사회 : 부평, 도시가 되다』 3-1.
시흥군지편찬위원회(1988), 『시흥군지 下』.
시흥시사편찬위원회(2007), 『시흥시사』 1~10.
경기문화재단(2020), 『바라지의 고장 시흥』.

문영주(2009), 「20세기 전반기 인천 지역경제와 식민지 근대성」, 『인천학연구』 10, 인천학연구원.
조율재(2023), 「1920~30년대 경인 관계의 변화와 '경인지역'의 형성」, 서울시립대학교 국사학과 석사학위논문.

광복을 맞이한 군자·소래염전과 소금 이야기

박 지 현

1. 한국인들에게 소금이란?

세상에 없으면 안 되는 중요한 존재를 "빛과 소금 같다"라고 말한다. 이처럼 소금은 인간이 생명을 유지하는 데 꼭 필요한 성분이다. 소금이라고 하면 가장 먼저 생각나는 것은 요리할 때 넣는 소금과 제설할 때 뿌리는 소금일 것이다. 사실 소금은 이보다 더 다양한 곳에서 필수 자원으로 사용되고 있다. 〈그림 1〉에서 소금의 용도를 나뭇가지로 표현하고 있는데, 오히려 소금이 안 들어가는 산업을 찾는 게 더 빠를 것이다. 채소와 고기를 오래 보관할 수 있는 방부제로써, 화학 반응의 촉매로써, 이외에도 비누 제조, 가죽 가공, 섬유 염색 등 여러 공정에서 활용되고 있다. 특히 한국인들에게는 소금이 중요했는데, 그 이유는 한국 식문화에서 소금을 유난히 많이 사용하기 때문이다. 집 집마다 먹는 김치, 간장과 된장, 말린 생선 모두 소금이 많이 들어가는 음식이다.

이처럼 소금의 쓰임새가 매우 많지만, 정작 소금을 생산하는 방법은 별로 많지 않다. 세계에서 가장 흔한 소금 생산법은 암염, 다시 말해서 광물을 캐서 소금을 얻는 방법이다. 한반도에는 이러한 암염이 매장되어

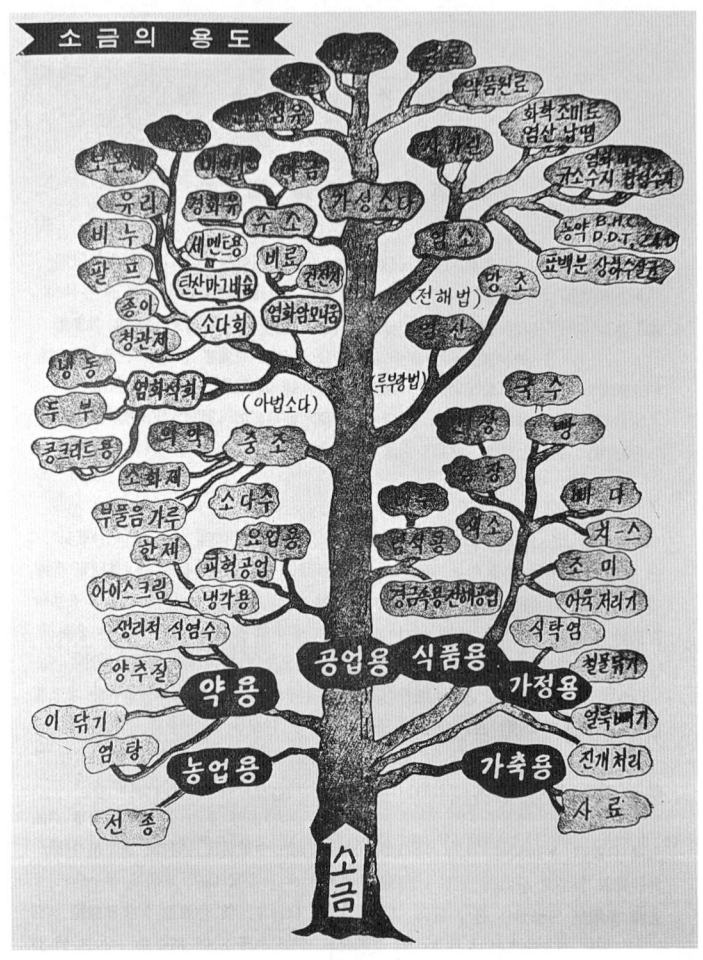

〈그림 1〉 소금의 용도
출처 : 전매청(1981), 『한국전매사』 1권, p.387.

있지 않다. 한국인들은 오래전부터 바닷물을 통해서 소금을 얻었다. 햇빛에 바닷물을 증발시키고, 또다시 불을 지피어 끓여서 소금을 얻었다. 이러한 전통적인 방법으로 생산된 소금을 전오염(煎熬鹽), 혹은 자염(煮鹽)이라 부른다. 전오염은 일제 강점기에 점차 줄어들었고, 그 대신 천일염(天日鹽)이라는 것이 등장하게 되었다. 천일염이란 끓이지 않고 오로지 햇빛과

〈그림 2〉 삼양염전(1977)
출처 : 「삼양염전3」, 국가기록원, 관리번호 CET0041655.

바람만으로 바닷물을 증발시켜 만든 소금이다. 〈그림 2〉는 1977년 당시 전라북도 고창군의 삼양염전에서 천일염을 채취하여 운반하는 모습인데, 이와 같은 염전에서 천일염을 만들어냈다.

시흥은 소금과 인연이 긴 지역이다. 시흥에 있던 군자염전과 소래염전은 한국의 대표적 소금 생산지였다. 군자염전은 현재 시흥시 정왕동 일대에, 소래염전은 현재 시흥시 포동, 장곡동, 월곶동 일대에 있었던 천일염전이었다. 군자염전은 1925년에, 소래염전은 1930년대 후반에 준공되어 1980년대까지 생산을 계속하며 한국인들에게 귀중한 소금을 공급했다. 군자염전과 소래염전의 가치는 현재 인정받아 이에 관해 꾸준히 학술연구가 진행되어왔다. 이들 연구는 현지 주민들의 구술 채집, 소금 창고에 대한 분석 등 다양한 성과를 내놓았다.[1] 군자염전과 소래염전에 관해서

---

[1] 군자염전과 소래염전의 역사를 구체적으로 다룬 대표적인 연구로, 시흥시사편찬위원회(2007)의 『시흥시사 6 : 시흥 바닷가 사람들의 일과 삶』, 류창호(2024)의

구체적인 내용이 밝혀지기 시작했으나, 아직 연구되어야 할 부분이 많이 남아 있다. 그중에는 1945년 광복 이후 군자염전과 소래염전의 역할도 포함되어 있다.

일반적으로, 광복 이전의 일제 강점기 염업 역사를 관영염전(官營鹽田)을 중심으로, 광복 이후의 현대 염업 역사를 민영염전(民營鹽田)을 중심으로 설명하는 경향이 있다. 여기에서 관영염전이란 국가에서 운영한 염전을 뜻하며, 조선총독부, 미군정, 대한민국 정부와 같은 조직이 직접 관리한 염전을 말한다.2) 반면에 민영염전이란 민간에서 운영한 염전을 의미하며, 민영기업, 조합과 같은 조직이 소유한 염전을 가리킨다. 일제 강점기에 거의 모두 관영염전이었으나 광복 이후에 민영염전이 우후죽순으로 생겨 주축을 이루었기 때문에 이처럼 서술한 측면도 있겠으나, 면밀하게 보면 광복 이후 관영염전의 역할 역시 중요했다. 군자염전과 소래염전을 비롯한 관영염전의 생산이 뒷받침해주었기 때문에, 1940년대 후반과 1950년대 초중반에 한국의 소금 산업이 복구되고 자급자족을 달성할 수 있었다.

이 글에서는 미국과 한국인 염업 종사자가 생산한 자료를 교차검증하여 당시 실태를 보여주고자 한다. 미국은 미군정, 주한미군, 원조사절단을 통해 한국 경제에 관한 통계를 수집해왔고 이를 정리하여 정기보고서를 작성했다. 이들 정기보고서에 소금 생산, 수입, 배급 관련 통계가 수록되어 있다. 나아가서, 미군정은 1947년에 시급한 경제문제에 관해 대대적인 조사를 지시했고, 이에 산업 고문 터녹(L. C. Turnock)은 남한의 염전 시설을 방문한 뒤 남한의 소금 문제와 개선 방안에 대해 보고서를 작성했다. 미군정의 공식 입장으로 채택된 이 보고서에는 당시 관영염전 현황과

「소래염전 소금창고와 부속시설물을 통해 본 근대산업유산의 가치」 등이 있다.
2) 1945년 8월 15일 광복 이후 미군은 한반도의 38선 이남 지역에 진주하여 조선총독부를 철폐하고, 1948년 8월 15일 대한민국 정부가 선포될 때까지 3년간 군정을 실시했다. 군정의 정식명칭은 재조선미국육군군정청(在朝鮮美國陸軍軍政廳 ; United States Army Military Government in Korea)이며, 흔히 "미군정"이라 부른다.

이에 대한 평가가 들어가 있다. 한편, 한국인들이 당대 생산한 자료로 대한염업조합연합회(大韓鹽業組合聯合會)가 발행한 『염전지(鹽田誌)』가 있다. 대한염업조합연합회는 1947년에 염업 종사자들이 조직한 사단법인이다.3) 창립 10주년을 맞이하여 『염전지』를 간행했으며, 여기에 염전 면적과 생산량 등 다양한 통계가 첨부되어 있다. 이러한 미국과 한국 측 자료를 비교 검토하여, 광복 이후 한국의 소금 상황을 그리고 당시 군자염전과 소래염전의 위상을 다루겠다.

2. 일제 식민의 유산 : 전매국과 천일염전

광복 이후의 한국 염업 상황을 이해하기 위해서는, 일제 강점기에 구축되었던 전매국(專賣局)과 천일염전을 먼저 짚고 넘어갈 필요가 있다. 일본은 조선총독부의 직속 기관으로 전매국을 설치하여 한반도 내 소금, 담배, 홍삼을 관장하도록 했다. 전매국은 천일염전 축조부터 소금 수송과 판매까지 모든 영역을 담당했다.4) 일본이 패망한 후 한반도의 38선 이남 지역을 통치하게 된 미군정은 이러한 전매국의 조직과 인력을 사실상 유지했다. 조선총독부 산하 전매국은 미군정 산하 전매국으로 변경되어 조직명을 그대로 유지했다. 그리고 미군정은 1945년 10월 20일에 일반고시 제2호를 발표해 생활필수품 자유시장을 선포했으나, 이러한 자유시장 품목에서 소금, 담배, 홍삼, 설탕, 아편, 의약품을 제외했다.5) 나아가서, 미군정은 전매국의 일본인 관료를 해임했으나 한국인 관료는 계속 임용하는 모습을 보여주었다.6)

---

3) 「염 자금 우선 알선 등 한염연 당국에 청원」, 『조선일보』, 1949.3.11.
4) 류창호(2020), 「한국 근대염업의 네트워크와 그 특성」, 인하대학교 대학원 사학과 박사학위논문, pp.172-173.
5) "General Notice Number 2", 국립중앙도서관 디지털 컬렉션 미군정청관보 (1945~1948)(이하 미군정청관보), 1945.10.20.

일본은 1907년 주안염전 축조를 시작으로 한반도에 천일염을 도입했다. 1945년이 되면 한반도에서 생산되는 소금 대부분은 천일염이 되었다. 그리고 이를 만드는 천일염전은 조선총독부와 일본 대기업의 전유물이었다. 본래 조선총독부는 민간기업의 천일염전 축조를 금지해왔으나, 중일전쟁과 태평양전쟁으로 공업용 소금의 증산이 필요하게 되자 조선총독부는 민간기업에도 천일염전 축조를 허가하기 시작했다. 주로 일본 대기업에 허가가 내려졌으며, 조선인 민간자본이 천일염전을 축조한 사례는 없었다.7) 따라서 일제 강점기 한반도의 천일염전은 다수의 관영염전과 소수의 민영염전으로 구성되었다. 다음 〈표 1〉은 1947년에 터녹이 파악한 한반도 내 관영염전의 목록이다.8)

　터녹이 조사한 바에 의하면, 한반도에는 총 12개의 관영염전이 있었다. 일제 강점기 때 인천염전은 조선염업주식회사가, 소래염전은 조선제염공업주식회사가, 청천염전은 대일본염업주식회사가 운영한 적이 있었으나,9) 광복 이후에 이들 모두 관영염전으로 분류되었다. 충청남도에 있는 서산염전과 평안북도에 있는 청천염전은 축조 중이었다. 관영염전은 대체로 경기도와 평안남도에 집중되어 있었는데, 이처럼 배치된 한반도 염전 체제는 광복 이후 큰 변화를 맞이하게 되었다.

---

6) "Bureau Discharge Number 2", 미군정청관보, 1945.10.11. ; "Appointment Number 14", 미군정청관보, 1945.10.13.
7) 류창호(2021), 「전시체제기 조선 염업의 공업화 과정과 일본 독점자본의 침투」, 『한국학연구』 63, 한국학중앙연구원, pp.371-372.
8) L. C. Turnock(1947), "A Study of South Korea's Salt Problem and Projects", pp.22-23. 류창호의 논문(2020) 및 『염전지』(1957)와 교차 검토하여 표를 작성했다. 터녹의 보고서에서 청천염전의 행정구역이 평안남도로 표기된 것을 평안북도로 고쳤고, 준공 시기는 류창호의 논문에 근거하여 수정했다. 각 염전의 준공 시기는 그 염전 안에서 첫 번째로 완성된 구(區)의 준공 연도와 마지막으로 완성된 구의 준공 연도를 표시한 것이다. 연백염전은 일제 강점기 당시 "해남염전"으로 불렸으나, 광복 직후에 혼용되었다가 남한에서 "연백염전"으로 정착되었다.
9) L. C. Turnock(1947), pp.22-23 ; 류창호(2024), 「소래염전 소금창고와 부속시설물을 통해 본 근대산업유산의 가치」, 『역사와 현실』 133, 한국역사연구회, p.28.

〈표 1〉 광복 직후 한반도 관영염전의 현황

연번	행정구역	염전	준공 시기	면적	점유율
1	경기도	주안염전	1907~1919년	212정보	3.0%
2	경기도	남동염전	1921년	300정보	4.2%
3	경기도	군자염전	1925년	603정보	8.5%
4	경기도	인천염전	1931년	37.5정보	0.5%
5	경기도	소래염전	1935~1937년	549정보	7.7%
6	경기도	연백염전	1942년	1,250정보	17.6%
7	충청남도	서산염전	1947년부터 건설 중	-	-
8	평안남도	광량만염전	1909~1914년	775정보	10.9%
9	평안남도	덕동염전	1919~1920년	224.5정보	3.1%
10	평안남도	귀성염전	1921~1940년	1,535정보	21.6%
11	평안북도	남시염전	1924~1937년	483정보	6.8%
12	평안북도	청천염전	1940년부터 건설 중	1,147정보	16.1%
합계				7,116정보	100%

3. 광복 후 임무 : 김장 소금을 사수하라

광복을 맞이하면서 한반도는 미국과 소련에 의해 38선을 기준으로 분할되었고, 우리나라의 염전 또한 38선을 경계로 나누어지게 되었다. 〈그림 3〉은 『염전지』에 수록된 우리나라의 염전 분포도이며, 38선을 기준으로 염전이 나누어지는 모습을 잘 보여준다. 지도에서 확인할 수 있듯이, 평안북도의 남시염전과 청천염전, 그리고 평안남도의 귀성염전, 덕동염전, 광량만염전은 북한으로 편입되었다. 한편, 경기도의 인천염전, 주안염전, 남동염전, 소래염전, 군자염전, 그리고 충청남도의 서산염전은 남한에 소속되었다. 연백염전의 경우, 38선 이남에 위치해서 광복 직후 주한미군이 관리했고 한국 정부에 이양되었다. 그러나 한국전쟁 때 군사분계선이 조정되면서 북한에 해당 지역을 잃었다.

이처럼 한반도의 염전이 분할되면서 한국인들은 심각한 소금 위기에 처하게 되었다. 광복 직후 한반도 관영염전의 총면적 7,116정보 중 41.5%

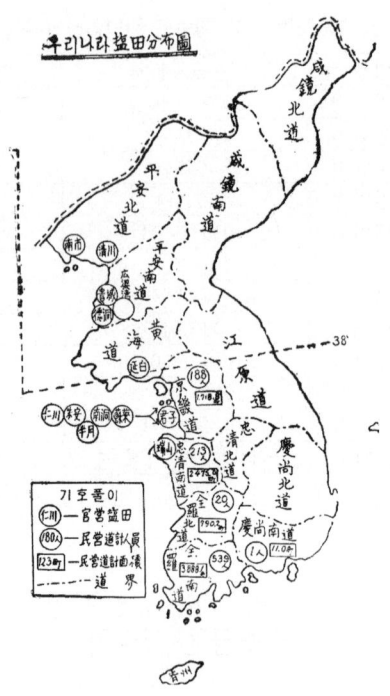

〈그림 3〉 우리나라 염전 분포도
출처 : 대한염업조합연합회(1957), 『염전지』, 첨부통계 p.1.

에 해당하는 2,951.5정보가 남한의 관영염전으로, 58.5%에 해당하는 4,164.5정보가 북한의 관영염전으로 분리된 것이다. 북한에 편입된 염전 면적이 남한보다 컸으나, 인구는 오히려 북한보다 남한이 훨씬 많았다. 1945년 한반도의 인구는 대략 2,500만 명으로, 북한 지역에 약 900만 명, 남한 지역에 약 1,600만 명이 있었던 것으로 추정된다. 여기에 일제 강점기 때 해외에 나가 있던 한국인들이 광복 이후 귀국하고 또 북한에서 사람들이 월남하게 되면서, 남한 인구가 더욱 증가하게 되었다. 특히, 1945~1946년이라는 짧은 기간 내 남한에 250만 명의 인구가 유입된 것으로 추산된다.[10]

---

10) 이연식(2018), 「해방 직후 남한 귀환자의 해외 재이주 현상에 관한 연구 : 만주 '재이민'과 일본 '재밀항' 실태의 원인과 전개과정을 중심으로, 1946~1947」, 『한일민

염전 면적이 반 이상 줄었으나 인구는 폭발적으로 증가한 상황이었다. 생산 감소와 수요 증가에 더불어, 수입도 녹록하지 않았다. 일제 강점기 때 한반도로 수입된 소금의 원산지는 대부분 중국이었다. 특히, 1930~1945년에 한국인들은 중국 산동성, 광동성, 청도, 대만으로부터 수입한 소금을 사용했다.[11] 그러나 광복 이후 중국으로부터의 공식 수입 경로가 차단되었다.[12] 물론, 비공식 통로를 통해 중국산 소금은 여전히 한반도에 들어왔다. 중국 상인들의 네트워크를 통한 소금 밀수는 개항기 때부터 오래된 역사를 가졌다.[13] 이들은 중국산 소금을 한국산 홍삼과 교환하기를 바랐다.[14] 한국의 김장철과 간장 담그는 시기에 소금 수요가 급격히 늘어날 것을 예상했고, 이에 맞추어 소금을 팔아 차익을 얻으려 했다. 이처럼 광복 이후 소금 밀수가 성행하기는 했지만, 소금 공식 수입처로는 새로운 곳을 탐색해야 하는 상황이었다.

광복 직후 남한에서 소금을 공급받는 경로는 크게 4가지로 분류할 수 있다. 관영염전 생산, 민영염전 생산, 원조, 민간 무역 이렇게 4가지 경로가 있었다. 〈그림 4〉는 1946~1949년도 남한의 소금 공급 경로 비중을 보여준다.[15] 1946년도에는 관영염전에서 77,110톤을 생산했고(77.2%), 민영염전

족문제연구』 34, 한일민족문제학회, pp.82-83.
11) L. C. Turnock(1947), p.12.
12) 「소금값도 인상」, 『경향신문』, 1946.12.4.
13) 류창호(2020), pp.50-51.
14) 「소곰 속속 입하」, 『조선일보』, 1947.4.17. ; 차철욱(1998), 「미군정기 민간무역정책과 무역업자의 활동」, 『문화전통논집』 2, 경성대학교 한국학연구소, pp.14-15 ; 양정필(2022), 「해방 이후 1950년대 홍삼 수출 연구」, 『사학연구』 148, 한국사학회, pp.226-227.
15) National Economic Board, USAMGIK(1947-1948), "South Korean Interim Government Activities", No. 27-34 ; Civil Affairs Section, USAFIK(1948), "Republic of Korea Economic Summation", No. 35-36 ; Statistics Section, ECA Mission to Korea(1949-1950), "Republic of Korea Statistical Summation", No. 1-16. 필자가 세 문헌을 종합하여 표를 작성했으며, 자세한 수치는 졸고(2025)에서 확인할 수 있다.

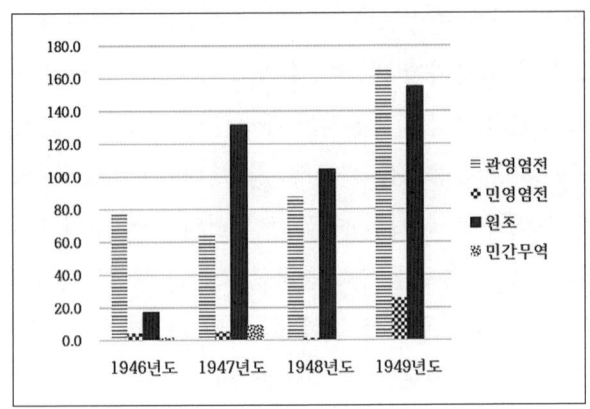

〈그림 4〉 1946~1949년도 남한의 소금 공급 경로 비중 (단위 : 킬로톤)
출처 : 각주 15번.

에서 4,290톤을 생산했으며(4.3%), 16,987.5톤을 원조받았고(17.0%), 1,478.9톤을 민간에서 수입했다(1.5%).16) 1947년도에는 관영염전 생산량 65,323톤(31.0%), 민영염전 생산량 4,986톤(2.4%), 원조량 131,368톤(62.2%), 민간무역량 9,354.3톤(4.4%)을 기록했다. 1948년도에는 관영염전 생산으로 88,638톤(45.6%), 민영염전 생산으로 1,077톤(0.6%), 원조로 104,516.8톤(53.7%), 민간 무역으로 243.2톤(0.1%)의 소금이 공급되었다. 1949년도에는 164,455톤을 관영염전에서 생산했고(47.6%), 25,698톤을 민영염전에서 생산했으며(7.4%), 154,999톤을 원조받았고(44.9%), 203.1톤을 민간에서 수입했다(0.1%).

광복 직후 소금 공급에 있어서 민영염전 생산량과 민간무역량은 미미했고, 주로 관영염전 생산과 원조에 의존했다. 특히, 1949년도에 민영염전 생산량이 많이 늘어나기 전까지 1946~1948년도에 민영염전은 전체 생산

---

16) 이 글에서 연도라고 하면, 당년 4월부터 익년 3월까지를 의미한다. 예를 들어, 1946년도는 1946년 4월부터 1947년 3월까지를 가리킨다. 이는 대한염업조합연합회의 기준을 따른 것이다. 이러한 연도 산정방식은 1954년을 기점으로 바뀌어, 1955년부터는 한 해의 소금 생산량을 1월부터 12월까지 생산된 양으로 설정했다 (대한염업조합연합회(1957), 첨부통계 pp.7-13).

량의 10%도 차지하지 못했다.[17] 그리고 1946년도에는 국내 생산이 주요 공급원이었으나, 1947년도부터 원조받는 소금의 양이 많아지면서 원조가 공급량의 상당한 비중을 차지했다. 주한미군은 "민간물자계획"이라는 원조 프로그램을 통해 소금을 비롯하여 남한에서 부족한 생필품을 조달하여 보급했다. 미군정의 민간물자계획은 미국 정부의 승인을 거쳐 1947년부터 본격적으로 추진되었고,[18] 소금 입하량 또한 1947년부터 많아졌다. 1947~1948년도에는 소금 원조량이 국내 생산량을 능가했고, 1949년도에는 소금 원조량 최고치를 기록했다.

원조받은 소금의 원산지는 유럽과 미국 등지였다. 그동안 중국산 소금을 들여온 한국인들에게 생소한 지역이었다. 한국인들이 낯설어했던 미국산 소금은 당시 한국 신문에서 종종 등장했다. 1947년 말 김장철에 경인지방을 우선으로 미국산 소금을 대량 배급했는데, 그다음 해 초 장유(간장)철이 되었을 때 미국산 소금을 가정에서 사용하는 데 "주의할 점"이 추가로 발표되었다.[19] 그 이유는 미국산 소금이 국산 소금보다 훨씬 짜다는 점을 발견했기 때문이다. 미국에서 생산되는 암염이 한국에서 생산되는 천일염보다 두 배로 짜기 때문에 주의하라는 내용이 언론에서 보도했다. 이에 전매국은 "천일염 한 되를 쓰게 될 경우에는 미국 암염 반 되로 넉넉하다"라는 논리를 내세우면서, 소금이 부족한 상황에서 미국산 소금이 가지는 경쟁력을 강조하기도 했다.[20]

---

17) 물론, 통계에서 나타나는 민영염전 생산량보다 당시 실제 민영염전 생산량이 많았을 수도 있다는 점을 고려해야 한다. 이러한 괴리가 발생하는 배경에는, 주한미군이 각 지역의 민영염전 생산량을 정확하게 파악하기에는 행정력이 부족했다는 점, 당국의 민영염전 통계에 천일염 외에도 전오염까지 제대로 포함되지 않은 점, 당국의 생산량 통계는 전매국이 수납받은 소금을 기준으로 작성되어서 암거래로 유통되는 소금은 통계에서 빠진 점 등을 생각해 볼 수 있다.
18) 김점숙(1996), 「미군정의 민간 물자보급계획」, 『역사와 현실』 22, 한국역사연구회, pp.103-104, 119.
19) 「김장」, 『동아일보』, 1947.11.9. ; 「배급 중인 암염 사용에 주의할 점」, 『경향신문』, 1948.3.9.

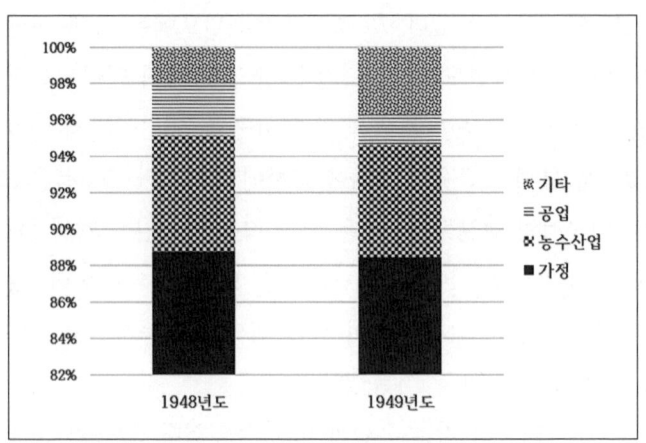

〈그림 5〉 1948~1949년도 남한의 소금 배급 대상 비중
출처 : 각주 21번.

이렇게 확보한 소금은 어디에 사용되었을까? 〈그림 5〉는 1948년도와 1949년도에 남한에서 소금이 각 대상에 배급되었던 비중을 보여준다.[21] 1948년도에는 총 202,697.837톤의 소금 중 179,902.796톤은 가정(88.7%), 12,906톤은 농수산업(6.4%), 5,910.646톤은 공업(2.9%), 3,978.395톤은 기타 용도(2.0%)로 보급되었다.[22] 1949년도에는 총 284,230.218톤의 소금 중 251,385.067톤은 가정(88.4%), 17,500.68톤은 농수산업(6.2%), 4,698.69톤은 공업(1.7%), 10,645.781톤은 기타 용도(3.7%)로 배급되었다. 정리하자면, 1948~1949년도에 배급된 소금의 88%는 가정으로, 6%는 농수산업으로, 2% 정도는 공업으로 돌아갔다. 농수산업과 공업에 배정된 소금은 미미했고, 압도적인 양이 가정에 배급되었다.

---

20) 「미제 암염 사용법 전매국에서 지도」, 『동아일보』, 1948.3.9.
21) National Economic Board(1947-1948), No. 27-34 ; Civil Affairs Section(1948), No. 35-36 ; Statistics Section(1949-1950), No. 1-15. 필자가 세 문헌을 종합하여 표를 작성했으며, 자세한 수치는 졸고(2025)에서 확인할 수 있다.
22) 여기에서 기타 용도는 호텔, 레스토랑, 경찰과 경비대 구내식당 등 가정 이외의 소규모 용도를 가리킨다.

당시 소금 대부분이 일반 가정에 보급되기는 했으나, 각 가정에 할당된 소금의 양은 사실 턱없이 부족했다. 미군정은 1947년도 예상 수요량을 계산하면서 기본 배급량을 1인당 3.6kg, 장유 배급량을 1인당 2.7kg, 음식 절임용 배급량을 1인당 3.9kg으로 잡았다. 그러나 이것조차 매우 보수적으로 계산한 것인데, 그 이유는 미군정 스스로가 1930~1946년 평균 1인당 소금 소비량이 "21kg"이라고 봤기 때문이다.23) 1948년에 이러한 산정방식은 다시 한번 바뀌었다. 1인당 전체 배급량을 줄였을 뿐만 아니라, "음식 절임용" 항목을 "김장"으로 수정했고 이 할당량을 크게 늘렸다. 미군정이 1947년도 예상 수요량을 작성할 때 일본인들의 기준을 참고했기 때문에, 한국인들의 식습관, 정확히 말해서 김장 문화를 충분히 고려하지 않았기 때문이다. 결과적으로 1948년도 배급을 시행할 때 가정에 1인당 0.3kg 기본 배급 소금, 2.7kg 장유용 소금, 5.6kg 김장용 소금을 보급하는 것을 목표로 삼았다.24)

비록 1950년대에 촬영한 사진들이기는 하지만, 〈그림 6~8〉을 통해 당시 한국인들에게 김장이 얼마나 큰 연례행사였는지 느낄 수 있다. 그 해 김장 재료를 확보할 수 있는가의 문제는 당대 사람들에게 매우 중요한 사안이었다. 광복 직후 미군정 전매국에서는 "김장용 소금을 어떠한 사정을 돌파하여서라도 확보하겠다"라는 각오를 선언했다. 전매국은 가정에 소금을 배급하는 것을 우선시했고, 특히 연말에 급증하는 김장용 소금 수요에 맞추기 위해 국내산과 외국산 소금을 모두 동원했다.

---

23) L. C. Turnock(1947), p.18 ; National Economic Board(1947), "A Survey of South Korea's Salt Production", p.8.
24) National Economic Board(1947-1948), No. 34, p.93.

〈그림 6〉 소달구지에 배추를 싣고 있는 모습(1957)
출처 : 「김장풍경1」, 국가기록원, 관리번호 CET 0038103.

〈그림 7〉 김장 시장에서 무를 팔고 있는 아낙네들 (1957)
출처 : 「김장풍경7」, 국가기록원, 관리번호 CET 0038103.

〈그림 8〉 아현동 김장 시장 풍경(1956)
출처 : 「아현시장김장배추1」, 국가기록원, 관리번호 CET00 70563.

4. "빛과 소금 같은" 군자·소래염전

광복 이후 소금을 어렵게 구하던 상황에서, 시흥 일대에 있었던 군자염전과 소래염전은 말 그대로 '빛과 소금 같은' 존재였다. 당시 남한에서 생산량이 많고 면적이 넓은 염전으로 군자염전, 소래염전, 그리고 연백염전, 이렇게 세 군데가 있었다.[25] 연백염전이 가장 최근에 준공되었기 때문에 그만큼 군자염전과 소래염전의 역할은 더욱 중요했다. 천일염전은 준공된 후 바로 최대 생산량을 낼 수 있는 것이 아니라, 시간이 지나 숙전(熟田)이 되어야 다량의 소금을 생산할 수 있었기 때문이다. 미군정은 소금 증산의 필요성을 체감했고 군자염전과 소래염전에 주목했다.

특히, 소래염전은 귀성염전과 함께 한반도에서 최초로 전력을 이용한 염전이었으며 향후 고지식(高地式) 염전이 확산하는 데 이바지했다.[26] 고지식 염전이란 해수면보다 지반이 높은 염전으로, 해수를 끌어 올리기 위해서 전기 펌프가 필요했다. 반대로, 저지식(低地式) 염전은 해수면보다 지반이 낮은 염전으로, 중력에 의해 저절로 해수가 유입되기 때문에 전기 펌프가 필요 없었다. 전기 펌프를 설치해야 되어도 저지식 염전보다 고지식 염전이 선호되었는데, 그 이유는 자연재해 때문이었다. 태풍이 발생할 시 저지식 염전에서는 해수가 흘러넘쳐 소금 생산에 피해를 주지만, 고지식 염전에서는 해수가 흘러넘칠 위험이 적기 때문이다.[27]

미군정은 군자염전과 소래염전의 확장을 고려하기도 했다. 터녹은 1954~1955년까지 남한이 소금을 자급자족할 수준에 도달하기 위해서는 당시 공사 중이었던 서산염전 외에도 5,715정보의 염전을 새로 축조해야 한다고 평가했다. 서해안에 해당 면적의 염전을 충분히 만들 수 있다고 생각했고,

---

25) L. C. Turnock(1947), p.38.
26) 류창호(2024), p.22.
27) L. C. Turnock(1947), p.29.

특히 소래염전에서 196정보, 군자염전에서 111정보 정도를 증축할 수 있다고 주장했다.28) 그러나 소래염전과 군자염전의 증축은 실행되지 않았고, 최소한 1956년까지 소래염전과 군자염전의 면적은 변동하지 않았다.29)

1950년대에 오히려 남한의 관영염전 면적이 감소하게 되었다. 주안염전, 남동염전, 군자염전, 인천염전, 소래염전 모두 증축이 이루어지지 않고 광복 직후의 크기 그대로를 유지했다. 그리고 555정보 면적으로 예상되었던 서산염전은 1949년에 233정보 면적으로 준공되었다.30) 무엇보다도 6·25전쟁 때 38선 부근에 있는 연백염전을 북한에 뺏기게 되었다. 1,200정보 이상 면적의 연백염전이 손실되었기 때문에, 군자염전과 소래염전의 역할은 더욱 막중할 수밖에 없었다. 민영염전 생산량이 점차 늘어 1955년도를 기점으로 관영염전 생산량을 추월한 것은 사실이나,31) 민영염전이 신축되고 숙전이 될 때까지 군자염전과 소래염전을 비롯한 관영염전의 역할이 컸다.

〈표 2〉는 1952년도부터 1956년도까지 남한에 있었던 각 관영염전의 생산량과 비중을 보여준다.32) 명백하게 군자염전과 소래염전이 생산량 1위와 2위를 차지했다는 점을 확인할 수 있다. 1952년도부터 1956년도까지 군자염전, 소래염전, 남동염전, 주안염전, 서산염전, 인천염전 순으로 소금 생산량이 많았다. 군자염전과 소래염전은 이 시기에 관영염전 총생산량의 60%가량을 공급함으로써 한국 내 소금 수급 안정화에 이바지했다. 1940년대 후반은 물론, 1950년대 초중반까지 꾸준히 대량의 소금을 제공했으며, 민간에서 천일염전이 새로 지어지고 남한의 염업이 복구될 때까지 한국인들의 생활을 책임졌다.

---

28) L. C. Turnock(1947), p.39.
29) 대한염업조합연합회(1957), 첨부통계 p.2.
30) L. C. Turnock(1947), p.23 ; 대한염업조합연합회(1957), 첨부통계 p.2.
31) 대한염업조합연합회(1957), 첨부통계 p.6.
32) 대한염업조합연합회(1957), 첨부통계 p.6.

〈표 2〉 1952~1956년도 남한 관영염전의 개별 생산량과 비중

연도	군자염전	소래염전	남동염전	주안염전	서산염전	인천염전
1952년도	51,889톤	33,422톤	28,930톤	19,359톤	4,566톤	2,886톤
	36.8%	23.7%	20.5%	13.7%	3.2%	2.1%
1953년도	35,682톤	23,420톤	20,669톤	13,901톤	2,992톤	1,301톤
	36.4%	23.9%	21.1%	14.2%	3.1%	1.3%
1954년도	34,327톤	21,879톤	18,558톤	18,233톤	4,455톤	1,728톤
	34.6%	22.1%	18.7%	18.4%	4.5%	1.7%
1955년도	39,762톤	25,658톤	23,421톤	14,779톤	7,090톤	1,983톤
	35.3%	22.8%	20.8%	13.1%	6.3%	1.7%
1956년도	24,140톤	13,600톤	11,303톤	8,473톤	3,111톤	987톤
	39.2%	22.1%	18.3%	13.8%	5.0%	1.6%

5. 군자·소래염전이 남긴 유산

군자염전과 소래염전은 현재 어떤 모습일까? 군자염전은 시화공단이 만들어지면서 1980년대에 생산이 중단되어 완전히 자취를 감추게 되었지만, 소래염전은 일부가 시흥갯골생태공원으로 재탄생했다. 군자염전과 소래염전은 현재 새로운 공간으로 변했지만, 우리나라 염업, 나아가서 광복 이후 한국인들의 생활경제 측면에서 막중한 임무를 맡았다. 광복 이후 38선을 경계로 한반도의 염전이 분할되면서, 소금이 절대적으로 부족해졌다. 소금이 많이 들어가는 한국인 식문화를 생각했을 때, 당시 일반 가정에 청천벽력 같은 소식이었다. 원조를 통해 소금을 충당하기도 했으나, 국내 생산량이 기본적으로 뒷받침해주어야 했다. 여기에서 군자염전과 소래염전은 톡톡히 역량을 발휘했다. 우리나라 염업이 성장하는 과정에서 군자염전과 소래염전은 든든한 버팀목이 되었다.

군자염전과 소래염전, 그리고 현대 한국의 염업과 관련하여 앞으로 연구되어야 할 부분이 많이 남아 있다. 그리고 이러한 후속 연구를 위해서는 다양한 사료 발굴이 필요하다. 일례로, 1960년대 말에 대한염업주식회

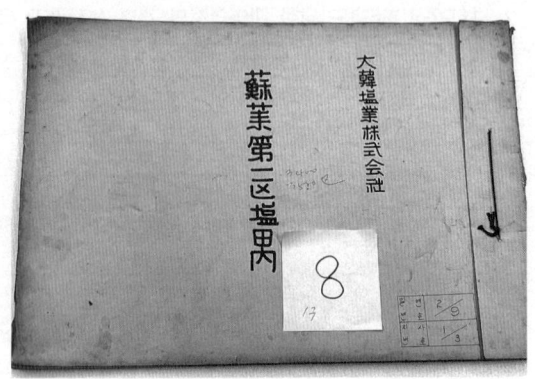

〈그림 9〉『소래 제1구 염전 내』
출처 : 소래역사관.

사에서 근무했던 이수영은 그동안 보관했던 인천 지역의 염전 관련 자료를 2024년 7월에 소래역사관에 기증했다.[33] 기증물 중에서는 〈그림 9〉처럼 대한염업주식회사의 소래 제1~3구 염전 배치도와 평면도 자료집이 있다. 이외 소래염전과 관련된 자료로, 소래전매지청의 『국유재산도면대장』 1~3부도 소장하고 있다. 이처럼 한국 정부의 전매 당국, 대한염업주식회사, 시흥의 염업 종사자 등 여러 행위자가 만들어간 다채로운 역사를 추적하는 작업은 앞으로의 과제로 남아 있다.

---

[33] 남동문화재단 지역문화진흥팀(2024), 「남동문화재단 소래역사관 73점 유물, 무상 기증받다」, 남동문화재단 홈페이지.

참고문헌

【자료】

1. 국한문 자료
『경향신문』,『동아일보』,『조선일보』, 네이버 뉴스 라이브러리.
국립중앙도서관 디지털 컬렉션 미군정청관보(1945~1948).
대한염업조합연합회(1957),『염전지』.
전매청(1981),『한국전매사』1권.

2. 영문 자료
Civil Affairs Section, United States Army Forces in Korea(1948), "Republic of Korea Economic Summation", National Archives II, Record Group 319 "Records of the Army Staff, 1903 - 2009", Series "Publication Files, 1950 - 1951", Entry NM3 82, NAID 656424, Box 1039, Number 35-36.
National Economic Board, United States Army Military Government in Korea(1947), "A Survey of South Korea's Salt Production", National Archives II, Record Group 319 "Records of the Army Staff, 1903-2009", Series "Publications Files, 1950 - 1951", Entry NM3 82, NAID 656424, Box 27.
National Economic Board, United States Army Military Government in Korea(1947 - 1948), "South Korean Interim Government Activities", National Archives II, Record Group 319 "Records of the Army Staff, 1903-2009", Series "Publication Files, 1950 - 1951", Entry NM3 82, NAID 656424, Box 3214-3216, Number 27-34.
Statistics Section, Economic Cooperation Administration Mission to Korea(1949 - 1950), "Republic of Korea Statistical Summation", National Archives II, Record Group 469 "Records of U.S. Foreign Assistance Agencies, 1942 - 1963", Series "Statistical Summaries, 1/1949-4/1950", Entry UD 83, NAID 1642187, 국사편찬위원회 전자사료관 참조코드 AUS014_112, Number 1-16.
Turnock, L. C.(1947), "A Study of South Korea's Salt Problem and Projects", National Archives II, Record Group 407 "Records of the Adjutant General's Office, 1905-1981", Series "Records Pertaining to Foreign Occupied Territories, 1945-1960", Entry NM-3 368-B, NAID 7933777, Box 2090.

【논저】

김점숙(1996), 「미군정의 민간 물자보급계획」, 『역사와 현실』 22, 한국역사연구회.
류창호(2024), 「소래염전 소금창고와 부속시설물을 통해 본 근대산업유산의 가치」, 『역사와 현실』 133, 한국역사연구회.
류창호(2021), 「전시체제기 조선 염업의 공업화 과정과 일본 독점자본의 침투」, 『한국학연구』 63, 한국학중앙연구원.
류창호(2020), 「한국 근대염업의 네트워크와 그 특성」, 인하대학교 대학원 사학과 박사학위논문.
박지현(2025), 「1945~1948년 미군정의 소금 수급정책과 군자·소래염전」, 『인문논총』 82-1, 서울대학교 인문학연구원.
시흥시사편찬위원회(2007), 『시흥시사 6 : 시흥 바닷가 사람들의 일과 삶』, 시흥시사편찬위원회.
양정필(2022), 「해방 이후 1950년대 홍삼 수출 연구」, 『사학연구』 148, 한국사학회.
이연식(2018), 「해방 직후 남한 귀환자의 해외 재이주 현상에 관한 연구 : 만주 '재이민'과 일본 '재밀항' 실태의 원인과 전개과정을 중심으로, 1946~1947」, 『한일민족문제연구』 34, 한일민족문제학회.
차철욱(1998), 「미군정기 민간무역정책과 무역업자의 활동」, 『문화전통논집』 2, 경성대학교 한국학연구소.

유엔한국재건단(UNKRA)의 광업 원조
: '시흥흑연광산' 원조사업을 중심으로

윤 성 민

1. 들어가며

　한국전쟁 이후 한국 경제는 전후 복구와 경제 재건을 위해 국제적 지원과 국가적 노력이 결합했다. 이러한 맥락에서 유엔한국재건단(United Nations Korea Reconstruction Agency, 이하 UNKRA)은 한국에서 다양한 원조사업을 시행하였다.[1] 이 중에서 본 연구는 UNKRA의 광업 부문 사업에 주목한다.
　광업은 1950년대 한국 경제에서 특수한 위치를 점하였다. 1950년대 한국 광업은 기본적으로 수출무역 산업이었으며 한국 정부의 재정자금에서 빼놓을 수 없는 외환 획득의 주요 수단이었다. 국제광물시장의 변동성에도 불구하고 광업 분야는 정부의 보호정책 아래 성장하며 한국의 자본축적 토대가 되었다. 특히 1952년 한미중석협정이 체결된 이후 한국 정부의 경제부흥 계획의 대두 및 미국의 대한(對韓)원조 체계의 변화 국면 속에서

---

1) 유엔한국재건단(UNKRA)의 설립 및 위상변화 과정과 그 의미를 밝히고 재건구상과 활동의 실제를 공업 부문 원조를 통해 살펴본 연구로 임다은(2019), 「유엔한국재건단(UNKRA)의 조직과 활동」, 서울대학교 석사학위논문 참조.

한국 광업 분야에는 급격한 성장이 이루어졌다. 1950년대 한국 경제의 주요 부문 중 하나였음에도 불구하고 다소 느슨하게 다루어진 광업 연구는 심층적인 평가가 여전히 필요한 연구영역임이 분명하다.

선행 연구는 1950년대 미국의 대한원조의 구조와 작동 방식에 대한 연구가 주를 이루었으며 기본적으로 1960년대 경제개발계획의 전사(前史)를 탐색하는 데 초점이 맞추어져 있었다.[2] 본 연구는 단순히 경제개발계획의 맹아로서 UNKRA 광업 원조사업의 성공 여부를 평가하기보다는, 1950년대 한국 정부의 '부흥' 열망과 미국 원조당국의 '안정' 기조 사이에서 '부흥'의 열기가 광업 부문에 점차 확산해 가는 과정을 살펴보면서 UNKRA 당국이 한국 광업 부문에 미친 영향과 역할에 주목한다. UNKRA의 원조활동은 기본적으로 미국 원조체계와 분리되어 운영되었지만,[3] 한미합동경제위원회 및 경제조정관실의 통제에 따라 사업방향이 결정되었던 UNKRA의 사업계획이 1955년 경제조정관실의 조직개편에 따라 ICA원조체계로 흡수되었다는 점에서 UNKRA의 활동은 미국의 원조체계와 긴밀한 관련이 있었다.[4]

---

[2] 미국의 대한원조 연구는 이현진의 연구를 기점으로 1950년대 미국의 대한원조정책에 대한 군사원조와 기술원조, 비료공장 건설, 중소기업개발계획 등과 관련된 세부적인 원조사업에 대한 분석으로까지 연구 주제가 확장되어 왔다.
이현진(2009), 『미국의 대한경제원조정책 1948~1960』, 혜안 ; 이동원(2019), 「이승만 정권기 미국의 대한(對韓) 군사원조 연구」, 서울대학교 박사학위논문 ; 한봉석(2017), 「1950년대 미국의 대한 기술원조 연구」, 성균관대학교 박사학위논문 ; 이병준(2020), 「전후 재건과 비료 공장 건설 연구(1953~1962)」, 성균관대학교 박사학위논문 ; 박광명(2020), 「1950년대 중소기업개발계획의 전개와 성격」, 동국대학교 박사학위논문.

[3] 선행 연구는 UNKRA가 해체한 시점까지 유엔총회 산하 기구로 자체 조직·사업영역을 확보했다는 점에서 공식 활동 종료까지 미국 원조체계와 구분된 활동을 했다고 주장한다(임다은(2019), pp.1, 11).

[4] 경제조정관실의 통제하에 있었던 UNKRA는 궁극적으로 ICA원조체제 안으로 흡수되었다. 1955년 기점으로 미국의 원조체제는 ICA 중심으로 전환하기 시작했다. 미국의 대외원조 기구가 ICA로 바뀌면서 경제조정관실은 유엔군사령부의 예하에 있으면서 ICA 본부의 경제원조 관련 지시를 직접 받게 되었기 때문이다.

본 연구는 한국의 광산기업 개발의 주요 원조 자금 출원의 주체 중 하나로 UNKRA의 광업 계획원조(Project Assistance)에 초점을 두고 UNKRA가 전개한 광업부문 사업 중에서도 '시흥흑연광산'(Shiheung Crystalline Graphite) 사업에 주목한다.[5]

일본 식민지시기 군수용 광물자원으로서 중요한 지위를 점했던 흑연에 미국이 관심을 가졌다는 것은 새로운 사실이 아니다. 미국은 제2차 세계대전 이후 전략물자 비축량을 안정적으로 확보하기 위해 정책적으로 해외 광물 공급처를 확대해 가고 있었다. 미국의 정책적 방향에 따라 미국은 한반도에 산재한 지하자원에 대한 많은 관심을 보였다.[6]

한국산 흑연에 대한 미국의 관심은 전후 '계획' 체계가 제도화된 후 아시아로 자원공급망을 확보하는 목적으로 미국이 국제적 자원개발·관리를 지원했던 정책과 무관하지 않았다. 이것의 시발점으로서 트루먼 대통령은 포인트포(Point Four) 프로그램으로 저개발지역에 기술 지원을 제공하여 경제성장을 돕고 미국의 이념적 우위를 강화하겠다고 공언하면서 미국의 과학 및 기술발전을 전 세계로 확대할 '새롭고 대담한 프로그램'을 통해 해외 광물 개발을 촉진할 것이라고 발표하였다.[7] 요컨대, 미국은 국제개발이라는 미명 하에 자국의 팽창을 정당화해갔다.

UNKRA 원조는 1958년 6월부터 공식적으로 활동이 종료되었으나 1960년까지 남은 사업을 마무리하고 잔여자금을 ICA에 이양하였다(이현진(2009), p.228).
5) 시흥흑연광산은 시흥군 군자면 선부리에 위치하여 시흥 일대에서 가장 오랜 기간 광산물을 채굴·생산한 곳이다. 시흥, 안산, 과천 3개 군으로 나뉘었던 군자면은 1914년 시흥군으로 통합되면서 '군자면' 명칭을 처음 사용하였다. 해방 이후 시흥군은 지속 분화되었다가 1989년 군자면, 수암면, 소래읍이 합쳐져 현재의 시흥시로 승격되었다(「군자면」, 『디지털시흥문화대전』).
6) 한미중석협정의 체결로 한국이 미국과의 무역에서 종속적인 위치에 놓였으며 자원 수출에서 발생하는 이익이 미국에 집중되는 불균형 무역관계를 초래했다(윤성민(2024), 「한국의 중석수출과 한미중석협정의 체결」, 『역사문화연구』 89 참조).
7) "Inaugural Address", January 20, 1949, National Archives : Harry S. Truman Library, https://www.trumanlibrary.gov/library/public-papers/19/inaugural-address(접속일 : 2025.2.22.)

미국은 세계경제를 회복하고 국제공산주의 위협을 봉쇄한다는 미국의 안보 이해와 저개발지역의 경제성장을 연결짓는다는 인식 아래 유엔(UN)·경제협조처(ECA)·북대서양조약기구(NATO)와의 다각적 협력체계를 구축하여 운영하였으며, UNKRA의 광업 원조사업에서도 그 기조를 이어갔다. UNKRA의 광업 원조는 한국에 주재한 미국의 원조당국과 인적·조직적 구성을 공유하면서 미국식 자원탐사·관리기술과 지식체계를 한국에 도입하는 과정을 따랐다.[8] 이처럼 '개발' 담론이 한국 사회에 자리 잡는 과정에 대한 이해를 더하기 위해 다양한 규모와 범위의 재건·개발 사업이 이루어진 한국 광업에 대한 연구 경계를 확장하고자 한다.

　이상의 문제의식을 토대로 본 연구는 UNKRA가 시흥흑연광산 원조사업을 추진하는 과정에서 나타난 운영방식과 부침(浮沈)을 검토함으로써 1950년대 대한(對韓)원조의 광업 부문 사업의 역사적 의미를 도출하고자 한다. 본 연구는 두 가지 측면에서 UNKRA의 광업 원조사업에 대한 역사적 의의를 조명하는 것을 목표로 한다. 첫째, UNKRA가 광업 부문에서 사업계획을 수립하고 실행한 역사적 맥락을 살펴보고, 해당 계획에 따라 어떠한 사업이 전개되었는지를 검토한다. 둘째, UNKRA의 사업 운영 방식에 대한 이해를 토대로 사업 과정에서 나타난 문제와 그 해결 과정을 역사적으로 추적한다.

　본 연구는 주요 자료로 UNKRA 문서는 국가기록원 및 국립중앙도서관·

---

[8] Black(2018)은 미국 내무부(Department of Interior)가 포인트포 사업을 기점으로 원조수혜국에 개발 기술을 지원하면서 미국식 자원관리 체계를 이식하고 해당 국가의 자원과 경제구조를 미국의 이익에 부합하도록 재편성하는 결과를 초래했다고 주장한다(Megan Black(2018), *The Global Interior : Mineral Frontiers and American Power*, Harvard University Press) ; 하재영(2024)은 냉전 시기 미국의 동아시아정책이 한국의 국가건설 노력과 교차하는 지점에서 미국이 한국의 산악지대에 대한 개발 및 관리를 통해 한국 자원에 대한 제국주의적 팽창을 정당화하는 과정을 다루었다(Jaeyoung Ha(2024), "Frontier Above the Clouds : A Trans-Pacific History of Mountain Engineering in South Korea," Ph.D Dissertation, University of California San Diego).

국사편찬위원회 등 국내 소장본을 포함하여 뉴욕 주재 UN아카이브에서 수집한 국내 미수집분 문서들 중 '시흥흑연광산'(Crystalline Graphite) 원조 사업에 관한 문서들을 활용하였으며, 미국 국립문서관(NA-II) 소장 RG 286 국제개발처(AID)의 Entry P 586 광업에 관한 미수집분 문서들, 국사편찬위원회 소장 RG 469·RG 286 문서군 자료와 국내 기관에서 생산한 각종 보고서류, 국내외 신문 자료를 활용하여 파편적인 사실들을 보완하였다.

2. 유엔한국재건단(UNKRA)의 한국경제 재건 계획과 광업 계획

2.1. 시흥흑연광산의 '발견'

한반도에 흑연의 부존 사실이 알려진 후 흑연은 중요한 산업용 광물로 떠올랐다.[9] 특히 식민지 조선에서 생산되는 흑연은 전시체제기 일본의 군수공업에서 매우 중요한 자원이었다. 1915년 12월 24일 「조선광업령(朝鮮鑛業令)」(제령 9호)이 제정된 이후 총 3회(1926년·1933년·1941년)에 걸쳐서 개정되었는데,[10] 이것은 일본의 광업법을 참조하여 식민지 조선의 지하자원을 통제하고 일본 자본의 독점적 광업권 보장을 목적으로 하는 조치였다. 제1차 세계대전의 영향으로 흑연 채굴이 확대되면서 1915년부

---

9) 흑연은 육각의 판상결정체로 산출되는데 결정 크기에 따라 인상흑연(鱗狀黑鉛, crystalline graphite)과 토상흑연(土狀黑鉛, amorphous graphite)으로 구분된다. 전자는 육안으로 식별될 정도의 크기이지만, 후자는 결정의 정도가 미세하여 육안으로나 현미경으로도 식별하기 어렵다. 흑연에 대한 일반적인 인식은 연필심을 떠올리기 마련이다. 연필심의 주원료는 토상흑연이다. 한편, 인상흑연은 주로 열간 금속가공이나 기계공업에 필수적인 윤활·코팅제로 활용되거나 용광로, 전기로, 아크 제조 등에 첨가되는 재료로 제조공업에 주로 사용된다는 점에서 주목되었다.
10) 『조선총독부관보』 제1018호, https://db.history.go.kr : 443/id/gb_1915_12_24_a10180_0010(접속일 : 2025.2.22.)

터 1919년까지 한반도 전체 연평균 8,000톤에 육박하는 생산량을 기록했다. 1920년대 후반에서 1930년대 초반의 전세계에 도래한 세계대공황과 일본의 '쇼와경제대공황'은 경제위기를 타개하고 각종 원료 및 소비시장을 확보하기 위한 전시체제로 이어졌다. 특히 1937년 중일전쟁의 발발로 군수공업의 주요 광물원료 수요가 폭증하였다. 이에 따라 조선총독부는 조선광업령을 활용하여 식민지 조선 내 일본 대자본의 광업독점권을 강화하고 흑연을 포함하는 각종 전략광물을 채굴해갔다. 1938년 5월 12일 제정된 「조선 중요광물 증산령(朝鮮重要鉱物増産令)」(제령 20호)은 조선총독부가 식민지 조선의 중요 광물을 증산, 관리 및 통제하고 일제의 군수물자 조달을 뒷받침하는 핵심 법제적 기반이 되었다.[11]

유솜(USOM/K) 보고서 "Mineral Resources of Korea : Volume VI B Non-Metallics and Mscellaneous Metals"(1963)는 식민지 조선의 흑연은 한반도 38선 이남 지역의 광물 자원 중에서는 금, 텅스텐, 석탄, 동(구리)에 이어 5번째로 가치가 높은 자원이었다고 설명한다.[12] 1925~1938년 식민지 조선은 주요 흑연 생산지로 알려진 실론과 마다가스카르보다 각각 2.2배, 2.6배 많은 흑연수출량을 기록했으며 1939년부터 1944년까지 한반도의

---

11) 조선 중요광물 증산령 제1조에 따르면 주요 광물의 종류 및 범위를 "금광·은광·동광·연광·석광·안질모니광·수은광·아연광·철광·유화철광·격어모철광·만엄광·텅스텐광·수연광·니켈광·코발트광·흑연·석탄·운모·명반석·중정석·형석·"마그네사이트"·하석·남정석(홍주석 및 규선석을 포함)·사금·사철 및 희유원소를 함유한 광물로 조선 총독이 지정한 것을 말한다."라고 규정하였다.[『조선총독부관보』 제3393호, https://db.history.go.kr : 443/id/gb_1938_05_12_a33930_00020(접속일 : 2025.2.22.)].

12) 해당 보고서는 데이비드 갤러거를 비롯한 미국 지질조사국(U.S. Geological Survey) 소속 광산기술자들이 상공부 산하 국립지질조사소(Geological Survey of Korea : GSK) 및 유솜(USOM/K) 광업부와 협력하여 작성한 보고서 시리즈의 일부이다[David Gallagher(1963), "Mineral Resources of Korea : Volume VI B Non-Metallics and Mscellaneous Metals", Issued by Mining Branch, Industry and Mining Divi. In Cooperation with Geol. Surv. Republic of Korea, RG 286 Entry P 583, Box 7(국사편찬위원회 사료참조코드 : AUS056_09_00C0096)].

흑연 생산량은 소련의 생산량을 넘어섰다고 추정하였다.[13] 〈표 1〉은 유솜 광물보고서와 한국은행에서 발간한 『산업종람』(1954)을 참조하여 1927년부터 1948년까지 한국의 흑연 생산량을 정리한 것이다. 해방 이전의 1927~1944년까지는 한반도 전체 흑연 생산량을 표기하였으며, 1945~1948년 시기는 38선 이남 지역의 생산량을 표기하였다. 〈표 1〉에서는 전시체제기 군수공업의 수요 급증에 따라 흑연 생산량이 고도상승세를 탔으나 해방 직후부터는 생산수요 증가가 거의 이루어지지 않았음을 보여준다. 1948년 대한민국 정부가 들어선 이후부터 흑연 생산이 1920년대 수준으로 회귀하기 시작했다는 것도 수치상으로 확인된다. 〈표 1〉에는 포함되어 있지 않지만, 한국전쟁이 발발한 직후에는 국내 흑연 생산이 일시 중단되어 생산량이 감소하는 추세에 들어갔다.

〈표 1〉 1927~1948년 한국 흑연 생산량 (단위 : 톤)

연도	인상흑연	토상흑연	총생산량	수출총량
1927	886	17,056	17,942	-
1928	1,439	21,040	22,479	-
1929	1,453	23,695	25,148	-
1930	1,979	18,094	20,073	23,362
1931	752	13,293	14,045	-
1932	909	15,905	16,814	-
1933	1,937	20,740	22,677	-
1934	2,432	28,862	31,294	-
1935	4,234	40,884	45,118	45,444
1936	5,849	35,065	40,914	39,794
1937	5,708	35,420	41,128	43,569
1938	12,503	44,815	57,318	50,348
1939	16,339	67,070	83,409	78,501
1940	21,112	73,469	94,581	80,110
1941	22,978	58,911	81,889	-
1942	19,371	76,683	96,054	

---

13) David Gallagher(1963), "Mineral Resources of Korea : Volume VI B Non-Metallics and Mscellaneous Metals", pp.3-4 ; 윤성순(1952), 『한국광업지』, 한국중석광업회사, pp.149-150.

1943	18,306	78,165	96,471	-
1944	28,427	74,879	103,306	-
1945	5,254	27,153	32,407	-
1946	204	-	204	-
1947	1,601	2,600	4,201	1,000
1948	1,070	14,888	15,958	16,642

출처 : 한국은행(1954), 『産業縱覽(第1輯)』, pp.322-323, 325-326 ; David Gallagher (1963), "Mineral Resources of Korea : Volume VI B Non-Metallics and Mscellaneous Metals", Issued by Mining Branch, Industry and Mining Divi. In Cooperation with Geol. Surv. Republic of Korea, RG 286 Entry P 583, Box 7, p.2(국사편찬위원회 사료참조코드 : AUS056 _09_00C0096).

1950년 10월 한국군과 유엔군이 북진한 이후 38선 이남 지역의 광산 채굴 및 생산 재개 조치가 내려지자, 광업 부문에 대한 지원을 재개하려는 미국·유엔 원조당국은 원조사업에 따른 광산 조사를 진행할 수 있었다. 그 일환으로 1950년 11월 20일 유엔민사원조사령부(United Nations Civil Assistance Command in Korea, 이하 UNCACK) 광업 고문이자 주한경제협조처(Economic Cooperation Administration, 이하 ECA) 금속광산부 기술자 루이스 G. 노니니(L. G. Nonini)[14]는 경기도 시흥군 선부리 군자면에 위치한 시흥흑연광산을 찾았다. 그의 방문 목적은 저평가된 광구(鑛口)·광산에 대한 탐광조사를 수행한 후, 원조사업의 사전타당성을 평가하고 광산 개발 및 운영기술 축적을 위한 자원 할당 방안을 마련하는 것이었다.

---

[14] 루이스 G. 노니니(Lewis G. Nonini, 1919~1998)는 미국 아이다호(Idaho)주 쿠르달렌 광산지구(Coeur d'Alene mining district)의 매케이라는 작은 광산 도시에 이탈리아계 광부 집안에서 태어나 1942년 아이다호주립대학 지질학 학사로 졸업 후 1943년 미 육군에 입대하여 파괴 기술자(demolition technician)로 태평양 방면에서 근무하였다. 노니니는 1948년부터 한국에서 UNCACK 광산 고문으로 활동하고, 이후 UNKRA의 광업부 부장으로 선임되었다. 1950년대 UNKRA 광업 부문 사업 운영을 전담하였는데, 한국 석탄 광업 개발 활동에 특히 주력하였다. UNKRA와의 계약이 종료된 후 1970년대 중반까지 광업 부문 사업에 종사하며 아시아 지역에 머물렀다(Robert Hall, Americo Nonini and Seth D. Woodruff, "Obituaries : Lewis G. Nonini - An Appreciation by Robert B. Hall, Americo Nonini and Seth D. Woodruff", *SME News : Mining Engineering*, (Sept., 1998), p.91).

한국전쟁 발발 전 ECA는 시흥흑연광산에 대한 최소 한 차례 이상의 조사를 수행하였으나, 전쟁 중 자료가 소실되어 광산에 대한 정보가 사실상 부재했다.

당시 시흥군 일대는 시흥군 서면에 있는 시흥동광산과 동쪽(현재 과림동)의 오류광산, 군자면의 시흥흑연광산이 가동 중에 있었다.15) 폐허 상태에 있었던 시흥흑연광산을 조사한 노니니는 광맥 3개를 발견하였으며, 아직 탐광 및 시추 조사가 진행되지 않은 상황였음에도 약 2,600만 톤가량의 흑연 광물이 매장되어 있을 것으로 추정하였다.16) 그는 현대적 시설과 장비를 도입하고 공장 건설자금(4만 1,190달러 또는 1억 6,476만 원)을 지원한다는 것을 전제로 시흥흑연광산을 연간 6만 5,874달러 이상의 이윤을 창출할 수 있는 수익성 높은 매장지로 평가하였다.17)

이후 UNCACK를 거쳐 유엔한국재건단(UNKRA)으로 소속을 옮긴 노니니는 1953년 12월 다시 시흥흑연광산을 방문하여 보고서를 작성하였다.18) 조사 결과, 시흥흑연광산은 전란 속에서도 98명의 종업원을 지닌 상당한 규모의 기업체로 성장하였음을 확인할 수 있었다. 당시 광산은 하루 평균 45톤의 원광과 2톤 가량의 정제된 흑연을 생산하고 있었으나, 장기적 관점에서 현저하게 부족한 생산량이었다. 그러나 장래 채굴량 증가 및 공장 신설 이후의 생산량 확대 가능성은 한국 정부 및 UNKRA의 기대를

---

15) 대한상공회의소(1956), 『전국주요기업체명감(全國主要企業體名鑑)』(1956년), 국사편찬위원회 근현대회사조합자료.
16) 탐광은 지하에 숨겨진 광맥, 광상, 유전 등을 찾아내는 작업이다. 시추는 지하자원 탐사·지층 구조나 사태를 조사하기 위한 지질조사 등을 위해 땅속 깊이 구멍을 뚫는 작업으로 드릴링(drilling), 보링(boring) 등으로 불리기도 한다.
17) L. G. Nonini, "UNKRA Division of Mining : Shiheung Graphite Mine Sunbu-ri, Gunja-Myon, Shiheung Gun, Kyonggi-do Korea", November 1950, RG 286 Entry P 586 Box 25, p.26.
18) L. G. Nonini, "UNKRA Division of Mining : Description of a Crystalline Graphite Mill at Shiheung Graphite Mine Sunbu-ri, Gunja-Myon, Shiheung Gun, Kyonggi-do Korea", December 1953, RG 286 Entry P 586 Box 25, pp.15-31.

충족하기에는 충분한 수준이었다. 해당 보고서는 노니니가 광업부장으로 임명된 후, 시흥흑연광산 원조사업의 운영 및 집행 과정에서 핵심적인 자료가 되었다.

이상의 내용을 미루어 보면 노니니가 진행한 사전타당성 조사는 '정석'에 가까웠다. 사전타당성 조사(feasibility report)의 목적과 기능은 안정적인 자원 확보와 수급을 목적으로 하며, 한국의 경우 텅스텐에 과잉 의존적인 광업시장에서 대체 수출 광물을 모색하려는 미국의 자원정책의 일환으로 이루어졌다. 광산 개발 과정은 발견(discovery) 이후 본격적인 개발(development) 단계로 진행되기 전에, 개발 사업의 사전타당성(feasibility)을 검토하는 단계를 포함한다. 이는 안전하고 경제적인 채굴 생산을 위한 공학 설계(engineering), 총비용 추정(cost estimate), 투자 평가(operating costs), 리스크 분석, 매장량 분석(reserve calculations) 등 광산 개발 사업 전 과정에서 필수적인 사전 준비 작업을 포함한다.

사전 준비 단계 중에서도 노니니의 보고서는 정밀탐사 보고 단계에 해당하였다. 이는 물리탐사의 일환으로, 광역 탐사에서 선정된 후보지역 중 광물의 정확한 부존 상태를 파악하기 위해 수행되는 단계였다. 물리탐사는 지질구조, 광체, 지하수 유무 등 직간접적으로 연관된 물리적 현상을 지표 및 갱정·갱도 내에서 관측하고 데이터를 해석하여 지하 지질 상태를 분석하는 작업이다. 이후 광물 매장 지질 구조를 더 정밀하게 확인하기 위해 직접 시추 파이프를 땅속 깊이 넣었다 뽑는 드릴링(Drilling) 혹은 시추탐사를 수행하였다.

사전타당성 여부는 시추 탐사 역량과 경제성을 기초로 평가되며 노니니의 보고서에 기재된 매장량 역시 추정치에 불과하였다.[19] 그러나 이후

---

19) 매장량은 광물을 최적의 조건으로 최대의 이익을 창출할 수 있는 상태, 즉 사용(판매) 가능한 자원량의 추정치이다. 이후 개발 사업은 운영 중 돌출되는 기술적·사회적·경제적 변수들이 종합적으로 반영된다. 반복적인 상황적 변수에 대응해야

UNKRA의 '사업계획신청서'는 해당 매장량을 토대로 지질 자료, 기초조사, 설비 인프라 조사, 시장성 평가(marketing) 등 광산 운영의 경제적 여건을 반영하였다. 이는 자원개발에 있어 공학 설계(engineering)의 타당성을 판단하는데 중요한 요소였으며, 지속적인 검토 과정을 거쳐 초기 가정들이 점차 현실적인 수치로 구체화되는 경향을 보였다.

노니니의 사전타당성 보고서를 토대로 1953회계연도 UNKRA의 사업계획(MIN 3-1, 2, 3, Shiheung Crystalline Graphite)이 수립되기까지는 약간의 시차가 있었다. 이것은 한국 내 다양한 원조 기구 간 역할 분담 및 조율 필요성 때문이었다. 1952년 5월 한미경제조정협정이 체결됨에 따라 한국에 대한 원조집행의 효율성을 제고하고 전반적인 경제조정을 위해 유엔군사령부(United Nations Command, 이하 UNC)-한국 정부 간 합동경제위원회(Combined Economic Board, 이하 합경위)가 구성되었다. 휴전회담이 진행되면서 전후 복구문제가 주요 현안으로 부상하였고, 합경위는 전후 장기 재건계획을 수립하며 UNC·UNKRA·한국 정부 간의 조정위원회를 통해 UNKRA의 재건 사업 계획을 검토하였다.[20] 이것은 경제조정협정의 당사자가 아니었던 UNKRA를 합경위에 포함시키는 방안의 일환이었다.[21]

〈표 2〉 FOA·ICA 계획원조 수입상황과 UNKRA 계획원조 수입상황에서 광업에 배당된 원조 규모를 비교해보면 UNC·UNKRA·한국 정부 간의 조정위원회에서 어떤 결론에 도달하였는지 확인할 수 있다. 특히 대외활동본부(Foreign Operation Administration; FOA) 원조가 제공된 시기(1953.7~1955.6)와 1955년 7월 국제협조처(International Cooperation Administration; ICA) 원조가 시작된 이후 시기에도 광업 부문 계획원조에 대한 자금

하는 고된 작업을 거쳐야 한다.
20) "Administration - ROK - UNC UNKRA Coord. Committee", RG 469 Entry UD 1276, Box 21(국사편찬위원회 사료참조코드 : AUS014_44_00C0187)
21) 이현진(2009), pp.178-179.

〈표 2〉 UNKRA 및 FOA·ICA 광업 부문 계획원조 자금·물자 수급상황 (단위 : $1천)

계획 사업 부문	1951-1952	1953	1954	1955	1956	1957	1958
대전광물시험소	-	71	71	71	52	49	4
사광(Placer) 개발	-	44	17	-	449	63	60
금속광 개발	-	-	261	282	378	222	16
장항제련소 재건	-	-	-	53	85	440	737
인상흑연 개발(Crystalline Graphite Development)	-	-	-	52	-	212	159
충주 철광	-	-	-	-	53	44	-
충주 활석(Talc) 공장	-	-	-	-	74	53	-
토탄(peat) 생산	-	12	103	25	-	-	-
탄광 개발	-	-	464	1,415	1,699	3,458	1,336
UNKRA 광업 합계	14	127	916	1,898	2,790	4,541	2,312
ICA 광업 합계	-	-	-	-	29	102	863

출전 : 한국은행조사부(1959), 『경제연감 - 통계편』, pp.216~217, 220. (*UNKRA의 경우 기술원조 자금 포함됨).

및 물자 수급상황을 대조해보면, UNKRA의 원조 수입규모가 훨씬 컸다.[22] 이에 따라 조정위원회는 UNKRA에 전략광물을 제외한 모든 광산물에 대한 책임 권한을 부여하였다는 것을 알 수 있다. 한국 정부와 UNKRA는 별도의 협정을 체결하여 원조를 운영하는 방식으로 조정 문제를 일단락시켰다.

2.2. 시흥흑연광산 사업계획의 부상

경제조정관실의 조정하에 UNKRA의 광업 부문 원조사업은 UNCACK 및 유엔군사령부가 전략물자로 분류된 광물 생산을 지휘하는 광산 개발사업과 분리하여 시행되었다.[23] 전략물자로 분류된 텅스텐 광물은 1952년

---

[22] 1955년 6월 FOA원조의 광공업 부문 도입실적에서도 계획액($60,034,000)에 비해 도입누계액($873,000)이 현저하게 적었다(〈표 16〉 FOA원조의 부문별 도입실적, 이현진(2009), p.211 참조).

[23] "Incoming Message from CINCFE Japan to NAVRADSTA WASHDC", October 5,

한미중석협정의 체결을 기점으로 미 육군부·UNC의 관할하에 대미 수출용으로 전량 분류되었다. 반면, UNKRA 및 ICA원조로 운영된 광업 부문 계획사업은 전략물자로 분류되지 않은 모든 광물 자원을 포괄하였다. 1952년 12월 17일 UNKRA 원조자금으로 총 7,500만 달러가 국내 경제 재건 및 각 공업부문의 부흥 자금으로 할당되었으며, 이 중 상공부에 배당된 2,000만 달러 중 공사부흥비 1,150만 달러, 전기공사비 70만 달러를 제외한 잔여자금은 탄광·광산기구 도입, 유리공장 설립, 제지공장, 시멘트공장, 방직공장, 광물시험소 건설 등에 배당되었다.[24] 1952년 하반기까지 사실상 소비재 수입에 한정되었던 UNKRA의 활동은 1953년 6월 휴전협정 체결 이후 본격화될 수 있었다.

휴전협정 체결을 전후로 한국의 광산 개발에 대한 관심은 전후 복구 논의와 함께 더욱 증대되었다. 한국 정부와 원조사업 주체들의 한국 경제 재건 목표에 대한 상이한 지향 사이에서도 광업 분야의 산업촉진은 공통의 과제로 부상하였다. 전후 복구 시기 한국 정부의 경제부흥계획과 미국의 경제원조 도입 구상에서 시흥흑연광산은 장항제련소 및 동양활석, 무주 코롬보 등의 사업 계획과 함께 중요한 광업지로 상정되었다.[25]

네이산 협회(Nathan Associates)의 예비·결과 보고서는 UNKRA의 전후 재건구상 및 광업 부문 원조사업계획 수립에 핵심적인 역할을 하였다.[26]

1953, RG 469 Entry UD 1276, Box 4, p.114(국사편찬위원회 사료참조코드 : AUS014_44_00C0023).

24) 광물분석비용은 1954년 3월 29일 선광 시험과 분석·감정 업무를 수행한 대전광물시험소(중앙지질광물연구소의 대전 지소의 전신)의 설립으로 이어졌다(『자료대한민국사』 제27권, 「한미합동경제위원회, 운크라 지원자금 배정 계획 발표」, 『민주신보』, 1952.12.17.).

25) 「사·사반기 산업자금 수급계획을 수립」, 『동아일보』, 1953.2.15.

26) 임다은(2019), p.17 ; *An Economic Programme for Korean Reconstruction (Nathan Report)* (1954), New York : United Nations Korean Reconstruction Agency ; 조영준 외 역해(2019), 『한국경제의 재건을 위한 진단과 처방 : 「네이산 보고」(1954)의 재발견』, 한국학중앙연구원출판부 참고.

해당 보고서는 전전의 생활수준을 회복하고 국제수지 균형을 맞추기 위해 생산영역에 집중투자하여 농수산물, 광물 등 천연자원을 개발하여 수출을 증진하는 계획을 제시하였다.[27] 광산물 수출액이 한국 정부의 외환 수급에 미치는 영향을 고려하면 국내 중요 광물을 발굴하고 상업용 및 수출용 광물 공급을 증가시켜서 광물 생산량을 최소한 전쟁 이전의 수준까지 회복하는 것이 필요했다. 특히 보고서는 석탄·중석(텅스텐)·금을 주로 분석하였지만 흑연 및 형석도 수출용 주요 광물로 주목하였다. 컬럼바이트, 구리, 철, 망간, 몰리브덴, 모나자이트, 활석, 탄탈럼 등의 광물도 언급하였다.[28]

네이산 보고서가 제시한 광업 계획은 선광, 제련 등 광물자원의 가공 기술보다 외환수입 증액을 위한 수출증대책이라는 관점에서 지하자원 발굴에 역점을 두었다.[29] 당시 한국의 광산물은 대부분이 일본과 미국으로 수출되었다. 특히 석탄을 제외한 모든 금속·비금속광 수출비율이 80%대를 상응했다. 보고서는 적절한 기술지원만으로도 광물 생산량을 획기적으로 증대할 수 있다고 전망하였다. 예를 들어, 한국산 흑연의 자원은 풍부하지만 등급이 낮다는 평가가 있었는데, 한국에 매장된 인상(鱗狀, crystalline) 및 토상(土狀, amorphous) 흑연의 양은 적지 않으나 상품의 시장성이 낮아 판로 개척이 어렵다는 분석이 주를 이루었다.[30] 일본이 한국산 흑연의 가장 유망한 수출 판로였으나 외화 규모에 있어서 한계가 있었기 때문에 한국은 미국 시장으로의 확장을 고려할 수밖에 없었다. 한국산 흑연의 품질이 낮아 미국 시장에서는 가격경쟁력이 부족하다는 평가가 지배적이었지만, 한국산 흑연 등급이 낮은 원인은 가공 기술 부족

---

27) 임다은(2019), p.59.
28) 조영준 외(2019), pp.97, 397-398.
29) 임다은(2019), p.23.
30) 조영준 외(2019), p.97 ; 『산업종람』(1954), p.331.

에서 기인한 것이기 때문에 적절한 기술 지원을 통해 품질 개선이 가능할 것으로 보았다. 보고서는 매광 조제련기(賣鑛 粗製鍊機)나 흑연 용광로 등의 설비를 도입하고, 필요한 자금을 투자하여 가공 기술을 개발한 후, 시장 개척을 병행하면 수출 증대로 이어질 것이라고 전망하였다.31)

이후 네이산 보고서의 논지를 계승한 타스카 보고서에도 유사한 주장이 제기되었으나, 석탄·금·텅스텐 생산과 관련된 분석이 과대평가되었다는 비판을 받았다. 한국 광물 조사에 관련된 미국 내무부 광산국(Bureau of Mines), 미국 지질조사국(U.S. Geological Survey) 및 UNKRA의 광업부 등 다양한 소속의 기술전문가들이 판단하기로, 타스카 보고서는 석탄과 금 생산 현황뿐 아니라 텅스텐 생산과 관련해서도 한미중석협정 체결 이후의 상황에 대한 현실적인 고려가 부족했다.32) 이들이 제시한 논평의 핵심은 텅스텐 시장이 한국 광업시장 경기에 미칠 수 있는 영향을 두고 신중성을 더해야 한다는 의견과 함께 국내 미탐험 유망 매장지를 탐사·확

---

31) 조영준 외(2019), pp.423-424.
32) 타스카 보고서 작성자가 한반도 광물조사에 대한 미국 지질조사국 발행 연구보고서들을 참고하지 않았기 때문에 부족한 정보에 입각한 과도하게 신중한 자세가 담긴 분석이라고 지적하기도 했다. 특히 데이비드 갤러거(David Gallagher)가 집필한 "Mineral Resources of Korea"(1947) 및 데이비드 앤드류스(David Andrews)가 집필한 "Geological Study and Exploration of Coal Resources of the Republic of Korea"(1949)가 누락되었다는 것을 보고서의 큰 결함으로 보았다. 이들 보고서는 "… 적절한 조건에서 채굴할 수 있는 형석(fluorite)과 흑연과 같은 비금속 광물이 소량 매장되어 있다. 한국은 [한국]전쟁 전 전세계 흑연 총공급량의 약 30%를 생산했고 미국은 그 중 연간 5만 톤을 수입했지만, 현재 주로 멕시코에서 생산되는 인조 흑연이 공급되고 있다. 한국에서 미국으로 운송하는 데 드는 비용을 감안하면 현재로서는 미국에서 한국산 흑연을 판매하는 것은 비경제적이다"는 논점에서 한국산 흑연에 대한 일본수출 확대를 타진해야한다고 보았다(밑줄 : 필자 강조)["Review of Comments Concerning the Tasca Report Submitted by the Staff of the Foreign Minerals Region, Bureau of Mines ; the Geological Survey ; the Fish and Wild Life Service of the US Department of Interior and the Mining Divison of UNKRA", November, 1953, RG 469 Entry UD 1276, Box 4, pp.144-152(국사편찬위원회 사료참조코드 : AUS014_44_00C0023)].

보하여 개발해야 한다는 당위론에 있었다. UNKRA 광업 기술자들의 진단에서 중요한 것은 텅스텐 수출시장에 과잉의존적인 한국 광업 환경을 극복하는 문제였다.

1953년 당시 텅스텐은 수출용으로 채굴되는 광물 중 가장 높은 생산량을 기록하였다. UNKRA 광산기술자들은 타스카 보고서에서 산정한 광물 산업 생산가치(7,430만 달러)가 너무 높게 책정되었으며, 잠재적 광물 수출액은 약 3,500만 달러 수준이 적절하다고 평가하였다. 국제시장 규모에 비해 기대되는 연간 실적은 낮은 편이지만, 한국 경제의 수출 규모를 고려할 때 여전히 개발되지 않은 광물 자원이 다수 존재함을 시사하였다. 광업은 여전히 "한국이 확보할 수 있는 가장 큰 외화 수입원"으로 평가되었기 때문에 높은 품질의 광상을 우선적으로 개발·운영하고, 미탐사 광상 개발을 기술지원을 통해 촉진하자는 것이 UNKRA 논평자의 핵심 주장이었다. 논평자는 한국의 주요 광물로 ① 철광, ② 인상흑연, ③ 토상흑연, ④ 형석(fluorite), ⑤ 중사(heavy sand), ⑥ 금, ⑦ 구리, ⑧ 활석, ⑨ 망간, ⑩ 중정석(barite) 등을 언급하며, 적절한 개발을 거친다면 연간 800~900만 달러 이상의 수익을 창출할 수 있을 것으로 전망하였다. 특히 기술 원조 제공이 필수적으로 지적되었다. 기술 인력의 양성과 기반 산업의 발전이 병행될 때 국내 광업 부문의 지속적인 성장이 가능할 것이라고 평가되었다.

'신중하지만 확고하고 공격적인 추가 개발이 필요하다'는 미국 광산기술자들의 견해는 UNKRA가 광산 개발사업 타당성의 논리를 강화하는 기반이 되었다. 거의 동일한 내용이 1953~1954회계연도 사업보고서의 향후 계획 부분에도 반영되었다. 기존 광산 개발 및 매장량 추정치를 바탕으로 한국의 광물 잠재 생산량은 합리적인 기간 내에 4,000만~5,000만 달러 규모의 수출액을 달성할 것으로 평가되었다. 한국은 금과 흑연의 매장량이 풍부하다고 알려졌지만, 연, 구리, 아연, 비스무트 및 망간 등 상대적으로 주목을 덜 받은 광물도 충분한 양이 발견되고 있었다. 한국 광물 자원의 전체 부존량은 아직 정확히 파악되지 않았으나 이를 위해 지속적인 탐사, 측량, 시추 및 개발이 필요하다는 논의가 반복적으로 제기되었다.[33]

3. 유엔한국재건단(UNKRA)의 시흥흑연광산 사업계획의 실행과 부침

3.1. 시흥흑연광산 재건 사업의 본격화

1953~1954회계연도 UNKRA의 광업 부문 예산편성에 상당한 변화가 있었다. 1953회계연도의 지하자원개발 사업계획은 ① 광물시험소, ② 사광시추조사, ③ 광산학교, ④ 토탄(peat) 생산, ⑤ 중소광산기업융자자금, ⑥ 탄광개발 등으로 구성되었으며, 1954회계연도 계획에서는 지원 대상 광종, 지역 및 사업 종류의 세부영역에서 한층 구체화하며 총 12개의 원조사업으로 확장되었다. 주요 사업으로 광물분석 및 개발 기술지원(19만 달러), 대전광물시험소(9만 달러), 광산탐사 비용지원(6만 8,000달러), 광산학교(5만 8,000달러), 장항제련소(13만 1,000달러), 태천리 사광 개발(28만 달러), 중소광산기업융자자금(20만 달러), 함백탄광 지질조사·시추(68만 달러), 탄광 재건개발용 물자장비 지원(148만 5,000달러), 탄광 관리 지원(100만 달러), 탄광 재건개발 기술지원(2만 3,300달러) 등을 포함하였다.

UNKRA와 한국 정부가 체결한 주요 광업 원조사업협정 중 가장 두드러진 것은 타스카보고서에 대한 논평에서도 강조했던 '인상흑연'(crystalline graphite) 부문 사업의 도입이었다. 전문가가 판단하기로 시흥 군자면에 있는 시흥흑연광산은 유망한 매장지 중 하나였다. 1953년 시흥흑연광산에

---

33) "UNKRA Project Monthly Report No. 28", December 31, 1954, RG 469 Entry 422, Box 23, p.6(국사편찬위원회 사료참조코드 : AUS014_35_00C0167).

는 최소 2,000만 톤의 광석이 매장된 것으로 추정되었으며, 추가 조사를 통해 더 많은 매장량이 확인될 것으로 예상되었다. 이에 따라 UNKRA는 한국 정부와 시흥흑연광산(Shiheung Crystalline Graphite) 사업계획(MIN 3-1, 2, 3)에 대한 사업협정을 체결하였다. 기획처는 1953~ 1954회계연도 계획에 따라 광공업 부문 사업 현황을 'Justification for Project' 보고서에 요약·정리하였다. 기획처는 시흥 일대에서도 오류광산과 시흥 군자면의 흑연광산을 '특별광산'으로 지정하고 예상 연간 생산량 1,200톤 중 1,000톤은 수출용, 200톤을 내수용으로 배정하였다.34)

UNKRA와 한국 정부 간의 협업으로 진행된 시흥흑연광산 원조사업은 세 가지 단계 목표를 설정하였다. 첫째, 기존 채굴 공정을 현대화하고 노후된 공장을 개보수하기 위해 필수 장비 및 자재를 조달하고 채굴 및 파쇄·제분 작업을 개선하는 것이다. 둘째, 한국 정부의 승인하에 해외 엔지니어링 회사와 계약을 체결하고 필수 장비 및 자재를 조달하여 광석 생산량을 일일 200톤 수준으로 확대할 수 있는 신설 공장을 설계·건설하며, 공장이 정상적으로 작동된다는 것이 입증될 때까지 해외 회사가 운영하는 것이다. 마지막으로, 본격적인 가동이 시작된 후에는 해외 엔지니어링 회사가 신설공장 운영을 담당할 '시흥흑연광업주식회사'의 한국인 종업원을 대상으로 3개월간의 기술 교육을 제공하고, 채굴 및 생산과 관련한 기술적인 지원은 UNKRA 광업부 기술진이 담당할 것으로 계획되었다.35)

한국 내 매장된 고품질 인상흑연은 토상흑연보다 높은 단가를 형성하고 있었으며, 수출시장이 확보되어 있다는 점에서 그 경제적 가치가 높았다.36) 시흥흑연광산 개발은 수출용 광물의 지속적인 생산과 다각화를

---

34) "Justification for Project of the Republic of Korea For ROK FY 1953-1954 Vol. I", RG 469 Entry 422 Box 9, p.88(92)(국사편찬위원회 사료참조코드 : AUS014_35_00C0112).

35) "UNKRA Project Monthly Report No. 28", December 31, 1954, RG 469 Entry 422, Box 23, p.25(국사편찬위원회 사료참조코드 : AUS014_35_00C0167).

〈그림 1〉 시흥흑연광산 현대식선광장
출처 : 국가기록원 사료철 관리번호 : DTA0017983 ; Unique ID UN7659702 (UN Photo)

통해 한국에 꾸준한 외화수입원을 제공할 것으로 전망되었다. 이에 따라 UNKRA는 인상흑연 원조사업에 총 34만 달러를 배정하였다. 그러나 UNKRA의 광업원조 계획이 실행된 이후, 상업적 수준에서의 흑연 생산 개시까지는 상당한 지체가 있었다. 이것은 시흥흑연광산 개발만 아니라, UNKRA 자금에 의해 진행된 전반적인 광업 부문 건설 상황을 반영하였다. 1957년 2월 25일 기준 UNKRA 자금으로 추진된 광업 부문 건설 실행률을 보면, 중소광산융자사업 26%, 인상흑연 개발 38%, 실습광산개발 56%, 대천 흑사금광 80%, 충추철산 75%, 민영탄광 개발 54%, 대리석 공장 78%로 나타나, 기간산업에 직결된 분야를 제외하면 상당히 저조한 실적을 보였다.37) 1953~1956년에 UNKRA 및 FOA 자금으로 총 1,313만 달러가

---

36) 1953년 7월 대통령령 제797호로 발표된 광세법 제5조 제2항의 규정에 따라 1953년 광산물 가격 중 7월 이후 흑연 광종 2개의 톤당 가격은 토상흑연 351환, 인상흑연 3,457환으로 10배 차이가 났다(「단기 4285년분 광산물 가격에 관한 건 [제정 1953.7.6. 대통령령 제797호]」, 『관보』 제927호).
37) 「웅크라자금에 의한 광업 부문건설상황」, 『조선일보』, 1957.3.1.

책정되고 27개 계획사업이 추진되었으나, 40만 달러와 5,100만 환이 책정된 UNKRA 중소광업자금 대충(代充)자금 계정에서도 절반을 조금 상회하는 25만 달러와 3,375만 환이 고작 6개 광산에 대출되는 데 그쳤다. 결과적으로 광업 부문의 계획사업 실행률은 전체 계획의 20%에 미달하는 수준이었다.38) 1953년~1959년으로 UNKRA·ICA 원조자금 사용범위를 확대해도 광업부문 41건에 1,911만 달러가 투입되었지만 실행률은 50% 수준에 그쳤다.39) 원조사업의 저조한 실행률에 대한 요인은 복합적인 것이었다. 일례로, 1957년 미국 회계감사원은 1954~1956회계연도의 대한경제원조의 수행 현황을 조사하여 ① 초기 원조관리의 비효율성과 ② 한국 정부의 비협조적인 태도 등의 문제를 주요원인으로 제기하였다.40) 시흥흑연광산 공장건설 과정에서도 유사한 문제들이 대두하였다.

3.2. 시흥흑연광산 지원 계약회사 선정 불발

전술하였듯이, UNKRA의 원조사업은 기본적으로 안정적인 경제기반을 구축하는 것을 목표로 하였으며 농·수산업, 광업 등 생산부문에 대한 지원을 중심으로 추진하였다. 원조사업은 설비 투자와 기술적 지원이 결합된 자원 관리의 방식으로 운영되었는데, 구체적으로 해당 산업 부문에 대한 기술조사, 신규 공장 건설, 기존 공장 복구, 각종 설비 조달 등의 과정을 거쳤으며 대부분 해외 기업과의 계약을 통해 실행되었다.41) 시흥

---

38) 「국정감사자료에 나타난 상공행정(下)」, 『경향신문』, 1956.11.24.
39) 「개발사업추진에 암영 지하자원·전력」, 『경향신문』, 1959.4.7. ; 「국정감사자료에 나타난 상공행정(上)」, 『경향신문』, 1956.11.22 ; 「국정감사자료에 나타난 상공행정(下)」, 『경향신문』, 1956.11.24.
40) 박광명(2021), 「1957년 미국 회계감사원의 대한경제원조 감사와 한국 국회의 대응」, 『사학연구』 제141호.
41) 임다은(2019), p.51.

흑연광산 개발 및 공장 건설사업(MIN 3-1, 2, 3, Shiheung Crystalline Graphite)의 계획선정, 원조자금 활용절차 및 원조 물자의 구매절차 등 사업 운영방식은 UNKRA에서 작성한 '사업계획신청서'(Form 302 - Firm Request)에 자세히 나와 있다.[42] 사업계획신청서는 사업 목적과 타당성, 사업 일정과 구체적인 사업이행계획 등의 내용을 포함하였다.

시흥흑연광산 사업의 핵심 목표는 채굴 생산 공정의 현대화 및 생산 규모 확장을 통해 시흥흑연광산을 재건하고 광물 생산량과 경제적 가치를 증대시키는 것이었다. 이것은 현재 낙후된 채굴 기술을 현대적인 기술로 대체해야만 달성될 수 있었다. 기술계획의 주요 내용은 신규 굴착기와 운송 장비 설치, 기존 일일 65톤의 정광(精鑛)을 생산하던 공장을 일일 200톤 생산 규모의 신설 공장으로 대체하는 것이었다. 이러한 기술계획은 '패키지 계약'의 형식으로 이루어졌다.[43] 즉, 해외 엔지니어링 회사와의 계약을 통해 UNKRA의 관리하에서 공장 건설과 운영에 필요한 모든 자재 및 장비를 조달하고 승인된 계획과 사양에 맞춰 시공을 감독하며, 신설 공장이 정상적으로 운영될 수 있도록 검증하는 동시에 한국인 종업원 대상 기술 교육을 포함하는 방식이었다.[44] 1954회계연도의 사업계획에

---

[42] 박광명(2020)은 〈그림 3-2〉 하단에 'Firm Request'를 '구매요청서'라고 번역했다. 이것은 한국 정부에서 번역한 번역어를 그대로 사용한 것이다. 그러나 'Procurement Request'도 동일하게 '구매요청서'라고 번역되었기 때문에 용어 간 차이를 둘 필요가 있다. 또한 UNKRA의 Form 302 문서에 "For commodities, technical assistance and services, and ocean transportation" 등 사업 운영 전반에 해당하는 계획내용이 첨부되어 있음을 미루어 보아 본 연구는 'Firm Request'를 '사업계획신청서'라고 번역했다(박광명(2020), 「1950년대 중소기업개발계획의 전개와 성격」, 동국대학교 박사학위논문, p.102 참고).

[43] '네이산 보고서'를 작성한 네이산 협회를 사례로 민간 컨설팅 기업과 미국 정부 간의 긴밀한 협력을 통해 형성되는 권력구조를 미국의 외교정책과 국제개발의 맥락에서 분석한 글로 다음 참조. Stephen Macekura(2023), "Making the Contract State : Nathan Associates, Inc. and Foreign Aid Privatization", *Diplomatic History*, Vol.46, No.2.

[44] "Firm Request 7.3-4 : Annex A", October 18, 1954, UN Archives, NY :

따라 시흥흑연광산 사업 초기에는 34만 달러가 배정되었다. 사업의 규모 확충과 계획 조정이 요구되면서 1955회계연도에 사업계획신청서를 추가 제출하여 1954회계연도에 배당된 34만 달러의 사업자금에 10만 달러의 자금을 추가 투입하였다.

UNKRA는 해외 엔지니어링 회사와 계약을 체결하기 위한 제반 절차를 진행하였다. 1954년 10월 UNKRA 운영부는 1950년 및 1953년 노니니가 작성한 시흥흑연광산 보고서를 첨부한 해외 기업 계약 입찰 초청서를 미국·캐나다·영국 등 주요 국가 20개 기업에 발송하였다. 1955년 초 20개 기업 중 7개 기업이 관심을 표명하였고 이 중에서도 3개 기업이 실질적인 관심을 보였다. UNKRA는 이 중 캘리포니아 소재 사우스웨스턴사(Southwestern Engineering Company)가 실재 흑연 관련사업 운영 경험을 보유한 유일한 기업임을 강조하며 사우스웨스턴사에 시흥광산 광석 분석시험을 제안하고 이에 따른 대략적인 공정도(flowsheet)와 필수 자재·장비 목록을 제출하도록 요청하였다.[45]

사우스웨스턴사는 UNKRA와의 계약 체결 가능성이 높아지자 더 적극적으로 대응하였다. 1955년 5월 사우스웨스턴사 대리인 어니스트 B. 슈넬(Earnest B. Schnell)은 UNKRA의 공식 초청을 받지 않았음에도 방한하여 사우스웨스턴사의 한국 에이전시 AMKOR와 함께 UNKRA와 시흥흑연광산 사업에 대한 논의를 진행하였다.[46] UNKRA는 사우스웨스턴사의 적극적인 태도를 긍정적으로 평가하였다. 1955년 5월 31일 내부 회람용 사업계획신청서에도 이러한 기대가 반영되었다. UNKRA는 한국에 8~10개월간 근무할 6명의 기술자를 채용할 계획을 수립하였다.[47] 사우스웨스턴사가 1955

S-0526-0269-0003 Crystalline Graphite Mine, p.11.
45) Crystalline Graphite Mine, February 3, 1955, p.187.
46) "Nonini (chief of mining section) to Thomas Jamieson (Chief operations division)", May 11, 1955, Crystalline Graphite Mine, p.204.
47) "Form 302 - Firm Request : Min. 1-31f Shiheung Graphite", May 31, 1955, Crystalline

년 4월에 채득한 샘플 분석이 지연되고 일부 결과가 6월과 10월이 돼서야 제출되었는데, 결과도 미진하다는 평가를 내렸다. 이에 따라 UNKRA 광업부는 12월 29일에 추가 샘플을 사우스웨스턴사에 발송하였다.[48] 이러한 소통 과정을 고려하면, 계약 제안까지의 절차는 순조롭게 진행되는 것처럼 보였다.

그러나 1956년 6월, UNKRA는 사우스웨스턴사의 계약 제안서를 최종적으로 거부하기로 결정하였다. 이는 UNKRA 광업부장 노니니가 사우스웨스턴사의 계약 제안서를 거절하는 대신 필수 장비를 자체적으로 설계·조달하고 UNKRA 기술전문가와 한국인 인력을 활용하여 공장을 건설하는 방안을 제안했기 때문이다. 하지만 UNKRA 운영부는 노니니의 계획에 대해 강한 의구심을 품고 있었다.[49] UNKRA는 광산학교(School Mine) 사업을 통해서 노니니가 추구하는 광산기술 이론을 실험하는 과정에서 상당한 자원을 낭비한 경험이 있었기 때문에 운영부 소속 에드워즈는 시흥흑연광산 사업을 중단할 것을 권고하였다.[50] 사우스웨스턴사는 1954년 말에 제안서 제출 요청을 받았음에도 불구하고 1956년 4월 13일에서야 공식 제안서를 제출하였다. 이러한 점을 고려해보면 시흥흑연광산 사업의 난이도가 높은 축에 있었음을 시사한다. 광업부장 노니니와 사우스웨스턴

Graphite Mine, pp.207-215.
48) "Nonini to Southwestern Engineering Co.", December 29, 1955, Crystalline Graphite Mine, p.279.
49) Crystalline Graphite Mine, April 29, 1956, pp.300-301.
50) 운영부 소속 에드워즈는 다음과 같은 논리를 내세우며 시흥흑연광산 사업을 중단할 것을 권고하였다. "노니니가 주장하는 것 … 을 우리가 달성할 수 있을지 의문입니다. … 성공을 거둘 수 있는 적당한 수준의 변화가 확실하지 않다면 우리는 더 이상 추가 작업을 수행할 위치에 있지 않다는 것이 제 주장입니다. 사업 개념이 완전히 명확하지 않으며 우리가 달성할 수 없는 것을 목표로 하고 있고 이론을 증명하기 위해 많은 시간을 낭비하고 있습니다. … 금속광산학교 사업에서 이미 실험을 했습니다. 안타깝게도 그 프로젝트는 성공하지 못했는데, 아마도 개념이 충분히 고려되지 않았거나 현존 조건에 적합하지 않았기 때문일 것입니다."(Crystalline Graphite Mine, pp.300-301).

사 간 협의과정에 대한 구체적인 기록이 확인되지 않으나, 노니니가 UNKRA 광산개발 사업 초기부터 설정한 이상주의적인 개발 목표와 사우스웨스턴사의 사업 수행 의지 및 능력에 대한 의구심 사이에 의견 충돌이 발생했을 가능성도 배제할 수 없을 것이다. 결과적으로, 광업부장 노니니가 사우스웨스턴사의 계약 제안을 최종적으로 거부함에 따라 해외 기업과의 계약 시도는 실패로 돌아갔다.

3.3. 공사 지연 문제 직면

해외 기업과의 계약이 불발됨에 따라, UNKRA는 광업부장 노니니를 중심으로 시흥흑연광산의 공장 건설 및 운영을 직접 주도하게 되었다. 기존 사업계획에서 계약회사가 담당할 예정이었던 공장 복구 및 신규 공장 건설을 위한 각종 설비 조달과 같은 복잡한 과정을 UNKRA가 자체적으로 해결해야 하는 상황에 직면하였다. 그러나 노니니가 두 차례에 걸쳐 직접 수행한 사전타당성 조사보고서를 기반으로 공장 설계도가 상당 부분 마련되어 있었다. 특히 1956년 11~12월 사이 각종 장비 구매 신청이 대거 이루어지면서 기존의 예산 잉여분까지 활용할 수 있었다. 필요한 장비가 있을 때마다 UNKRA는 구체적인 사양을 명시하여 장비 지원을 요청하는 방식으로 공사를 진행하여 건설과정은 비교적 신속하게 진행될 수 있었다. 1957년에는 시험운전을 통해 공장이 부분적으로 가동되었으며, 원조사업이 속전속결로 진행되면서 1957년 3월 기준으로 1957년 말 또는 1958년 초까지 상업적 규모의 정규 공장 가동이 가능할 것으로 예상되었다.[51]

그러나 예정된 공사 완료 시점은 설비 조달 문제로 계속 지연되었다. 이는 1950년대 원조사업 전반에서 발생하던 고질적인 문제였다. 시흥흑연

---

51) Crystalline Graphite Mine, March 25, 1957, p.621.

광산 사업 역시 예외가 아니었다. 예를 들어, 시흥흑연광산으로 운송되어야 하는 물자 '실종' 사례가 빈번히 보고되었다. 이러한 문제는 주로 한국 측에서 제기하였다. 시흥역 창고를 조사한 시흥흑연광업회사 관계자들은 보호조치 없이 기후에 그대로 노출되어 부식되고 파손된 상태로 방치되어 있는 장비를 발견하였다. 여기 5만 8,000달러 상당의 장비가 제공되었음에도 불구하고 상당수가 제대로 관리되지 않아 손상되거나 사용할 수 없는 상태였다. 이에 따라 한국 측은 1956년 4월 UNKRA에 고장 또는 실종된 물자에 대한 보상과 조사를 요구하였다. 그러나 이 원조물자 보관 및 운송 문제는 UNKRA가 본격적으로 시흥흑연광산 공장건설사업을 착수하면서 1957년에 가서야 중대한 사안으로 인식되기 시작하였다.

1957~1958년 시흥흑연 사업계획신청서에 명시된 원조 물자는 한국에 도착한 이후 최종 사용자(end-user)인 시흥흑연광업회사 창고까지 원활히 운송되지 않아 행방이 묘연해지거나 다른 지역으로 잘못 운송되는 경우가 빈번했다. 예를 들어, 공장 건설에 필수적인 자재 중 하나인 강화철근이 부산항에 도착한 이후로 사라졌는데, 이는 부산지역 부두 및 창고뿐 아니라 한국 측과의 조정 및 소통 부재를 단적으로 드러내는 사례였다. 운송확인서는 창고입고보고서(Warehouse Receiving Report)를 토대로 작성되는데, 통관된 자재가 화물처분서에 기재된 내용대로 부두에서 창고로 실제 입고되었는지 확인할 책임자나 부서가 부재한 상황에서 물자의 행방을 파악하는 것은 거의 불가능하였다. UNKRA나 한국 외자청은 부두에서 최종 목적지까지의 자재 운송과 관련하여 어떠한 조치도 취하지 않았다. 이는 원조당국과 한국 정부 간 협조체계가 완전히 부재하였음을 의미했다.

이러한 문제는 UNKRA가 주관하는 다른 사업에서도 발생하였으며, 화물운송이 2개월 이상 지연되어 UNKRA 서울본부가 직접 개입한 후에야 비로소 정상적으로 운송이 이루어지는 경우도 있었다. 시흥흑연 사업에서도 이런 문제가 재발하면서 시멘트 공급이나 전기 수급에 필요한 작동

엔진 부품이 제때 조달되지 못하는 사례도 보고되었다. 운송수칙(shipping instruction)이 제대로 마련되지 않았거나, 마련된 이후에도 잘 준수되지 않았기 때문이었다. 그러나 UNKRA는 한국 외자청에 계획 사업을 가능한 한 조속히 완료해야 한다는 점을 강조하며 부두에서 최종 목적지까지 물자 운송을 책임질 외자청 직원을 배정하여 물자 운송 속도를 개선할 것을 요구하였다.52) 이처럼 한국 정부와 UNKRA 본부가 서로 책임을 전가하자 결국 UNKRA는 시흥흑연광업회사가 사라진 철근의 대체품을 현지 시장에서 직접 구매하고 그 비용을 UNKRA가 대불하는 것으로 문제를 해결하였다.

한편, 1958년 1월 22일 시흥흑연광업회사 황창연 사장은 UNKRA 본부에 보낸 서한에서 시흥흑연 공장이 약 85% 완료되었으며, 4월에는 준공이 가능할 것이라고 보고하였다. 또한 1957년 10월 말 UNKRA 혹은 미국으로부터 받은 원조 시설 장비를 효과적으로 활용하기 위해 상호명을 '시흥흑연광업주식회사'로 새로 등록하고 회사를 재정비한 사실을 알렸다.53) 사업 효율성을 제고할 수 있다는 점에서 통상적인 사내 구조 개편은 긍정적인 변화였다. 그러나 구조 개편이 시흥흑연광산 및 공장의 초기 생산 단계를 감독할 광산 기술 고문을 선정하려는 한국 측의 요구와 중첩되면서 원조 당국의 입장은 난처해졌다. 시흥흑연광업주식회사의 내분을 암시하는 정황으로 사장 이정배와 새롭게 부상한 황창연 간의 경영권 다툼이 발생했는데, 결국 황창연이 회사를 장악하는 것으로 일단락되었다. 이 과정에서 상공부와 시흥흑연광업주식회사는 시흥흑연광산의 운영과 생산을 감독할 기술 고문의 선발을 요청한 것이다.

---

52) "C. H. Pery to Choi In-Kyu", UN Archives, S-0526-0270-0001 Shiheung Graphite, Vols. II-III, pp.68-69.

53) "Hwang Changyeon to Coulter", January 22, 1958, Shiheung Graphite, Vols. II-III, pp.93-99 ; 1957년 10월 30일자 서울 지방법원에 상호명 변경을 등록한 시흥인상흑연광업주식회사는 UNKRA의 흑연 개발 사업 대상자와 동일하다.

〈그림 2〉 현대화된 장비들이 투입되고 체계화된 광산과 공장의 모습이다.
출처 : Unique ID UN7659703 ; Unique ID UN7659704 ; Unique ID UN7659701 (UN Photo)

    UNKRA는 1954년 사업 초기부터 긴밀한 관계를 유지했던 시흥흑연광업 전(前) 관리인 이정배를 기술 고문으로 고려하고 있었다. 그러나 새롭게 개편된 시흥흑연광업주식회사(황창연 사장) 경영진과의 갈등으로 인해 그를 고용하는 것은 현실적으로 어려워졌다. 또한 UNKRA의 사업이 1958년 7월 1일부로 종료되기로 예정되었기 때문에,[54] 원조 당국은 시흥흑연광산의 운영과 생산력을 산업생산 단계로 안착시키기 위해 기술 고문을 조속히 선정해야 했다. 결국, UNKRA는 내부 논의를 거쳐 계약 종료 시점이 임박했던 광업부장 노니니를 기술 고문으로 재고용하기로 결정하였다.
    1958년 공장 준공 시기가 다가오자, UNKRA와 노니니는 또 다른 문제에 직면했다. 시멘트 물량이 부족하여 공사가 중단되었다. 당시 시흥흑연광산 사업 대금은 산업은행을 통해 외자청에 직접 지급되고 있었다. 그러나

---

54) 유엔한국재건단(UNKRA)의 사업은 1958년 7월 1일에 활동을 공식 종료하였다. 사업 종료 이후 UNKRA의 잔여 자금은 ICA로 이양되어 1960년까지 집행되었다(임다은(2019), p.1. ; 홍성유(1962), 『한국 경제와 미국원조』, 박영사, p.94).

시흥흑연광업회사가 환화 대충자금이 부족하여 외자청에 운송 수수료 536만 638환을 지불하지 못하자, 외자청은 지불을 강제하기 위해 시멘트 물량 인도를 보류한 것이다. UNKRA는 부흥부에 시흥흑연광업주식회사 대충자금 환화계정에 사업비용 600만 환을 추가 지원을 요청하였으나, 부흥부는 해당 금액을 자체 충당해야 한다며 증액 요청을 거부하였다. 부흥부의 논리는 이미 시흥흑연광업회사에 추가적인 예산 지원이 이루어졌고, 현행 ICA의 대충자금 운영 방침에 따라 원조 사업에서 최종사용자가 부담하는 사업 재원이 전체의 25%에 상응해야 하는데 시흥흑연광산 사업의 경우 최종사용자가 부담하는 예산비중이 21.3%에 불과하다는 것이었다.55) 그러나 이는 부흥부의 오해에서 비롯되었다. UNKRA와 사업의 최종사용자인 시흥흑연광업주식회사는 이미 2,472만 환 상당의 자체 충당 예산을 공장 건설비용으로 투입했기 때문이다. UNKRA 단장 이스트우드는 해당 금액이 기존 사업계획신청서에서 요구하는 기여 금액을 초과한 점을 고려하여, 시멘트와 같은 필수 자재의 즉각적인 방출을 위해 600만 환의 지급 보증을 승인하였다.

물론 부흥부의 문제제기도 타당성이 전혀 없는 것은 아니었다. 시흥흑연광산 사업이 개시된 당시 최종사용자에게 사업예산 중 15%의 기여금을 요구하였으나, 합경위의 현행 방침은 25%의 최종사용자 기여금을 요구하고 있었기 때문이다. 부흥부의 지적대로 현재 시흥흑연광업주식회사의 기여금은 사업 총 예산의 19.8%에 불과하였다. 그러나 UNKRA는 해당 사업이 이미 재정적·건설적으로 마무리 단계에 있으며, 기존 승인 사업의 기여 비율이 15%로 책정된 만큼 현행 기준을 준수할 의무가 없다고 주장하였다. 또한 원래 사업계획신청서에 포함되지 않았던 공사비 2,500만 환 상당의 최종사용자 비용이 추가로 발생한 점과 공사 완료 시점에 추가

---

55) "Song In Sang to Eastwood", August 12, 1958, Shiheung Graphite, Vols. II-III, p.297.

자금조달이 최종사용자에게 과도한 부담을 초래할 가능성을 고려했을 때, 사업 완료를 위한 600만 환의 추가 지원은 불가피하다고 설파하였다.[56] UNKRA가 부흥부를 설득한 결과, 1,991톤의 시멘트가 시흥흑연광산으로 출하되어 공사는 1958년 10월 최종적으로 마무리되었다.

〈표 3〉 1951~1957년 시흥-오류광산 인상흑연(74~87% C급) 연간 생산량 (단위 : 톤(M/T)

광산	1951	1952	1953	1954	1955	1956	1957	1958	1959	1960	1961
오류	-	254	375	340	-	-	-	-	-	-	-
시흥	-	-	309	374	-	-	-	145	147	650	1224
합계	-	254	684	714	-	528	260	145	151	700	1224

출처 : 한국은행 조사부(1959), 『경제연감 : 통계편』, p.163 ; 경제기획원 조사통계국 (1962), 『한국통계연감』 제9호, p.153.

시흥흑연광산의 본격적인 생산 성과는 1950년대 말 여러 우여곡절을 거쳐 시흥흑연광산 공장이 신설된 이후 1960년대에 접어들면서부터 나타나기 시작하였다. 〈표 3〉에서 확인할 수 있듯이, 일부 연도별 생산량 수치가 누락되어 있음에도 불구하고, 1960년을 기점으로 생산 실적이 크게 증가하였고 전반적으로 안정적인 운영이 유지되었다. 오류광산의 흑연 생산량은 1954년 이후 공식적으로 집계되지 않았지만 이후 국내 인상흑연 생산량 대부분이 시흥흑연광산에서 생산되었음이 수치상으로 확인된다. 1962년까지 한국은행의 수출 통관기록에서는 인상·토상 흑연을 별개의 수출품목으로 구분하지 않았기 때문에 정확한 수치를 산출하는 데 한계가 있었다. 그러나 1962년 "Mineral Report" 보고서를 위해 수행된 광물생산 통계조사에서는 1961년 인상흑연의 수출 추정 실적이 1,200톤, 14만 4,000달러 규모로 집계되었다.[57]

---

56) "Eastwood to Song In Sang", September 1, 1959, Shiheung Graphite, Vols. II-III, p.314.

57) "Mineral Production Statistics Questionnaire - 1962," RG 286 Entry P 586 Box 1, p.3(238).

1961년 한국 경제의 광업 부문은 생산량에서 신기록을 경신하였다. 특히 1961년 4월부터 지속된 경기 침체에서도 이같은 성과가 나타났다는 점은 주목할 만하다. 1960년과 1961년 월평균 산업생산지수는 동일하였으나, 같은 기간의 광업 부문 월평균 지수는 12.6% 상승하였다. 4월 혁명과 5·16쿠데타 이후 국내 경기 침체가 심화되는 상황에서도 광업 부문은 상대적으로 영향을 덜 받았으며, 오히려 수출 총액이 소폭 증가하는 양상을 보였다.[58] 이와 같은 광업 부문의 성장세를 뒷받침하는 생산량 증가 추세도 지속되었다. 시흥흑연광산의 인상흑연 생산량은 1960년대 초반까지 꾸준한 상승세를 유지하였으며, 1964년부터 연간 2,000톤을 초과하였다. 1961년 기준, 시흥흑연광업주식회사의 공장은 안정적인 생산을 지속하면서 생산량 대부분이 일본으로 수출되었다. 기존의 흑연 수출 통계는 해석 과정에서 여러 문제가 있었으나, 1961~1962년 수출 통계에서는 시흥흑연광산의 판매량만이 반영되었기 때문에 당시 광산의 생산 규모를 더욱 명확하게 파악할 수 있었다.[59] 1962년 기록을 보면 한국 정부는 인상흑연을 내수용이 아니라 전량 수출용으로 분류하였으며, 같은 해 비금속 광물의 총 수출량은 381,261톤, 총 수출액은 440만 2,000달러에 달했다. 이 중 자연산 흑연(인상·토상)의 총 수출량은 4만 6,379톤으로, 83만 4,000달러 수익을 창출하였다. 1957~1961년 국내 인상흑연 연간 평균 생산량이 496톤에 불과하였으나, 1962년 대일수출만으로 4만 4,975톤, 76만 8,000달러를 기록하였다. 수출 대상 지역이 일본뿐 아니라 미국, 서유럽, 기타 지역으로 확대되면서, 사실상 국내에서 생산된 흑연의 전량이 해외로 수출되고 있었다는 것이 확인된다.[60]

---

58) "Rodney E. Armstrong (AmEbassy, Seoul) to the Department of State", July 12, 1962, RG 286 Entry P 586 Box 1, "Minerals Report 1961", pp.2-3.
59) "Rodney E. Armstrong (AmEbassy, Seoul) to the Department of State", July 12, 1962, RG 286 Entry P 586 Box 1, "Minerals Report 1961", p.9.
60) "Enclosure : Production of Selected Minerals 1957-1961", RG 286 Entry P 586

4. 나가며

　본 연구는 한국전쟁 이후 재건·복구와 경제개발에 대한 다양한 구상과 의지가 교차하며 새로운 경제 질서가 형성되던 시기에 시흥흑연광산 사업을 중심으로 유엔한국재건단(UNKRA)과 한국 정부의 협력양상과 그 한계를 검토하고 1950년대 한국 광업 부문에서 '경제부흥' 기조가 정착되는 과정을 조명하였다.

　UNKRA의 시흥흑연광산 원조사업은 한국 경제의 자립 기조가 표현되는 또 하나의 사례였다. UNKRA의 원조 활동은 미국 주도의 원조 체계 밖에서 독자적으로 운영되었으나 실질적으로는 미국의 대한 원조기구와의 긴밀한 협력 속에서 진행되었다. 이것은 한국 정부의 경제부흥 구상과 미국 원조당국의 안정 기조 사이에서 한국의 광업 부문이 점차 국제 경제체제의 일부로 편입되는 과정을 따랐다.

　시흥흑연광산 원조사업의 경우, 초기 단계에서는 표준화된 광산 조사 및 채굴 시스템과 현대적 생산운영 관리체계 등의 '과학적' 접근을 한국 사회에 도입하려는 시도 속에서 효율적인 개발, 생산과 수출 확대를 목표로 하였다. UNKRA 광업부장 루이스 G. 노니니를 비롯한 UNKRA 및 시흥흑연광업회사 광산기술자들의 노력은 잠재적 자원 기지의 탐사, 저평가된 광산의 조사와 매입, 기술 전수 등 미국 광업계의 '표준'을 따랐다. 그러나 해외 기업과의 계약 불발과 원조 물자의 비효율적 운용, 국내 원조체계의 부침(浮沈) 현상은 사업 진행을 지연시키는 요인이 되었다.

　그럼에도 시흥흑연광산 원조사업은 1950년대 후반 이후 대규모의 고품질 인상흑연을 생산하는 국내 최초의 현대식 시설을 가진 공장을 설립·운영하여 UNKRA의 '덜 알려진' 계획원조사업의 가시적인 성과가 되었다.

Box 1.

그뿐만 아니라 1960년대 이후 지속적인 생산 확대를 통해 국제시장 진출을 위한 초석을 마련하고 한국 광업의 활성화 및 현대화로 이어지는 과정의 중요한 전환점이 되었다.

본 연구는 기존에 규명되지 않았던 대한(對韓)광업 원조를 이를 주도했던 UNKRA의 활동을 통해 조명하여 단순한 전후 복구 차원을 넘어서 한국 경제 구조의 변화를 촉진하는 데 기여한 측면을 고찰하였다. 다만 본 연구의 초점인 UNKRA 광업원조 사업 집행 양상에 대한 분석 이상으로 한국 정부가 광업 원조사업을 조정해간 방식과 의지를 살펴보고 이후 한국 광업정책과 경제개발계획에 미친 영향에 대한 분석으로 확장할 필요가 있다.

전후 한국 경제 재건과정에서 미국 원조당국과 한국 정부가 각각 한국의 지역사회와 갖는 관계를 교차해서 지역 현지인들의 입장을 더 선명하게 드러낼 '책임'도 분명히 해야할 것이다. 시흥은 인천항과 서울에 인접해 있고 경부선 철도와 1번 국도를 통해 교통과 수송이 용이한 지역으로 영등포-안양-인천과 연결되는 수도권 공업지대 발전의 기반을 형성했다.[61] 본 연구는 사업 집행과정에서 드러난 기술적·경제적 문제를 넘어 원조사업의 수혜를 받은 주체의 내부 갈등이 사업에 미친 영향과 UNKRA와 한국 정부의 정책이 지역적 이해관계와 충돌하는 양상을 살펴보는 것도 충분한 분석을 요하고 있다. 이처럼 시흥은 광물 매장량과 생산 잠재력에서뿐만 아니라 지리적·산업적 입지 조건에서도 경인 지역의 특수성을 잘 보여주는 지역적 사례이다.

---

61) 김선호·박동찬·양영조(2020), 「2부 전쟁 속 경기도민의 삶과 사회변동」, 『경기도의 6·25』, 경기문화재단, pp.214-215.

참고문헌

【자료】

『경향신문』, 『동아일보』, 『조선일보』
『조선총독부 관보』
『관보』 제927호
경제기획원 조사통계국(1962), 『한국통계연감』 제9호.
한국은행 조사부(1959), 『경제연감』.
한국은행(1954), 『産業縱覽 (제1輯)』.
대한상공회의소(1956), 『전국주요기업체연감(全國主要企業體名鑑)』, 국사편찬위원회 근현대회사조합자료.
UN Archives, NY : S-0526-0269-0003 "Crystalline Graphite Mine".
UN Archives, NY : S-0526-0270-0001 "Shiheung Graphite, Vols. II-III".
RG 286 Entry P 586 Box 1, 2, 25.
RG 286 Entry P 583, Box 7(국사편찬위원회 사료참조코드 : AUS056_09_00C0096).
RG 469 Entry 422, Box 9(국사편찬위원회 사료참조코드 : AUS014_35_00C0167).
RG 469 Entry 422, Box 23(국사편찬위원회 사료참조코드 : AUS014_35_00C0112).
RG 469 Entry UD 1276, Box 4(국사편찬위원회 사료참조코드 : AUS014_44_00C0023).
RG 469 Entry UD 1276, Box 21(국사편찬위원회 사료참조코드 : AUS014_44_00C0187).
"Inaugural Address", January 20, 1949, National Archives : Harry S. Truman Library, 2025. 2. 22. https://www.trumanlibrary.gov/library/public-papers/19/inaugural-address

【논저】

김선호·박동찬·양영조(2020), 『경기도의 6·25』, 경기문화재단.
김종호(1986), 『韓國鑛業史』, 鑛業生産性調査所.
박광명(2020), 「1950년대 중소기업개발계획의 전개와 성격」, 동국대학교 박사학위논문.
박광명(2021), 「1957년 미국 회계감사원의 대한경제원조 감사와 한국 국회의 대응」, 『사학연구』 제141호.
윤성민(2024), 「한국의 중석수출과 한미중석협정의 체결」, 『역사문화연구』 89.
윤성순(1952), 『한국광업지』, 한국중석광업회사.

이동원(2019), 「이승만 정권기 미국의 대한(對韓) 군사원조 연구」, 서울대학교 박사학위논문.
이병준(2020), 「전후 재건과 비료 공장 건설 연구(1953~1962)」, 성균관대학교 박사학위논문.
이현진(2009), 『미국의 대한경제원조정책 1948~1960』, 혜안.
임다은(2019), 「유엔한국재건단(UNKRA)의 조직과 활동」, 서울대학교 석사학위논문.
조영준 외 역해(2019), 『한국경제의 재건을 위한 진단과 처방 : 「네이산 보고」(1954)의 재발견』, 한국학중앙연구원출판부.
한봉석(2017), 「1950년대 미국의 대한 기술원조 연구」, 성균관대학교 박사학위논문.
홍성유(1962), 『한국 경제와 미국 원조』, 박영사.
Black, Megan(2018), *The Global Interior : Mineral Frontiers and American Power*, Harvard University Press.
Hall, Robert B., Nonini, Americo, and Woodruff, Seth D.(Sept., 1998), "Obituaries : Lewis G. Nonini - An Appreciation by Robert B. Hall, Americo Nonini and Seth D. Woodruff", *SME News : Mining Engineering*.
Ha Jaeyoung(2024), "Frontier Above the Clouds : A Trans-Pacific History of Mountain Engineering in South Korea", Ph.D Dissertation, University of California San Diego.
Macekura, Stephen(2023), "Making the Contract State : Nathan Associates, Inc. and Foreign Aid Privatization", *Diplomatic History*, Vol. 46 No. 2.
Nathan Associates(1954), *An Economic Programme for Korean Reconstruction (Nathan Report)*, New York : United Nations Korean Reconstruction Agency.

어디까지 개발해야 할까?
: 시화호 30년, 오염과 개선의 이중주

고 태 우

1. 들어가며

  2024년은 시화방조제 물막이 공사가 완료된 지 30주년이 되는 해였다. 1994년 1월 24일 마지막 물막이 공사가 끝나고 방조제가 만들어지면서 군자만은 시화호로 바뀌고 담수호가 되기 시작했다. 그러나 환경대책이 미흡한 가운데 조성된 시화호는 주변 공단 폐수와 생활하수의 유입으로 수질이 급속하게 나빠졌고, 시화호 개발은 1990년대 한국에서 최악의 환경재앙 사례로 꼽혔다. 시화호 탄생 30주년을 맞아 한국 사회는 대체로 시화호를 '죽음의 호수'에서 생명의 호수이자, 철새들의 낙원, 생태계 보고가 되었다고 평가했다. 한국의 언론에서는 과거에 문제가 있었지만 이제 시화호 일대는 해양레저·생태관광의 메카로 발돋움할 것이라는 희망적인 메시지가 주를 이루었다.[1] 정부는 2024년 10월 '시화호 발전 전략 종합계

---

[1] 「[시화호 30년] ①"'죽음의 호수'가 이제 '생태계 보고' 됐어요"」, 『연합뉴스』, 2024.1.21. ; 「"죽음의 호수'가 철새들의 낙원으로」, 『동아일보』, 2024.5.10. ; 「'시화호 30년' 죽음의 호수를 생명의 호수로 되살린 사람들」, 『한국일보』, 2024.7.15. 등 참고.

획(2025~2054)'을 발표하며 시화호 일대를 미래 융합도시로 도약하겠다는 목표를 설정했다. 시화호 주변 지자체인 시흥시와 안산시, 화성시, 시화호 주변 개발을 담당하는 한국수자원공사는 2024년 2월에 '2024 시화호의 해 선포식'을 개최하고 시화호 조성 30주년 기념사업을 공동으로 추진했다. 경기도는 10월 10일을 도 기념일인 '시화호의 날'로 지정했다.[2] 이처럼 시화호 30주년은 미래지향적이고 희망적인 메시지가 가득한 채 기념되었다.

그러나 시화호의 형성과 시화지구 개발을 이렇게만 기억해도 되는 것일까? 이 지역의 생태환경은 회복되었고 오염 문제도 해소되었다고 할 수 있을까? 시화호 조성과 그 주변 개발 과정에서 여러 문제는 과학과 기술의 진보에 대한 지나친 믿음 위에 자연을 인간의 이익을 위해 변화시키려는 과도한 개발 욕망, 곧 하이 모더니즘(High Modernism)[3]이 발현된 결과이

---

[2] 관계부처합동(2024), 「[보도자료] 시화호 발전전략 종합계획(마스터플랜) 확정(2024.12.18.)」;「기적 넘어 기회로…'시화호 세계화' 실현」,『환경일보』, 2024.2.22.;「"기적을 넘어 기회로"… '2024 시화호의 해' 선포」,『동아일보』, 2024.2.22.;「경기도, '생명의 호수 재탄생' 10월10일 '시화호의 날' 지정」,『한겨레』, 2024.8.28 등 참고.
시흥시는 시화호 30주년 기념에 가장 적극적이었다. '시화호의 날' 기념행사를 10월 10~12일 시흥시 관내인 시화멀티테크노밸리 소재 거북섬에서 진행했으며, 동기간 같은 장소에서 '2024 대한민국 지속가능발전대회'를 개최했다. 또한, 시흥 거북섬에 '센트럴파크'를 조성하겠다는 계획을 발표하고 12월 11일에는 시화호 30주년 기념사업 성과공유회를 열었다. 여기에는 거북섬과 시화호 일대를 활성화 하겠다는 의도가 담겨 있다. 「시흥시 '2024 대한민국 지속가능발전대회' 개최」, 『중부일보』, 2024.10.9.;「"시화호 가치 확산"… '시화호의 날' 기념행사 성료」, 『내일신문』, 2024.10.14.;「시흥 거북섬에 녹색 심장 '센트럴파크' 조성」,『한국일보』, 2024.10.16.;「시흥시, '시화호 30주년 기념사업 성과공유회' 개최」,『전자신문』, 2024.12.12 참고.

[3] 제임스 스콧은 근대 국가를 설명하면서 과학적·기술적 진보에 대한 강한 신념을 바탕으로 자연과 사회를 변용하고 설계할 수 있다는 태도와 이데올로기를 '하이 모더니즘'이라 지칭했다. 이는 주로 권위주의 국가가 약한 시민사회에 일방적으로 밀어붙이는 사회공학, 거대한 토건사업 같은 형태로 나타나는데, 스콧은 이러한 계획과 실천이 대체로 환경재앙이나 특정 집단이 희생되는 형태로 실패하게 된다는 점을 강조했다. 제임스 C. 스콧(2010), 전상인 옮김,『국가처럼 보기』, 서울 : 에코리브르.

다. 따라서 그 개발 과정에 담긴 인간 중심주의, 자연에 개입하여 새로운 '인공 자연'을 만든 인간 권력의 문제를 비판적으로 톺아볼 필요가 있다. 더구나 시화지구 개발이 현재진행형이고 새만금 개발, 4대강 보 문제 등 현재 한반도 다른 지역에서의 간척, 댐 건설 상황까지 고려할 때, 과거의 실패를 반복하지 않기 위해서는 시화호 개발 과정의 문제를 지나간 일로만 치부할 수도 없다.

시화호 조성과 그 효과에 관한 연구는 물막이 공사가 완료되고 시화호의 환경오염이 심각해지기 시작한 직후인 1990년대 후반부터 시작했다. 먼저 인류학계에서는 시화호 조성 사업을 위한 간척사업 과정에서 화성 송산면 주민들이 어떠한 삶의 변화를 겪어 왔는지에 주목했다. 시화호 남쪽에 있는 어도와 형도, 마산포, 지화2리 주민을 대상으로 한 연구로, 마산포와 지화2리 주민들은 각각 포도 재배와 영지버섯 재배를 통해 환경 변화에 적응하고자 했으나 그 과정에서 피해를 보았다는 점, 어도와 형도 주민들은 환경 변화 적응 자체에 큰 어려움을 겪은 점이 강조되었다. 이 연구는 시화호 간척사업을 '거대한 환경적, 사회문화적 재해'로 규정하고, 피해를 본 주민들의 목소리를 적극적으로 드러내고자 했다.[4]

다음으로 개발 정책의 추진과 변동에 관한 연구가 진행되었다. 먼저 시화호 개발사업 과정에서 정책 변동 요인을 참여자들의 상호작용 과정에서 분석한 연구도 진행되었다. 이 연구에서는 2004년까지의 시화호 개발사업을 계획 수립기(1975~87년), 정책 집행기(1987~94년), 완공 이후 시기(1994~2004) 등 세 시기로 나누고, 정부 각 부처와 개발공사, 지자체, 지역민, 환경단체 등 여러 세력 간 영향력 차이와 협력·갈등 사이에서 정책이 변동되는 과정을 분석했다. 시기별 여러 주체 사이의 권력관계를 상세하게 드러낸 점이 특징이다.[5] 한편으로 수질오염 사건 이후 갯벌과

---

4) 한경구·박순영·주종택·홍성흡(1998), 『시화호 사람들은 어떻게 되었을까』, 서울 : 솔.

해양환경에 관심이 촉발되면서 환경관리정책이 변화한 점을 분석한 연구, 시화지구 지속가능발전협의회가 개발 과정에서 정부기구와 시장기구의 한계를 극복하며 기존 계획을 환경친화적이고 주민 선호하는 방식으로 전환했다고 평가한 연구 등을 주목할 수 있다.[6]

개발 당사자로서 한국수자원공사는 2000년대 중반 사업의 방향성을 되짚으면서 시화호 개발의 시행착오를 반추했다. 시화호 개발의 계기와 수질 악화, 그 극복 과정과 미래상을 담은 것인데, 심각한 수질오염 문제를 극복하고 관광산업의 중심지가 된 스위스 레만호를 모델로 시화호가 국토개발의 상징이자 관광 명소가 되기를 바라는 공사의 생각이 반영된 보고서를 발간했다. 인간과 자연의 공존이라는 미래상을 제시한 점은 긍정적이지만, 개발 당사자인 공사가 환경 재난의 원인을 사회 전반의 의식 결여에서 찾고 있는 점에서 책임을 회피하고 있는 한계가 있다.[7]

환경공학, 해양과학 차원에서는 시화호 연안과 산업단지의 오염 실태와 개선 방향을 논한 다수의 연구가 있다. 그 가운데 『시화호, 새살이 돋다』는 시화호 탄생 과정과 그 과정에서 주민 생활과 산업의 변화, 생태계 파괴, 환경오염과 오염 문제 해결을 위한 환경개선 노력, 수질개선과 갯벌의 변화, 향후 과제에 이르기까지 시화호 개발 이전부터 최근까지 상황을 종합적으로 검토한 결과물이다. 전체 내용이 개설적이지만 생태환경 변화에 집중하면서 최근까지의 시화호 관련 과학 데이터를 충실하게 담은 점이 장점이다.[8]

---

5) 박보식(2004), 『政策變動과 거버넌스의 변화 - 시화호 開發事業을 중심으로』, 국민대학교 행정학과 박사학위논문.
6) 각 연구는 이혜경(2012), 「시화호 간척개발사업과 환경관리정책의 변화」, 『환경법과 정책』 9, 춘천 : 강원대학교 비교법학연구소 ; 문태훈·이재준(2012), 「시화지구 개발에서 시화지속발전협의회의 역할에 대한 평가와 전망 : 환경문제 해결기구로서의 역할을 중심으로」, 『한국행정학보』 제46권 제3호, 한국행정학회.
7) 한국수자원공사(2005), 『어제의 시화호를 오늘의 레만호로』, 서울 : 한국수자원공사.

끝으로 시흥과 안산, 화성 등 각 지자체의 역사를 편찬하는 과정에서 군자만(시화호)의 환경 변화와 시화방조제 축조 및 이후 역사가 정리되었다.[9] 지자체별로 간행 시기와 주목하는 지역에 차이는 있지만 간척으로 인한 환경 및 어민 생활의 변화, 반월·시화공단 조성과 환경 변화, 시화호 개발을 둘러싼 여러 주체의 대응 등에 관하여 기본적인 정보를 구할 수 있다.

이처럼 그간의 연구를 통하여 시화호 개발 과정과 문제, 이후 개선 과정에 대한 대략적인 밑그림을 그릴 수 있다. 그러나 두 가지 차원에서 한계가 있다. 첫째, 연구가 대체로 1990년대 후반 시화호 수질 문제에 초점이 맞춰져 있어서, 시화호의 해수화(海水化)로 수질이 일정하게 개선된 2000년대 중반 이후에까지 연구의 시야가 다다르지 못하고 있다. 둘째, 시화호 개발 문제를 볼 때 시화호 생태계 전반을 총체적으로 사고하기보다는 인간에 의한 환경 관리와 개선의 관점에 그치고 있다. 시화호 개발은 대표적인 '하이 모더니즘'의 실패 사례로 볼 수 있고, 그 개발의 밑바탕에는 인간의 과학 및 기술에 대한 과도한 신념과 자연 정복이라는 인간 중심주의가 개재하고 있다. 인간 중심주의를 비판하며 시화호를 총체적으로 이해하면서 인간과 비인간 존재의 관계에 더욱 주목할 필요가 있다.

---

8) 김경태·이민형·이재성(2020), 『시화호, 새살이 돋다』, 서울 : 지성사.
9) 시화호 연안의 역사에 관해서는 시흥시사편찬위원회(2007a), 『始興市史 1 시흥의 환경과 문화유산』, 시흥 : 시흥시사편찬위원회, 제1부 2장 간척사업 ; 시흥시사편찬위원회(2007b), 『始興市史 3 시흥의 근현대』, 시흥 : 시흥시사편찬위원회, 제4부 4장 사회변동과 행정구역의 변화 ; 시흥시사편찬위원회(2007c), 『始興市史 4 시흥시의 출범과 성장』, 시흥 : 시흥시사편찬위원회, 제5부 2장 환경문제와 환경운동 ; 시흥시사편찬위원회(2007d), 『始興市史 7 시화공단과 노동자들』, 시흥 : 시흥시사편찬위원회 ; 안산시사편찬위원회(2011), 『安山市史 6 현대 안산의 변화와 발전』, 안산 : 안산시사편찬위원회, 제1·3·5편 ; 화성시사편찬위원회(2018a), 『화성시사 4 연해지역의 간척과 주민 생활의 변화』, 화성 : 화성시, 제2부 및 제4부 ; 화성시사편찬위원회(2018b), 『화성시사 5 어업과 염업의 변화』, 화성 : 화성시, 제4부 어촌계와 마을 어업 부분 참고.

시화지구가 지금도 개발이 진행되고 있는 점에서 연구의 대상 시기를 2010~20년대까지로 나아갈 것이 요청된다. 비인간 존재의 목소리에 더욱 귀를 기울이는 것은 현재 심각한 기후·생태위기에 대응하기 위한 인식의 지평을 넓히는 일이기도 하다. 탄소 배출과 폐기물 급증, 해양 산성화, 생물다양성 감소 등 행성적 한계 상황[10]에 다다르고 있는 현재, 다른 인간과 자연을 착취해 온 인간의 문화와 경제성장 중심 패러다임의 탈피가 시급하다. 점점 거주하기 힘들어지고 있는 지구에서 어떻게 하면 인간과 비인간 생명체, 사물이 공존할 수 있을지를 깊고 넓게 고민해야 한다.

이상의 문제의식에서 이 글은 시화호 조성과 시화지구 개발 과정이 인간의 인간 및 자연에 대한 착취가 이뤄져 생태 재앙이 된 대표적인 사례로 위치시킨다. 본론에서는 1980년대 후반 시화지구가 조성되기 시작한 이래로 인간이 개입한 시화호 일대의 생태환경 변화를 살펴 보고, 현재까지 이어지고 있는 시화호 개발 과정을 비판적으로 조망한다. 나아가 시화호의 오염과 개선 사례를 통하여 시론적으로나마 인간과 비인간 존재가 공존하는 새로운 길을 모색하는 기회로 삼고자 한다.

2. 시화지역 생태환경 변화와 '죽음의 호수' 시화호의 형성

2.1. 1980년대 후반 시화지구 개발사업과 생태환경 변화

1960년대 후반 이촌향도가 급속해지는 가운데 서울의 인구는 1960년 약 244만 명에서 1970년 552만 명을 돌파했다. 서울 인구의 비율은 전국 인구 대비 1960년 9.8%에서 1970년 17.6%에 이를 정도로 급속하게 증가했

---

10) 행성적 한계에 대한 구체적인 내용은 요한 록스트룀·오웬 가프니(2022), 전병옥 옮김, 『브레이킹 바운더리스』, 서울 : 사이언스북스, 6장 참고.

다. 수도권까지 포함하면 같은 기간 전국에서 차지하는 비율은 21.0%에서 28.4%가 되었다. 이에 박정희 정부는 1970년대 들어 수도권과 서울의 과밀화한 인구를 억제하면서 분산시키는 정책을 시행했다. 1976~1977년에 '수도권 인구재배치계획'이 마련되고 그 일환으로써 환경오염을 유발하는 서울의 산업시설 이전이 추진되었다. 산업인구의 편중과 도시 내 무계획적인 공장 확산을 막으며 시설 이전을 촉진하기 위해서 1977년 「공업배치법」이 제정되었다.[11]

이때 중소기업을 이전하여 공단을 만들고 주거지와 교육·문화 시설을 확충하여 시흥군과 화성군 일대에 새로운 도시를 조성하기 위해 계획된 것이 반월신도시(1986년 이후 안산시)였다. 반월지구 선정은 1976년 9월 21일 자로 결정·고시되었고, 1977년 4월 공업단지 및 주거지역 조성을 위해 면적 57.85㎢의 반월특수지역이 지정되었다. 건설부 주관 아래 산업기지개발공사(현 한국수자원공사)가 개발의 시행 주체가 되었다.[12] 이렇게 하여 개발된 반월공업단지에는 1980년대 초부터 서울 등 수도권의 이전 대상 공장들이 입주했다. 공단에는 기계와 장비, 화학·고무, 섬유·의복, 가죽 제조업 계통 공장이 주로 입주했다. 이후 입주기업체가 증가하고 공장 부지가 부족해지면서 1986년 9월 '반월특수지역 개발구역 중 시화지구 개발 기본계획'이 수립되어 건설부 고시 제425호로 공고되었다. 이에 시화 신도시와 공단 건설을 목표로 갯벌을 포함한 46.07㎢(약 1,393만 평)이 지정되고 시화방조제 건설이 계획에 포함되었다.[13]

---

11) 임광순(2024), 『박정희 정권기 인구분산정책의 추진과 성격』, 고려대학교 역사학과 박사학위논문, 제3장 참조.
12) 國土開發硏究院(1982), 『新都市開發戰略에 關한 硏究 : 新工業都市開發의 諸問題와 對策』, 서울 : 國土開發硏究院, pp.32-66 참조.
13) 대한민국정부(1986), 『대한민국정부 관보』 제10449호(1986.9.27.), pp.9-17 ; 건설부(1986), 「반월 특수지역 개발구역중 시화지구 개발 기본계획 수립」, 『반월 특수지역 기본계획』(국가기록원 관리번호 : DA1264932) ; 시흥시사편찬위원회(2007a), 『始興市史 1 시흥의 환경과 문화유산』, pp.437-439 참조.

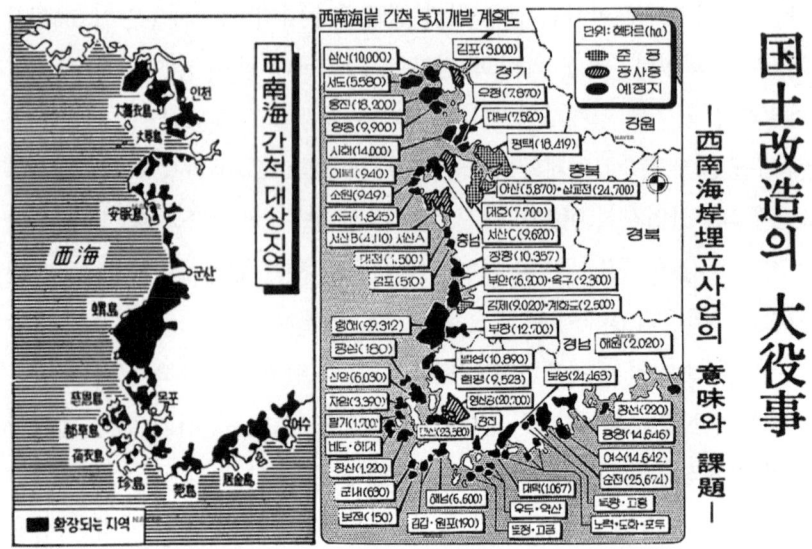

〈그림 1〉 '하이 모더니즘'의 사례 서남해안 간척사업
출처 : 왼쪽부터 『동아일보』 1978.1.4., p.1 ; 『경향신문』 1984.12.4., p.1 ; 『조선일보』 1983.6.8., p.3.

시흥과 화성의 앞 글자를 하나씩 딴 시화지구는 이미 1970년대부터 간척농지로 물망에 올랐던 곳이었다. 곧, 서남해안 간척사업의 일환으로 추진된 것이었는데, 이 사업은 〈그림 1〉과 같이 인간의 힘으로 리아시스식 서남해안을 반듯한 직선형의 해안선으로 바꾸고, 국토 면적을 넓히는, "국토개조의 대역사"로서 선전된 '하이 모더니즘'의 전형적인 사례이다.[14] 농수산부는 1975~76년에 서남해안 간척농지 개발을 위해 예비조사를 시행하면서 군자만 일대를 간척사업 후보지에 포함했다. 농업진흥공사(현 한국농어촌공사)는 시화지구를 대상으로 1980년에 답사, 1983~84년에 기본조사를 실시했다. 농수산부는 간척을 통해 농지를 확보하여 식량 생산

---

14) 〈그림 1〉에서 언론에 보도된 형태의 지도는 그대로 실현되지 않았다. 후술하듯이 시화호 환경재난 이후 시민사회에 의하여 국가의 대규모 간척사업이 제동이 걸리기 시작했다.

을 늘리고자 한 것이었다.

이후 1984년 12월부터 1986년 9월까지 건설부와 농수산부 등 정부 내 참여기관들이 협의했다. 이 과정에서 1970년대 간척을 통한 농지 조성의 목표에 공업단지 조성을 통한 수도권의 공장 이전 촉진이라는 새로운 목표가 추가되었다. 1985년 8월 경제기획원은 시화지구 개발을 우선 추진할 계획을 확정하면서 시화지구를 공업용지로 활용할 필요성을 제기하기도 했다. 결국 1986년 7월 건설부와 농수산부의 협의 결과, 공단 조성과 도시용 토지 조성, 외곽시설 공사는 산업기지개발공사(한국수자원공사의 전신)에서, 농지 조성은 농업진흥공사가 주체가 되기로 합의했다. 이를 통해 만들어진 농지와 담수호는 농림수산부 장관이 인수 관리하도록 합의해 1987년 6월부터 외곽시설 공사가 착수되었다.

정리하면 공단과 신도시를 조성하고자 한 건설부와 농지 조성을 우선시한 농수산부(1987년부터 농림수산부) 양자의 입장이 절충되었고, 산업기지개발공사와 농업진흥공사, 두 개발공사에 의해 시화지구가 조성된 것이다. 앞서 언급한 1986년 9월 시화지구 개발 기본계획 고시와 함께 1986년 12월 시화공업단지 조성공사 실시계획 승인 고시(건설부 고시 제577호) 이후 1987년 4월부터 시화 1단계 공사가 시작되었다. 1987년 6월에는 시화 외곽시설 실시계획이 고시(건설부 고시 제220호)되면서 방조제 공사에 착수했다.[15] 방조제로 인하여 만들어질 인공호는 담수로 만들어 농업용수로 사용하고자 했다.

시화지구 개발 과정에는 국가와 자본의 이해관계가 결합하고 있었다. 중동 지역 건설경기가 침체하면서 그 지역에 진출한 국내 건설기업의 손실을 시화지구 개발을 통해 만회하고자 한 것이다. 1980년대 들어 세계 석유 시장의 공급과잉으로 저유가 상황이 도래하자 중동 산유국들의 재정

---

15) 박보식(2004), pp.78-80.

수입이 감소하면서 자국의 신규 건설 물량을 줄였고, 건설기업의 중동 지역 수주량도 대폭 감소했다. 또한, 기업들은 중동 지역 공사 수주를 위해 무리하게 덤핑경쟁을 펼쳤고, 중동 국가들이 공사대금을 원유 현물로 지급하는 관행 속에 유가 하락은 건설기업의 수익률을 떨어뜨리고 악성 채무를 늘리는 요인이 되었다. 이에 정부는 해외건설합리화 조치로 1984년부터 부실 기업에게 해외건설업 면허를 반납하게 하여 해외 수주 기업 숫자를 조정하여 과당경쟁을 줄이고자 했다. 또한, 정부는 면허를 자진 반납한 업체에 국가 발주 사업 참여에서 우선권을 주었다. 정부는 시화지구 개발사업에도 해외에서 철수한 기업들과 수의계약을 체결했고, 건설업체들이 보유하고 있는 불도저, 굴삭기 등 해외 유휴 건설장비의 국내 반입을 허용하며 편의를 제공했다.16) 시화지구 개발사업에는 건설기업의 부실화가 한국경제에 미칠 부정적 영향을 줄이면서 개발사업을 추진하고자 한 전두환 정권의 의도, 과도한 해외 진출에 따른 부실을 국가의 특혜를 통해 만회하고자 한 자본의 이해관계가 개입되어 있었다.

1980년대 후반 시화지구에 대규모 간척사업이 진행되고 방조제가 건설되면서 시흥과 화성 인근 지역은 많은 변화를 겪었다. 바다와 갯벌을 터전으로 삼아 마을을 이룬 어촌의 변화가 컸다. 한 언론보도에 따르면, 시화지구 매축사업이 한창 진행 중이던 1989년 12월 당시 72개소의 허가 어장이 폐쇄되고, 어장 주변의 선착장과 물양장, 창고, 위판장이 버려지는

---

16) 「三重苦 속의 海外建設」, 『매일경제』, 1986.2.25. ; 「海外건설업체 30社로 정비」, 『매일경제』, 1986.3.3. ; 「受注 몸조심⋯業種 다양화 모색, 海外建設업체 突破口를 찾는다」, 『매일경제』, 1986.4.28. ; 「海外 철수업체 再進出 못한다」, 『매일경제』, 1986.12.2. ; 「海外 건설장비 搬入 허용」, 『매일경제』, 1987.2.5.
해외건설업 면허를 반납하고 시화지구 개발에 참여한 기업은 다음과 같다. 라이프주택, 한신공영(이상 1공구), 삼익건설, 광주고속, 동양고속(이상 2공구), 롯데건설, 진흥기업(이상 3공구), 코오롱건설, 삼익주택(이상 4공구), ㈜한양, 진덕산업(이상 5공구). 이밖에 방조제 등 외곽시설 공사는 현대건설이 담당했다. 「始華간척사업 착공」, 『조선일보』, 1987.4.30. ; 「始華지구 '便法개발'」, 『동아일보』, 1989.10.3. 참고.

상황에 놓였다. 그때까지 시흥과 화성, 옹진, 안산의 11개 어촌계 약 4천 가구에 걸친 1만 8천여 명의 어민이 어업에 종사하지 못하게 되었다.[17]

"애써 가꿔온 황금어장을 개발이라는 미명 아래 간척사업에 빼앗기게 됐습니다. 선주는 형편없는 보상비 때문에 앞으로 꾸려나갈 생계를 걱정하고 있고 영세 어민들은 공장 노동자나 도시 공사장 날품팔이로 전업이 불가피한 실정입니다." - 사리 포구의 한 어민 이광호 씨[18]

군자만 가장 동쪽 끝에 있었던 사리 포구는 시화지구 건설과 흥망을 함께했다. 이곳은 한국전쟁 이후 이북에서 온 실향민과, 1962년 섬진강댐 건설로 살 곳을 잃은 호남지역 이주민들이 터를 일구었다. 1980년대 인근에 반월공단이 들어서고부터 횟집촌이 생겨 주말마다 서울과 경기도 부근에서 찾는 손님이 늘어 번성했다. 어민들은 새우와 게, 낙지 등을 잡으면서 한 척당 연 3천만 원 정도의 수입을 올릴 정도로 생활에 큰 어려움이 없었다. 그러나 공단이 본격 가동되면서 근해가 오염되어 어업활동에 어려움을 겪기 시작했고, 방조제 공사가 시작되자 물길이 막히면서 어민들과 횟집 주인들이 이전해야 하는 상황에 놓였다. 위 한 어민의 말처럼 상당수 주민은 생업을 잃고 부족한 보상비를 받은 채 다른 일을 구하러 도시로 떠나야 했다.[19]

군자만의 서쪽 편 대부도의 북단 방아머리 마을도 큰 변화를 맞이했다. 이곳은 굴 명산지이자 낙지, 장어, 농어, 바지락이 유명했다. 배를 몰고

---

17) 「西海岸 어민 '삶터'가 줄고 있다」, 『경향신문』, 1989.12.4.
18) 「흔들리는 어촌(2) 간척에 내몰린 '황금어장'의 꿈」, 『한겨레』, 1990.6.23.
19) 「흔들리는 어촌(2) 간척에 내몰린 '황금어장'의 꿈」, 『한겨레』, 1990.6.23. ; 「회다라이 넘치던 사리포구, 추억은 협궤열차 타고 떠났나」, 『경인일보』, 2024.7.26. 사리 포구는 1998년 완전히 자취를 감춘 채 한국수자원공사에 의해 2006년 안산호수공원으로 조성되었다. 2029년에는 이곳에 안산시 신청사가 들어설 예정이다.

나가면 꽃게도 많이 잡을 수 있고 안쪽 바다에서는 산란기에 숭어 떼가 몰려오는 등 겨울에도 쉴 틈이 없는 어촌이었다. 이 방아머리 마을이 방조제가 시작되는 지점으로 정해지면서 방조제 조성 후 방조제 안쪽 갯벌이 사라질 상황에 놓였다. 1980년대 말 마을의 70여 세대 주민은 보상금 400만 원과 이주대책비를 받고 어업 대신 포장마차 횟집을 차려 생계를 이어갔다. 그러나 후술하듯이 방조제 공사가 완료된 이후에는 시화호 오염이 심각해지면서 손님이 끊기게 되자, 공사장에서 막노동하며 생활하는 이들이 늘어갔다.[20]

화성 송산면 고포리에 위치한 마산포(馬山浦) 주민들은 방조제 건설 이후 주민 다수가 포도농사로 전업했다. 마산포는 1882년 임오군란 직후 청나라군이 진지를 구축하고 흥선대원군을 압송해 청으로 떠난 곳으로, 이곳 주민들은 한국전쟁 이후부터 굴 양식을 해왔고, 농사와 함께 갯벌에서의 수산물을 주요 수입원으로 삼았다. 시화지구 사업이 진행되면서 1987년 고포리어촌계에서 어장에 대한 보상금을 받았고, 대체로 1인당 1천만 원의 보상금이 지급되었다. 어장을 잃은 주민들은 해양성 기후로 포도가 잘 자란다는 말을 듣고 대부분 포도 농사로 전업했다. 그러나 어업이 중단되면서 토지가 없거나 영농 규모가 협소했던 주민은 경제적으로 큰 타격을 입었다. 토지가 없어 농사로 전업하기 어려웠던 사람들은 주변 건축 현장에서 노동하거나 도시로 이주했다. 그러면서 이전에 어촌계를 주축으로 공동 작업으로 형성했던 마을의 유대감은 점차 약해졌다.[21]

시화지구 사업은 갯벌을 간척하고 바다를 방조제로 가둬 담수호로 만드는 과정이었던 만큼 인간 사회의 영역뿐 아니라 갯벌생태계를 중심으로 한 환경 변화, 환경 파괴를 불러오는 일이었다. 바다를 호수화하는 일은 물의 흐름을 저해하여 수질오염을 일으킬 가능성을 높이는 일이기도 하였다.

---

[20] 「황금벌판」 개펄이 죽어간다 - 서해안지역 현장르포」, 『한국일보』, 1996.12.26.
[21] 한경구 외(1998), 제3장 ; 화성시사편찬위원회(2018a), pp.336-339 참고.

생태환경 파괴의 일례로 1990년대 초 간척사업과 해양오염으로 인한 경기지역 서해안 일대의 어획량 감소를 들 수 있다. 수협 경기지회가 1991년 발표한 1990년도 어획량은 총 69,523톤이었는데, 1985년의 어획량은 108,477톤으로, 5년 사이에 36%에 이르는 38,954톤이나 감소했다. 갯벌에서 잡히는 가무락, 동죽, 고막 등 조개류는 1990년 1,990톤으로 1989년 2,770톤보다 28%나 급감했고, 수질오염에 더욱 민감한 대하는 1989년 194톤에서 1990년 150톤으로 23%가 줄었다. 어획량 격감은 남획에 따른 문제도 있을 수 있지만, 강화도에서 시흥, 화성에 이르는 경기 서해안 일대의 대규모 간척사업으로 어장이 줄어든 점, 공단 지대에서 배출하는 폐수, 생활하수 등이 바다로 유입되어 오염이 심화하고 있는 점 등이 원인으로 분석되었다.22) 폐수 유입이 원인으로 추정되는 갯벌생태계 파괴는 조개류의 집단 폐사를 들 수 있다. 일례로 1989년만 보더라도 인천 송도 앞바다 14개 어장에서는 약 800ha 면적에서 3,685톤에 달하는 조개류가 집단 폐사했고, 시흥 정왕동 오이도 지역 어장에서는 3천 톤 정도의 조개류가 죽어 발견되었다.23)

1990년대 초 반월공단이 있는 앞바다 갯벌에서는 중금속과 유기 독성물질에 중독되어 사람이 가까이 가도 두세 걸음 이상을 떼지 못하며 도망가지 못하는 게가 관찰되었다. 한국해양연구소는 방조제 공사 전인 1984년 반월 앞바다에 게, 조개류 등 21종의 저서생물이 살고 있었으나, 1992년 조사에서는 5종으로 크게 줄었고, 생물 개체 수는 동기간 10분의 1 수준으로 줄었다고 보고했다.24) 생태 재앙(ecocide)이라 할 만한 상황이다. 방조제 공사가 완료된 직후에 재앙은 더욱 심각해졌다.

---

22) 「경기 해안 어획량 격감」, 『조선일보』, 1991.7.10.
23) 「西海岸 어민 '삶터'가 줄고 있다」, 『경향신문』, 1989.12.4.
24) 「물을 살리자(12) 시화 간척사업」, 『한겨레』, 1993.12.1.

2.2. 1990년대 '인공 자연' 시화호의 형성과 시화지역 환경오염 피해

시화지구 개발은 1987년 2월에 착공하여 1994년 1월 방조제 물막이공사가 완료되었다. 이로써 군자만은 시화호로 바뀌게 되었다. 시흥 오이도와 옹진군 대부도(현재 안산시 관할)를 잇는 방조제, 탄도와 선감도, 대부도를 잇는 방조제를 합치면 총연장 12.7㎞에 달했다. 방조제를 막아 바닷물을 담수호로 만들어 물을 저장하고, 북쪽 간척지에는 시화산업단지를 조성하고, 남쪽에는 복합 영농단지와 도시를 개발하겠다는 계획의 서막이 열린 것이다.

〈그림 2〉에서 보듯이 지난 40년 사이에 군자만 일대는 지도상으로도 큰 변화가 있었음을 한눈에 알 수 있다. 시화방조제와 탄도방조제가 바닷길을 막으면서 군자만이 시화호로 바뀌었고, 오이도와 옥구도(현 옥구공원), 형도, 우음도 등은 간척 결과 이제 섬이 아니다. 탄도와 선감도가 간척으로 대부도에 편입되는 등 대부도의 면적이 커졌으며, 시화방조제 북쪽으로는 송도라는 새로운 섬이 만들어졌다. 군자염전과 그 앞바다도 흙으로 메워져 시화국가산업단지, 시화멀티테크노밸리(시화MTV)가 조성되었다. 인간에 의한 '자연 대개조'가 일어난 것이다.

그러나 '인공 자연' 또는 '제2의 자연' 시화호의 형성으로 대변되는 시화지구 개발은 시화호 수질이 급격하게 나빠지면서 실패한 국책사업의 상징이 되었다. 군자만 시절까지 거슬러 가면 시화호 연안의 수질은 화학적 산소요구량(COD) 기준 1989년 1.8ppm에서 1994년 5.7ppm, 1995년 11.1ppm, 1996년에는 20.3ppm으로 농업 및 공업용수 모두 사용할 수 없게 될 정도로 급격히 악화했다. 방조제로 기존에 있던 바닷물이 유통되지 않는 가운데 시화호로 들어온 각종 수질오염 물질에 의한 결과였다.[25]

---

25) 시흥시사편찬위원회(2007c), pp.626-627 ; 김경태·이민형·이재성(2020), pp.50-55.

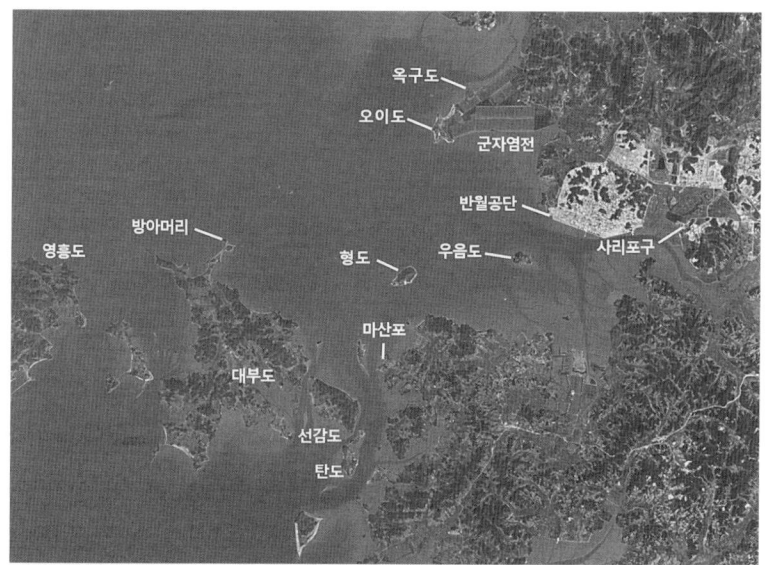

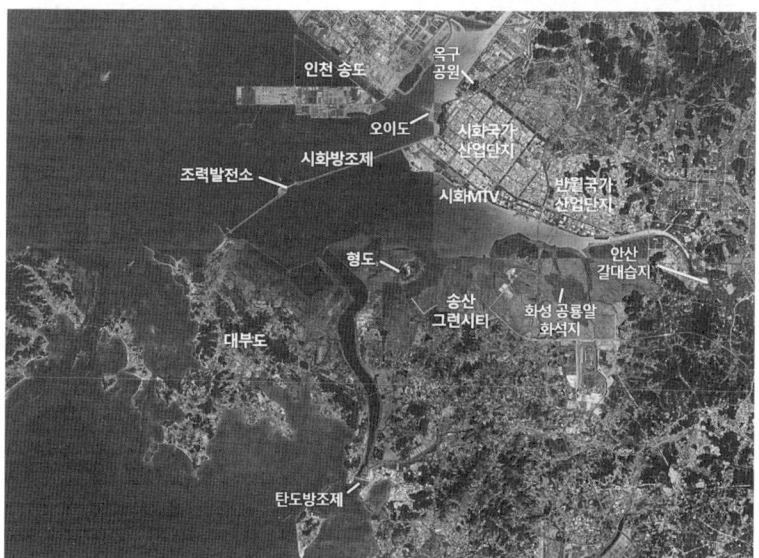

〈그림 2〉 1985년 군자만 일대(위)와 2025년 시화호 일대(아래)
출처 : Google Earth (https://www.google.com/earth/). 필자가 주요 지명 기입.

시화호 일대에는 반월천, 안산천, 화정천, 신길천 등 자연 하천이 존재했지만, 하천 폭이 좁고 길이가 짧으면서 시화호로 흘러 들어갈 수량이 적어 시화호로 유입되는 오염물질을 희석하기에는 역부족이었다. 더구나 이들 하천으로 도시와 소규모 축산농가, 농경지에서 배출되는 오염물질이 흘러 들어가면서 시화호의 부영양화를 일으켰다. 1995년 당시 반월공단에는 염색과 피혁, 도금업체 등 1천여 개 이상의 공장에서 배출되는 중금속을 동반한 오폐수가 하루 25만 톤을 넘고 있었으나, 안산 하수처리장의 하루 하수 처리능력은 12만 1천 톤에 불과한 상황이었다.[26] 하수처리장 시설의 불비와 함께 안산의 반월공단 내 일부 공장이 폐수를 무단 방류하는 일이 잇따르면서, 1990년대 초에 이미 반월공단 우수로에서 심한 악취가 발생하여 공단 주변 주민들이 항의하기도 하였다.[27] 하수처리시설 설비가 완전하지 않은 상황에서도 사업을 강행한 정부와 한국수자원공사, 농업진흥공사에 책임이 있다고 할 수 있다.

1995년 여름에는 장마 이후 건조한 날씨가 계속되면서 갯벌이 마르고 남은 소금 가루가 바람에 날려와 대부도, 화성 송산면 일대 포도농가가 큰 피해를 보았다. 소금 가루가 포도에 앉아 제대로 익지 않은 열매가 전체의 30~40%를 차지했다. 주민들은 눈을 뜨기 어려울 정도로 고통을 겪고, 포도나무뿐 아니라 영지버섯, 배나무 등 주민들의 소득원이었던 작물들이 열매를 맺지 못하고 말라 죽었다. 소금 피해가 1996년에도 계속되자 마산포와 같은 곳의 피해 주민들은 대책위를 조직하여 한국수자원공사(이하 '수공')를 상대로 보상 투쟁을 벌이기도 하였다.[28]

---

26) 「安山 하수처리장 淨化 "한계"」, 『경인일보』, 1990.8.28 ; 「시화 개발 좌초 위기 부른 시화호 오염 진단」, 『한겨레』, 1995.3.25.
27) 「반월공단, 폐수 무단 방류. 주택가 중금속오염 극심」, 『국민일보』, 1991.1.21.
28) 「광활한 '죽음의 땅', 흉물로 변한 시화2지구 르포」, 『경향신문』, 1996.10.14. ; 「사기꾼 없는 거대한 사기 '시화호'」, 『한겨레』, 1998.6.16. ; 한경구 외(1998), pp.143-179 ; 화성시사편찬위원회(2018a), p.338 참고.

사실 주민들과 전문가들은 이미 공사 초기부터 생태 재앙을 우려하고 있었다. 반월만(군자만)은 다른 간척지 공사와 다르게 안산시와 반월공단이 내해(內海)에 위치하여 방조제 공사로 조성될 담수호의 오염 문제가 심각할 것으로 전망되었다. 언론매체에서도 1970년대 말 공단이 조성될 때부터 하수 처리 체계 등 오염 방지 사업에 투자를 게을리한 점을 지적했다.29) 1992년 4월 경기도의회가 주최한 서해안 지역개발 안산시 공청회에 참석한 시민들은 생활하수, 공장폐수로 시화호의 오염이 우려되며 공단과 주거지역 사이에 나무를 심어 공단 주변의 공해를 차단해야 한다는 의견을 제시한 바 있었다.30) 환경 전문가들은 육지 쪽에서 담수호로 흘러 들어갈 물이 대부분 공장폐수와 생활하수이기 때문에 호수 일대가 최악의 환경 재해 지역이 될 것을 우려했다. 보기로 서울대 환경대학원 김정욱 교수는 "시화, 반월공단과 안산시의 하수 처리 대책이 세워질 때까지 최종 물막이 공사를 중단해야 한다"고 강조했다. 환경처 관계자도 "물막이공사 이전에 하폐수 처리대책이 수립돼야 한다"고 언급했다.31) 물막이 공사 직후부터 전문가들은 담수호가 '죽음의 호수'가 될 것을 예견하며 방조제를 헐어야 한다는 의견을 내놓기도 했다.32)

시화호 오염이 중앙의 언론에 대서특필되고 텔레비전을 통해 간장 빛깔로 변한 시화호가 생생한 화질로 방영되면서 전국적인 문제가 되자, 김영삼 대통령은 1996년 4월 29일 환경부에 수질개선 종합대책 수립을 지시했다. 이후 환경부 등 관계 부처와 수공 등 공사는 시화호 대책회의를 열어

---

29) 「半月湖 완공하기도 前 오염 걱정」, 『동아일보』, 1990.12.26.
30) 「西海岸지역개발 道의회 공청회 요지」, 『경기일보』, 1992.4.22.
31) 「물을 살리자(12) 시화 간척사업」, 『한겨레』, 1993.12.1. ; 「시화방조제 물막이공사 완공되면 인공담수호 오염 우려」, 『세계일보』, 1994.1.24.
32) 「'始華의 꿈'이 썩어간다」, 『조선일보』, 1994.3.11. ; 「시화호 정화 "뜨거운 감자"」, 『경인일보』, 1996.6.1. ; 이현숙(1996), 「방조제를 터야 바다가 산다」, 『월간 말』 1996.7.

'시화 담수호 수질개선을 위한 장단기대책'을 마련하기로 했다. 이어 시화 배수갑문 개방에 대한 검토를 거쳐 5월에 두 차례에 걸쳐 갑문을 열어 시험 방류를 진행했고, 6월 20일 대책회의에서 시화호 저수량 3억 3천만 톤 가운데 8천만 톤 방류를 결정했다.[33]

당국이 폐수를 방류하자 지역 주민과 시민단체는 인근 해역의 오염 문제를 제기하며 강하게 반발했다. 6월 24일 환경운동연합 회원들이 배수 갑문 앞으로 선상 시위를 벌이며 방류를 저지했다. 농어촌진흥공사(이하 농진공)에서는 6월 29~30일 방류하자 대부도 어민들이 방아머리 앞 배수 갑문 현장으로 몰려와 '시화호 방류 결사반대'를 외치며 농성을 벌였다. 농성 과정에서 어민과 농진공 사이에 몸싸움이 발생하기도 하였다. 어민들은 폐수를 방류하면 산란기를 앞둔 꽃게와 물고기들이 모두 죽는다며 18일 동안 농성했지만, 결국 경찰에 의해 7월 17일 강제 해산되었다.[34] 환경운동연합과 시흥·인천·안산 환경운동연합 관계자들은 수질오염을 방치하고 오염 방지를 게을리했다는 이유로 환경부·수공·농진공·농림수산부의 전·현직 공무원 10명을 6월 24일 검찰에 고발했다.[35]

국회에서도 정부를 향하여 시화호 오염 문제에 대한 비판의 목소리를 높였다. 1996년 7월 여야 국회의원들은 한목소리로 수공의 책임을 거론하

---

33) 「始華하수처리장 확충 年內 착공」, 『경인일보』, 1996.5.17. ; 「오염 가중 홍수관리 논쟁」, 『경인일보』, 1996.7.18. ; 환경운동연합·(사)시민환경연구소(1996), 「['바다의 날' 기념 대토론회 자료집] 시화호 오염, 해결방안은 무엇인가?」(1996. 5. 31.), p.23 ; 안산시사편찬위원회(2011), pp.411-412 참고.
34) 「시화호 '썩은 물' 방류 무산, 환경단체들 선상 저지」, 『경향신문』, 1996.6.25 ; 「農振公, 3시간 前 해제된 호우주의보 핑계 시화호 기습 방류」, 『중앙일보』, 1996.7.1 ; 「西海 황금어장 死海로」, 『경인일보』, 1996.7.1. ; 「시화호 물 기습 방류」, 『서울신문』, 1996.7.1. ; 「폭력 부른 시화호 무단 방류」, 『경인일보』, 1996.7.10. ; 「始華湖 기습방류」, 『경인일보』, 1996.7.17. ; 「오염 가중 홍수관리 논쟁」, 『경인일보』, 1996.7.18.
35) 「시화호 관리책임자 오염방치혐의 고발」, 『한겨레』, 1996.6.24. ; 「시화湖 방류 西海 망친다」, 『경인일보』, 1996.6.25. ; 「쪽빛 물결 자취 감춘 "죽음의 湖"」, 『경인일보』, 1996.6.27.

며 정부를 비판했다. 환경노동위와 건설교통위 여야 의원들은 안산에 위치한 한국수자원공사 시화개발사업소를 방문하여 시화 담수호의 문제점을 집중 추궁했다. 같은 해 10월 국회 국정감사에서도 농림해양수산위 소속 여야 의원이 하나같이 사업에 문제를 제기했다. 의원들은 시화호 문제의 해결 추이를 지켜보면서 대단위 간척사업을 진행해야 한다고 주장하며 개발 위주의 사업 추진을 즉각 중단할 것을 촉구했다.[36]

1996년에 시화호는 '죽음의 호수'가 되었다. 시화호의 물이 방조제 앞바다로 방류되면서 생태계에도 큰 변화가 발생했다. 방류 직후부터 기형 물고기가 어민의 그물에 잡혀 올라오기 시작했다. 볼록해야 할 등뼈가 움푹 꺼져 있는 갑오징어, 표피에 부스럼이 난 망둥이가 잡혔다. 망둥이의 배를 가르면 기름 냄새가 역하게 풍겼다.[37] 1996년 8월에는 방조제에 인접한 시화호 쪽에서 새우와 생명력이 강한 망둥이 등 수만 마리의 물고기가 떼죽음을 당한 채 수면 위로 떠올랐고, 그것을 먹은 갈매기와 물오리, 백로 등 물새들이 죽은 채 발견되었다.[38] 환경운동연합과 인하대 해양과학기술연구소 등의 조사 결과, 시커멓게 변색되어 악취가 진동하는 개펄 속에는 조개류와 불가사리 등 오염에 강한 생물종마저 자취를 감추었으며, 시화호의 용존산소량 저하로 어종의 분포가 격감했다.[39]

---

36) 「환경노동위 "시화湖 방류 영향평가 안 해"」, 『동아일보』, 1996.7.23. ; 「환경노동·건교위 - 시화호 오염 집중포화(상임위 쟁점)」, 『한겨레』, 1996.7.27. ; 「연안어장 파괴 예측 못했나 질타」, 『경인일보』, 1996.7.27 ; 「[國監초점] 국회 농림수산委 農振公 감사」, 『경인일보』, 1996.10.12. ; 「환경오염 "시화湖 대책 부처마다 뒤죽박죽"」, 『동아일보』, 1996.11.1.

37) 「오염 심각 시화호 기형 물고기 속출」, 『강원도민일보』, 1996.7.7 ; 「시화방조제 앞바다서 기형물고기 발견」, 『중부매일』, 1996.7.7 ; 「시화호 앞바다서 기형물고기 잡혀」, 『한국일보』, 1996.7.8 ; 「시화호 앞바다 기형물고기, 갑오징어 등… 어민들 "폐수방류탓" 주장」, 『세계일보』, 1996.7.8. ; 「시화 앞바다 기형물고기 발견, 환경운동연합 조사」, 『한겨레』, 1996.8.15.

38) 「시화호 물고기 떼죽음, 망둥이 등 수만 마리」, 『국민일보』, 1996.8.17. ; 「시화湖 물고기 떼죽음」, 『경인일보』, 1996.8.17. ; 「물고기 이어 이젠 물새까지… 죽음의 始華湖」, 『경인일보』, 1996.8.21.

1996년 시화호 수질오염을 계기로 한 감사원의 감사 결과, 사업 과정에서의 총체적인 부실이 드러났다. 감사원은 그 해 5~6월에 시화 담수호 수질개선사업 추진 실태를 점검하고 11월 그 결과를 발표했다. 감사 결과 시화호의 수질오염은 오·폐수처리시설 건설 전 방조제 축조, 시화공단 내 하수관로 부실시공, 공장폐수 방류 등이 원인인 것으로 드러났다.

　첫째, 수공은 1987년 시화지구 개발사업을 시행하면서 하수처리장의 처리수를 방조제 바깥 외해로 방류한다는 환경부(당시 환경청)의 환경영향평가 협의 사항을 무시하고, 방류관로 등 기초시설을 건설하지 않은 채 방조제를 먼저 축조하면서, 시화호의 오염을 악화시켰다. 둘째, 수공은 시화공단을 조성하면서 산업폐수와 빗물을 내보내는 총 405㎞에 이르는 하수관로 연결 공사를 10개의 건설업체에 맡겼으나, 하수관로 이음부 6,979개 부분에서 오수관로를 빗물 처리 관로에 잘못 연결하는 부실시공이 있었다. 이로써 하루 평균 약 7천 톤의 폐수가 하수처리장에서 정화되지 않은 채 시화호로 흘러 들어갔다. 셋째, 안산시는 생활하수 및 공장폐수를 반월공단 내 안산하수처리장에서 1차 처리한 뒤 인근 시화공단의 시화하수처리장으로 보내 2차 처리하고 바다로 방류해야 하는데도 1차 처리수 580만 톤을 그대로 시화호로 방류했다. 안산처리장으로 보내는 오수 중계 펌프장의 맨홀이 막혔는데도 청소하지 않아 1995년 6월부터 1년간 약 215만 톤의 오수가 시화호로 흘러 들어가도록 방치했다. 넷째, 건설부는 1987년 1단계(침전처리) 시설로 준공된 안산하수처리장을 방조제 축조 이전까지 2단계 처리시설로 준공하도록 설계했지만, 2단계(생화학적 분해) 처리시설을 방조제 축조 4년 후인 1997년 12월 준공 예정으로 한 사실이 밝혀졌다. 또한, 건설교통부는 시화방조제 건설에 따라 조성되는 간석지의 관리대책을 마련하지 않아 농작물에 피해를 준 것으로 지적됐다.

---

39) 「시화담수호 '죽음의 호수'」, 『東亞日報』, 1996.5.4. ; 「시화호 인근해역 어종 격감」, 『세계일보』, 1996.8.30. ; 「시화호 주변 해역 적조 심각」, 『한겨레』, 1996.8.30.

다섯째, 환경부 한강환경관리청의 관리 소홀이 있었다. 반월염색사업조합에서 219만 톤의 폐수를 무단 방류하는 등 18개 업체가 오폐수 처리시설을 비정상적으로 운영한 점이 확인되었지만, 이에 대한 지도·감독에 소홀했다.[40] 그야말로 시화호 재앙은 건설교통부와 수공, 안산시, 한강환경관리청과 관련 건설업체의 총체적인 부실이 결합한 결과였다.

환경영향평가와 부실공사 등의 문제점은 1996년 감사원의 결과 발표 이전에도 이미 드러났고, 이는 국책 토목사업에서의 구조적인 문제에서 비롯된 것이라 할 수 있다. 1991년 수공 시화건설사무소 소장 등 간부 10명은 시화지구 각 공사에 참여한 11개 건설회사로부터 28억여 원 상당의 뇌물과 향응성 경비를 받아 검찰에 적발되었고, 뇌물을 공여한 각 건설회사 현장소장 등이 입건되었다. 공사에 참여한 건설회사들은 1987년 4월부터 수공 현장사무소 간부들에게 시공 감독 등 업무에 편의를 봐달라는 청탁 명목으로 매달 금품을 제공했고, 공사 중간검사와 준공검사 때 비정기 급여를 지급했으며, 사무소 경비, 식비, 접대비 등을 지원했다. 뇌물 수수와 공여라는 부패도 문제인데, 시공업체가 상납한 자금은 결국 공사에 투입될 예산 가운데 일부에서 나온 것이어서 부실공사로 이어질 수 있었다.[41] 그 결과가 1996년 감사원이 적발한 내용과 같은 총체적인 부실이었다고 할 수 있다. 공사 기획에서 집행까지의 편법과 건설업자의 감독기관

---

[40] 건설교통부(1996), 『1996 시화 담수호 수질오염 관련 수공감사관계철(1)』(DA0757476), 1996 ; 「시화호 오염 공무원·업체 "합작", 오폐수 방류 묵인·앞장」, 『경향신문』, 1996.11.4. ; 「시화호 오염 14명 징계 요구 - 감사원」, 『국민일보』, 1996.11.4. ; 「시화호 오염 "관산 합작"」, 『한국일보』, 1996.11.4. ; 「시화호 썩은 물' 감사 공무원 14명 문책키로」, 『중앙일보』, 1996.11.4. ; 「시화湖 오염 18업체 고발」, 『동아일보』, 1996.11.4 ; 「始華湖오염 不實관리 탓」, 『경인일보』, 1996.11.4. ; 「시화호 시공관리·감독 총체적 부실」, 『매일경제』, 1996.11.4. ; 「시화호 오·폐수관 부실시공 6,979곳. 인수위 특감결과 공개」, 『경향신문』, 1998.2.14 등 참고.
[41] 「시화지구 공사 28억 뇌물」, 『한겨레』, 1991.11.30. ; 「始華매립공사 28億 收賂」, 『동아일보』, 1991.11.30. ; 「수자원公社 '始華'所長 등 3명 구속」, 『경향신문』, 1991.11.30. ; 「월급처럼 된 뇌물」, 『조선일보』, 1991.12.1.

에 대한 로비, 감독기관과 건설업자 사이의 결탁은 당시 관급공사에서 관행처럼 발생했다.42)

수공이 환경영향평가를 무시한 것은 앞서 언급했듯이 당시 해외건설합리화 정책에 따라 건설기업을 회생시키고자 하는 차원에서 공사를 서둘러 진행하려 했기 때문이라 생각한다. 건설부와 수공이 환경영향평가를 형식적으로만 인식한 한계, 평가 제도를 담당하는 환경부도 시정 요구를 하지 않는 등의 문제가 함께 존재했던 것으로 보인다. 정부 부처와 수공 등의 도덕적 해이 속에 특별한 조치 없이 결과적으로 수질오염과 시화호 인근 생태 재앙을 방치하고 말았다.43)

오폐수 방류와 오염 문제는 1996년 하반기, 1997년 들어서도 계속 논란이 되었다. 다만 하수처리장 등 방지시설이 당장 설치되지 않는 이상 오염 문제는 해수 유통 이외에 뚜렷한 대책을 세우기 어려운 상황에서 주민과 시민단체의 방류 반대는 지속성을 갖기 어려웠다. 1997년 들어 지역을 기반으로 정책대안을 제시하는 조직이 구성되었다. 5월에 '시화호 살리기 안산·시흥·화성 범시민대책회의'가 구성되었는데, 지역구 국회의원과 시·도의원이 고문과 자문의원으로 참여하는 등 세 지역의 시민환경단체를 망라하는 조직이었다. 범시민대책회의는 1997년 대선 국면을 계기로 각 정당의 대선후보에 시화호 정책대안 답변을 끌어내고 각 분야 전문가와 정책워크숍 및 공청회를 개최하는 등 시화호 문제 해결을 위해 활발

---

42) 「社說 - 몇 년 묵은 구조적 腐敗」, 『경향신문』, 1991.12.1. ; 「不實」로 배 채운 '검은 共生' 충격의 설계·감리, 담합 입찰」, 『경향신문』, 1997.9.24.
43) 수공의 사례는 아니지만, 1990년대 환경영향평가제도의 한계, 환경영향평가에 대한 건설교통부, 한국도로공사의 자세 문제는 서재철(2005), 「제4장 고속도로의 지속가능성과 한국도로공사의 문제」, 『개발공사와 토건국가』(홍성태 엮음), 파주 : 한울, pp.113-118 참고. 이밖에 「水資源공사 "환경 무시"」, 『東亞日報』, 1991.9.18. ; 「始華담수호 廢水오염 우려」, 『경인일보』, 1993.11.5. ; 「水資公 '물 관리 능력 "의문"」, 『중도일보』, 1994.10.4. ; 「시화호 환경평가 엉터리」, 『한겨레』, 1995.3.26. ; 「시화하수처리장 부실시공」, 『중앙일보』, 1996.7.26. ; 「시화하수처리장 오수 '숭숭'」, 『한겨레』, 1996.7.30 등 참고.

하게 활동했다.44) 차기 정부는 시화호 대책에 대한 실효성 있는 답을 제시해야 하는 상황에 놓였다.

3. 2000년대 이후, 생명이 돌아오지만 계속 개발되는 시화호

3.1. 시화호 일대의 환경 개선

1996년 7월 환경부와 건설교통부, 농림부, 수공, 농진공 및 지자체로 구성된 시화호 수질개선대책회의를 통해 정부는 시화호 인근에 하수처리장 세 곳을 설치하고, 차집관거와 배수로 건설 등 2001년까지 총 4,993억 원을 투입하는 계획을 발표했다.45) 이 대책은 시화호 오염 방지를 위해 필요한 것이었으나, 완공까지 적어도 4~5년의 기간이 필요하다는 점에서 당장의 수질 개선에는 도움이 되지 않는 것이었다. 이후 김대중 정부가 들어선 뒤 정부는 1998년 11월 변경대책안을 발표했다. 변경안의 골자는 지속적인 해수 유통을 통한 시화호의 해수호로의 전환, 농업용수 공급 및 담수화 계획 포기 등이었다. 해수호로의 전환은 2000년 4월 농림부가 농업용수를 시화호가 아닌 탄도호 및 우정호에서 조달하겠다는 계획을 정하고 건설교통부가 담수화 불필요성에 동의하면서 급물살을 탔다. 결국 같은 해 12월 환경부가 해수호 확정에 따른 수질 개선 변경대책을 관계 기관에 통보하면서 내부 방침이 확정되었다. 이듬해 2월 정부는 시화호를 해수호로 전환하고 수질개선대책을 조정하겠다고 공표하면서 시화호의

---

44) 시화호 살리기 안산·시흥·화성 범시민대책회의(1997), 「'97대선후보 시화호정책 대안수립을 위한 시화호 살리기 시민공청회」(1997.10.24.) 참고.
45) 「시화湖 하수처리장 99년까지 3곳 건설」, 『동아일보』, 1996.7.6. ; 「오염 시화湖 어떤 해결책 있나, 인공연못 자연정화 바람직」, 『중앙일보』, 1996.7.8 참고.

담수화는 공식적으로 폐기되었다. 정부가 시화호 개발의 실패를 인정한 셈이었다.

이와 함께 화성 송산면 고정리 일대에서 발견된 공룡알 화석지는 시화호 보전 활동과 환경 개선 노력에 중요한 계기가 되었다. 1998년 7월 환경운동가 최종인[46]이 고정리에서 공룡알 화석을 발견한 뒤 고생물학자 이융남 박사, 한국해양연구소 등과 함께 1999년 6월 기자회견을 열어 그 존재가 세상에 알려졌다. 이후 조사를 통해 시화호 남쪽 간척지에서 300여 개 이상의 공룡알 화석과 둥지 화석이 발견되었다.[47] 방조제가 완공된 뒤 물이 빠지면서 이전에는 바다에 잠겨 있던 백악기 퇴적층이 수면 위로 드러나자 공룡알 화석도 발견될 수 있었다.

2000년 3월 공룡알 화석이 분포한 지역 15.9km^2(약 480만 평)가 천연기념물 제414호로 지정되었다. 이는 시화호 일대의 환경보전에 대한 인식 전환에 기여했다. 수질오염 중심의 문제의식에서 시화호 유역 전체로의 환경보전 활동으로 보전의 공간이 확장된 것이다. 광범위한 지역이 천연기념물이 되고 관광자원으로의 발전 가능성이 점쳐지면서, 시화호에 대한 부정적 이미지가 일정하게 탈각되고, 이 지역의 자연사적·사회문화적 가치가 커졌다. 위로부터의 무차별적 개발이 갖는 문제를 다시금 상기하면서 사업 전반에 대한 궤도를 수정할 기회를 얻은 것이다.[48] 현재도 이 지역은 천연기념물로서 개발이 제한되는 구역으로 보호되고 있다.

---

[46] 1954년생. 시화호 구석구석을 누비며 갯벌생태계 보전과 오염 방지, 기록 활동을 해온 환경운동가. 시화호 담수화 철회 시위를 주도했고, '희망을 주는 시화호 만들기 시민연대회의'와 안산환경운동연합의 공동대표를 역임했다.

[47] 이융남 외(2000), 「경기도 시화호 남측 간척지 공룡알과 둥지화석의 기초연구」, 『고생물학회지』 16-1, 한국고생물학회 ; 이현구(2009), 『백로야, 고라니야 내가 지켜줄게』, 파주 : 푸른나무, pp.122-140. 최종인이 화석을 처음 발견한 것은 1998년 7월로 보이며(이현구(2009), p.122), 공룡알 화석으로 확정한 시점은 이후 전문가와 함께 조사한 1999년 4월로 볼 수 있다(이융남 외(2000), p.27).

[48] 안산시사편찬위원회(2011), p.416.

잠자던 백악기의 공룡이 인간을 일으켜 세웠다.

시화호의 해수호 전환 이후 정부는 시화호 남북측 간척지 개발과 함께 조력발전소 건설, 해양자연사박물관 건립, 항만물류기지 건설 등으로 개발계획을 수정 변경했다. 이 과정에서 영흥도 화력발전소 송전선로사업고시(산업자원부, 2001.2), 시화지구 1단계 확장단지(북측 시화멀티테크노밸리) 개발고시(산업자원부, 2001.2), 시화호 특별관리해역 종합관리계획 수립(해양수산부, 2001.8), 시화지역 지속가능한 이용계획보고서 완료(경기도, 2002.4), 조력발전사업 심의·확정(해양수산부, 2002.12), 시화지구 종합계획안 마련(건설교통부, 2003.12) 등이 이뤄졌다. 이러한 일련의 계획은 수질오염 개선에 주력하면서도 또 다른 확장된 형태의 개발이 등장한 것이라 할 수 있다. 계획 추진 과정에서 여전히 지역사회와 주민의 요구는 제대로 반영되지 않았다. 또한, 1990년대 후반 이래로 시화지구 일대에 심해지던 악취 문제가 2002년에 다시 불거지면서 주민들은 시화지구 개발 전반에 의문부호를 던졌다. 이러한 분위기 속에서 여전히 일방향적인 개발계획에 대하여 시흥환경운동연합 등 시흥과 안산, 화성지역의 시민·환경단체는 부실한 환경영향평가와 정책 실정 등을 거론하며 강력하게 반대 투쟁을 벌였다.[49]

시화호 수질 변화를 살펴보자. 화학적 산소요구량(COD) 수치가 담수호 이전인 1989년에 1.8ppm에서 물막이공사 완료 후 1995년 9.5ppm, 1997년 15.6ppm으로 치솟았다가, 해수화가 진행된 1998년 이후 감소한 뒤 2010년대 이후에는 대체로 2~3ppm 수준으로 낮아졌다. 수질오염의 면모만 놓고 보면, 해수 유통으로 인하여 수질이 개선되고, 대규모 습지 조성 등 개선조치가 이어지면서 시화호에는 다시 생명체가 깃들기 시작했다. 특히 2011년 11월 이후 시화호 조력발전소가 완공되어 본격적으로 가동된 이후

---

49) 안산시사편찬위원회(2011), pp.412-421 참고.

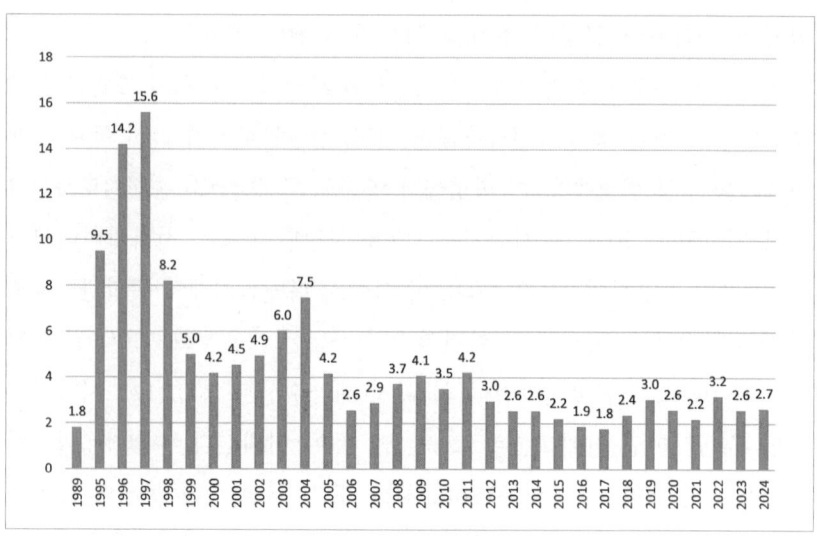

〈그림 3〉 시화호의 수질 변화 [단위 : COD, mg/L(ppm)]
출처 : 1989~1996년은 박보식(2004), p.87 ; 해양수산부(2001), 『환경관리해역 시범해역관리 시행계획 수립연구 : 시범해역 해양환경관리방안』, 서울 : 해양수산부, p.15. 1997년 이후는 지표누리 e-나라지표 "특별관리해역 수질(COD)현황"에서 추출. 소수점 첫째 자리에서 반올림.

부터는 시화호의 1일 해수 유통량이 종전의 3천만 톤에서 1억 5천만 톤으로 증가했고, 수질이 담수호 이전에는 못 미치더라도 안정화하는 국면으로 접어들었다. 조력발전소 가동으로 갯벌 면적도 확대되어 종전 5.6㎢에서 16.9㎢로 확대되었다.50)

담수호 계획이 백지화한 직후인 2001년 2월에는 예년에 보지 못한 재두루미가 찾아왔다.51) 시화호 지역에서 한동안 안 보이던 멸종위기종 저어새는 2002년에 모습을 드러냈고, 마찬가지로 멸종위기종인 황새는 시화호에서는 1996년 이후 8년 만인 2004년에 나타났다.52) 천연기념물로 지정된

---

50) 해양수산부·환경부(2019), 『4단계 시화호 종합관리계획(2019년~2023년)』, 세종 : 해양수산부, p.15. 그러나 1910년대 갯벌 추정 면적 165㎢에 비하면 현재 갯벌 면적은 약 20.3㎢에 불과한 수준이다. 해수 유통이 되고 있지만 수위가 제한적으로 조절되기 때문이다. 김경태·이민형·이재성(2020), pp.122-123.
51) 김해창, 「〈습지와 새〉…시화호」, 『국제신문』, 2001.4.2.

큰고니, 노랑부리저어새, 노랑부리백로를 비롯해 한 해 수십만 마리의 새들이 찾아왔다. 호수 주변의 간석지에는 고라니와 삵, 너구리, 족제비, 산토끼 등 포유류가 발견되었다.[53] 예를 들어 2014년 3월에 환경부가 벌인 조류 동시 센서스 결과 시화호에서 관찰된 새가 64종을 보여, 전국 주요 철새도래지 76곳 가운데 세 번째로 많을 정도로 시화호는 다시 철새들이 찾는 서식지가 되었다.

악취가 진동하던 시화호 상류는 2005년 말 수질 정화용 인공습지인 갈대습지공원이 조성된 뒤, 뿔논병아리·해오라기 등 많은 새가 둥지를 틀고 먹이를 찾는 곳으로 자리를 잡아갔다.[54] 이곳에는 2010년대 들어 멸종위기종 수달이 서식하기 시작했다. 안산에서 수달이 목격된 것은 1990년 무렵으로 반월저수지 인근에서 발견된 뒤 반월천과 연결된 지천 등이 오염되면서 자취를 감췄는데, 2008년 9월 안산천에서 목격된 이래 2013년 겨울 갈대습지공원에서 수달 네 마리가 서식하고 있는 모습이 포착됐다. 습지공원에 어류와 게 등 수달의 먹이가 될 생물이 서식하고, 사람들로부터 상대적으로 보호받을 공간이 조성되어 수달도 보금자리를 만들 수 있었던 것으로 보인다.[55]

반월·시화공단 지역의 악취 및 대기오염 문제에 대해서는 2000년대 이후 환경부와 지자체의 여러 대책이 시행되었다. 먼저 공단 지역의 대기오염과 악취에 대한 단속·감시활동이 꾸준히 이어졌다. 2000년 12월 환경부 산하 경인지방환경청은 안산출장소장을 반장으로 하여 경기도와 시흥시, 안산시 공무원으로 구성되는 '시화·반월 대기특별대책반'을 조직했다.

---

52) 「시화호, 저어새 서식지 정착」, 『경기신문』, 2004.8.9. ; 「시화호에 황새가 돌아왔다」, 『한국일보』, 2004.12.18.
53) 「앵글속 세상 철새는 떠날 줄 모르고 텃새 되어 눌러사네」, 『국민일보』, 2013.7.18.
54) 「스무살 시화호 돌아보니 - '죽음의 호수'에서 생태계의 보고로 변신 중」, 『한겨레』, 2014.5.28.
55) 「안산 갈대 습지공원에 수달 서식」, 『경기일보』, 2017.12.5.

대책반은 시화·반월산업단지 내 폐기물처리시설과 오염배출시설에 대하여 상시 단속을 진행하고, 적발 업체 가운데 영세업소에는 기술을 지원하고 환경개선 자금 지원을 통해 시설 개선을 유도하는 활동을 벌였다. 그러나 경기도와 안산시, 시흥시에 단속 권한이 주어지지 않아 실효성에 문제가 제기되기도 하였다.56)

민간에서도 환경감시단을 꾸려 대기오염과 악취 발생을 단속하는 활동을 벌였다. 1999년 7월 시흥 주민들이 악취 발생을 막기 위해 민간환경감시단을 조직했는데, 공단 내 환경오염행위에 대한 감시활동을 전개했다. 2004년 7월에는 시화지구 지속가능발전협의회가 주도해 시흥시와 안산시 주민 각 10명이 참여하여 시화·반월공단 내 대기 배출업체를 직접 방문하고 악취 실태를 전수조사했다. 주민이 포함된 조사팀이 공단 업소를 직접 방문해 현장 조사하는 것은 이때가 처음이었다. 2005년 4월에는 시화공단 내 업체 관계자들과 위 시흥의 민간환경감시단, 공무원이 참여하는 악취제로합동순찰대가 꾸려져 순찰·감시활동이 진행되기도 하였다.57)

2002년 10월에는 시흥시 환경관리센터에 종합상황실이 설치되어 24시간 대기오염을 측정·감시하는 자동측정망(DMC)을 운영하고 대기오염과 악취 측정 자료를 실시간으로 분석할 수 있는 시스템이 구축되었다. 시흥 관내 구역만 보면 정왕동과 시화공단, 대야동 3개 지점에 자동측정망이 설치되어 각종 오염 수치가 현장에서 실시간으로 전광판을 통해 인근 주민들이 확인할 수 있도록 하였다.58)

---

56) 「시화·반월지역 '대기특별대책반' 구성」, 『중부일보』, 2000.11.6. ; 「시화·반월공단 대기 개선대책 '헛바퀴'」, 『경인일보』, 2000.11.16. ; 「시화·반월지역 대기오염 특별대책반 가동」, 『서울경제』, 2000.12.5. ; 「[사설] 심각한 시화신도시 대기오염」, 『경인일보』, 2001.1.31.

57) 「반월공단 악취 실태 주민들이 직접 조사」, 『한겨레』, 2004.6.22. ; 「시흥시 '악취 제로화 정책' 속속 결실」, 『경기일보』, 2006.12.13.

58) 「시흥시 '악취 제로화 정책' 속속 결실」, 『경기일보』, 2006.12.13.

공단 지역 악취오염의 주범이라는 지적을 받던 소형 소각로도 차츰 폐쇄되었다. 반월·시화공단에 위치한 폐기물 소각업체에서 운영하던 소형 소각로가 1999년까지 665개 존재했는데, 경인지방환경청은 2004년까지 이들 소형 소각로를 모두 폐쇄하는 작업을 진행했다.[59]

경기도는 악취와 관련한 제도를 정비하여 개선에 노력했다. 2004년 2월 「악취방지법」이 제정되어 이듬해 2월부터 시행되었는데, 이 법률에 따라 특별시장과 광역시장, 도지사는 악취관리지역을 지정하고 그 지역 안의 사업장에 대하여 개선명령과 사용중지명령, 과징금 처분, 위법시설에 대한 폐쇄명령 등을 내릴 수 있게 되었다.[60] 이에 경기도에서는 2005년 5월 16일 반월 및 시화국가산업단지를 악취관리지역으로 지정, 고시하고, 대기오염물질 배출허용 기준치를 기존 공업지역의 절반으로 낮춰 강화하는 등 악취 관련 조례를 만들어 관리하게 되었다. 이로써 반월·시화공단의 악취 배출 사업장은 악취방지시설을 의무적으로 갖추어야 했다.[61] 또한 경기도는 2006년 4월 「경기도 악취방지시설 설치 및 개선 보조금 지원 조례」를 시행하여 관내 악취관리지역 사업장에 방지시설 설치/개선사업비를 보조하고, 그 사업을 시장·군수에 지도·감독하게 하도록 했다.[62]

시화·반월 산업단지 지역과 주거지역 사이에 악취 저감을 위하여 완충녹지도 확대되었다. 2006~2016년에 국비와 도비, 시비 포함 총사업비 142억 1,300만 원을 들여 시흥 정왕동 중앙 완충녹지와 안산 초지동 의료시설 부지 등에 수목 약 70만 그루를 심었다.[63]

---

59) 「시화·반월 소각로 5개 올해 안 폐쇄」, 『한겨레』, 2004.4.10. ; 「악취유발 업체 반월공단 입주제한」, 『경인일보』, 2004.5.14.
60) 국가법령정보센터, 「악취방지법」, 국가법령정보센터 웹페이지, 2025.1.10. https://www.law.go.kr/LSW/main.html
61) 「도내 4곳 내달 '악취관리지역' 지정」, 『경인일보』, 2005.2.3. ; 「반월 등 4개 공단 악취지역 지정 입주기업 악취방지시설 의무화」, 『서울신문』, 2005.5.17.
62) 국가법령정보센터, 「경기도 악취방지시설 설치 및 개선 보조금 지원 조례」, 국가법령정보센터 웹페이지, 2025.1.10. https://www.law.go.kr/LSW/main.html

여러 시책의 결과 2000년대 중반 이후 시화·반월공단 지역에서의 대기오염과 악취 문제는 개선되어 가는 흐름을 보였다. 반월·시화공단에서 악취발생 민원 건수는 2006년 752건에서 2010년 389건으로 40% 이상 감소했다.[64] 안산시의 경우, 안산 관내에서 접수된 악취 민원 건수는 2006년 409건에서 2019년 94건으로 약 77% 줄었다. 또한 무색 유독기체로 악취를 유발하는 황화수소(H_2S)는 반월국가산업단지(안산스마트허브) 인근에서 측정된 농도가 2006년 0.141ppb에서 2019년 0.033ppb로 줄어들었다.[65] 안산스마트허브에 대한 또 다른 통계에서는 미세먼지(PM10) 농도가 2015년 60$\mu g/m^3$에서 2020년 47$\mu g/m^3$로, 같은 기간 초미세먼지(PM2.5) 농도는 32$\mu g/m^3$에서 20$\mu g/m^3$로 감소했다. 황화수소의 농도도 크게 줄어서, 안산 초지동과 원곡동 각각에 위치한 측정소 결과는 초지동의 경우 2015년 0.081ppb에서 2020년 0.013ppb로, 원곡동은 0.318ppb에서 0.014ppb로 각각 84.0%, 95.6% 감소했다. 이렇게 대기오염 및 악취물질의 감소를 보게 된 이유를 안산시는 시 환경정책 예산을 2015년 14억 원에서 2020년 109억 원으로 크게 늘리면서 산업단지 입주 전 환경컨설팅 교육과 간담회를 통해 오염을 사전 예방하고자 한 점, 악취 모델링 시스템 구축 등 과학적 모니터링, 소규모 사업장 노후 방지시설 교체 지원사업 확대 등에서 찾았다.[66]

그러나 악취 문제가 완전히 해소된 것은 아니다. 2018년 인천 송도국제

---

63) 시흥시(2016), 『2016 시흥환경백서』, 시흥 : 시흥시, p.222 ; 경기도(2017), 『환경백서 2017』, 수원 : 경기도, p.105. 그러나 시흥시가 의뢰한 경주대의 2016년 연구용역 보고서에서 완충녹지대의 오염물질 차단 효과가 미흡하다는 점이 지적되었다. 보고서에서는 시흥스마트허브와 주거단지 이격 거리가 175m로 짧아 악취에 의한 민원이 발생하고 있다고 언급했다. 시흥시(2016), 『시흥시 환경보전종합계획(2016~2025)』, 시흥 : 시흥시청 환경정책과, pp.211-212.
64) 「경기 공단 '악취 끝 프로젝트' 확대」, 『서울신문』, 2011.2.23.
65) 「반월·시화공단 악취물질 크게 줄었다」, 『반월신문』, 2020.5.6.
66) 「안산 반월·시화산단, 환경오염물질 획기적 감소」, 『인천일보』, 2021.3.23.

도시에서 퍼진 악취 현상이 시흥의 시화공단에서 일부 발원한 것으로 지목되거나, 최근에도 시화·안산공단 노동자들과 인근 주민들은 공단발 악취에 불편함을 느끼고 있다.[67] 시화·반월 산업단지의 화학물질 배출량과 대기오염물질이 대기환경기준을 초과하는 경우가 계속 발생하고 있고, 지역주민의 기침 증상에서 암과 백혈병 발병률은 다른 지역에 비해 높은 편이라는 연구 결과도 발표되고 있다.[68] 지속적인 모니터링과 연구, 오염물질 배출의 감축을 계속 시도해야 함은 물론이다.

3.2. 계속 개발되는 시화호와 그 한계

앞서 살펴보았듯이 2001년 2월 정부는 시화호를 해수호로 전환하여 수질개선 대책을 시행하기로 선언했다. 해수호 전환은 밀어붙이기식 정부 개발사업의 실패를 의미했지만, 개발의 중단이 아니라 또 다른 대규모 개발을 예고하는 방식으로 이어졌다. 해수호 전환 이후에도 정부는 시화호 내외해 및 간척지 활용을 적극적으로 추진했다.

2001년 8월 건설교통부는 시화지구 1단계 확장단지 개발을 고시했다. 이는 시화멀티테크노밸리(시화MTV) 개발계획으로, 수공이 시행 주체가 되었다. 사업에는 수도권에 첨단산업용지를 공급하고, 시화지구 환경을 개선하면서 첨단복합도시를 개발하겠다는 목적이 담겨 있었다. 이전부터 진행된 시화호 수질개선사업을 통해 안정적으로 수질을 확보하면서 첨단·벤처기업에 입지공간을 제공하겠다는 계획이었다. 남쪽 간척지에도 건설

---

[67] 「인천 송도 악취…일부는 시화공단에서 흘러온 듯」, 『연합뉴스』, 2018.11.2. ; 「"악취 나서 못 살겠다" 대기·하수 오염에 신음하는 시흥시민」, 『인더뉴스』, 2020.7.22. ; 「시화공단·안산공단 유해가스 배출 의혹이 점차 커져가고 있다」, 『한국소통저널』, 2024.6.4 등 참조.

[68] 충북대학교(2021), 『국가산단지역 주민 환경오염 노출 및 건강영향조사(3단계)-경기·충청(Ⅳ)』, 인천 : 국립환경과학원 참고.

교통부와 한국수자원공사에 의한 송산그린시티 개발사업이 추진되었다. 1998년 11월 시화호 남쪽 간석지에 대한 반월특수지역 확대 지정 고시가 있었고, 남측 간석지 일대를 관광·레저·생태기능을 발휘하는 국민 여가 공간으로 제공하겠다는 계획이었다.[69] 또한, 농업기반공사(현 한국농어촌공사)는 2001년 송산그린시티 왼쪽 간척지 대송단지를 대규모 간척농지로 조성하려는 계획을 발표했다. 이러한 계획은 정부 용역을 받아 2003년 12월 국토연구원과 농촌경제원, 해양수산개발원 등 6개 연구기관이 '시화지구 장기종합계획'을 발표하면서 구체화했다.[70]

그러나 시화지구에 대한 추가 개발계획이 발표되자 지역 주민과 환경단체의 반발이 이어졌다. 시화·반월공단에서 배출하는 오염물질이 존재하는 와중에 다시 시화MTV와 같은 대규모 공단이 들어서면 환경 피해가 더 심해질 것이라는 논리에서 반대한 것이다. 시흥환경운동연합과 같은 환경단체는 첨단업종이라도 공장이 가동되면 환경오염 물질이 배출될 수밖에 없고, 분양이 안 되면 용도변경으로 공해 유발 업종이 들어올 수도 있다며 우려했다.[71] 안산시는 2003년 8월 환경부에 시화MTV 개발에 대한 환경영향평가 협의를 거부하면서, 반월·시화공단의 오염 문제를 해결한 뒤 다시 개발을 논의하자는 의견을 제출했다.[72]

특히 시흥과 안산, 화성지역 9개 시민단체로 구성된 '희망을 주는 시화호 만들기 시민연대회의'(이하 연대회의)는 성명을 발표해 정부의 새로운 시화지구 개발계획안이 "과거 담수호 정책 실패의 과오를 답습"하고, "시화

---

[69] 한국수자원공사(2012), 『K-water 업무편람』, 대전 : 한국수자원공사, pp.231-234 참고.
[70] 국토연구원 외(2003), 「시화지구 장기종합계획(안) 공청회 자료」, 국토연구원(국회도서관 제공 자료).
[71] 「시화호 간석지 공단 조성 논란」, 『동아일보』, 2003.4.6. ; 「메트로 현장] 멀티테크 노밸리 건설 논란」, 『한국일보』, 2003.4.18.
[72] 「[메트로 쟁점] 시화호 북측 간석지 공단 조성」, 『동아일보』, 2003.9.24.

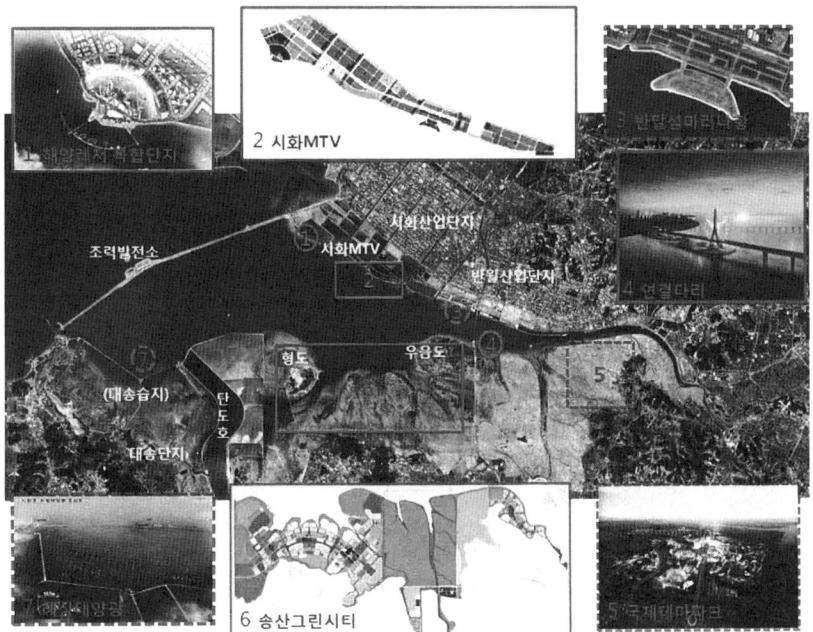

〈그림 4〉 시화호 주요 개발 구역 및 이용계획
출처 : 해양수산부·환경부(2019), 『4단계 시화호 종합관리계획(2019~2023년)』, 세종 : 해양수산부, p.40, 〈그림 3-22〉.
비고 : 점선으로 돼 있는 3, 5, 7번은 2024년 말 현재 미확정인 계획.

호와 주변 지역을 또 다시 파괴하는 졸속계획"이라고 비판했다. 또한 이들은 환경부 산하 한국환경정책평가연구원이 시화호 북쪽 간석지 매립 사업으로 해양환경 파괴와 철새서식지 훼손, 대기오염 악화 우려가 있다는 용역 결과를 내놓은 점을 언급하기도 하였다.[73] '연대회의' 임병준 사무국장은 "시화호 계획 실패의 책임을 인정한 적이 없는 정부가 또다시 환경파괴 계획을 내놓았다"며, 북쪽 개펄 개발은 취소하되 남쪽은 해안선에서 폭 500m~1㎞ 정도의 띠 모양으로 보호구역을 지정하고, 그 바깥을 환경친화적으로 개발하자는 의견을 제시했다. 또한, 개발의 최대 피해자인 어민

---

[73] 「시민단체 "시화지구 개발案 졸속"」, 『경향신문』, 2003.12.15. ; 시흥시사편찬위원회(2007), p.639.

들이 개발계획 과정에 참여해야 한다는 제안도 나왔다.[74]

비판 여론이 높아지자 정부는 '장기종합계획'안에 대한 여론 수렴을 위하여 민관협의기구를 출범시켰다. 그 결과 2004년 1월 건설교통부 관계 공무원과 지자체 공무원, 안산·시흥·화성시의원, 북측 개발 반대운동을 주도하던 시흥환경운동연합, 연대회의 소속 단체와 관련 전문가가 참여하는 '시화지구 지속가능발전협의회'가 설립되었다. 이 협의회는 환경 문제와 지역 현안 해결을 위하여 한국에서는 최초로 정부와 지자체, 시민단체, 시의원, 학계 전문가로 구성된 기구였다. 협의회는 시화MTV의 개발 면적을 축소하고 녹지공간을 확대한 점, 시화MTV에 오염 유발 업종의 입지를 억제한 점, 송산그린시티 개발을 일자형 해변이 아닌 호안을 유지하는 형태로 변경한 점, 예상 개발 이익금 4천여억 원을 시화지구 환경개선자금으로 활용하는 데 합의한 점 등 성과를 거두었다. 그러나 개발보다 환경보전에 중점을 두었던 일부 단체가 탈퇴하면서 주민과 시민사회의 여론 전반을 대변하는 데 한계를 보였고, 시화호 개발 초기 어민 등 원주민 생계유지 대책 마련에는 미흡했다는 평가를 받고 있다.[75]

시화지구 확장 개발 과정에서 여러 문제가 제기되었다. 먼저 수공은 제대로 공사비를 산정하지 않은 채 개발사업을 추진했다. 2009년 4월 감사원은 2008년 11월에 진행한 '반월특수지역 개발사업 추진실태' 감사 결과 두 가지 사항을 지적했다. 첫째, 시화호 홍수위 산정·관리의 부적합이

---

74) 「"시화호, 두 번 죽이지 마라" 10년 만에 또 대규모 개발사업」, 『한겨레』, 2004.1.7.
75) 시화지구 지속발전협의회에 대한 평가는 시화지역지속가능발전협의회(2007), 『시화지역지속가능발전협의회 활동평가 보고서(요약본)』, 서울 : (사)사회갈등연구소 ; 안산시사편찬위원회(2011), 『安山市史 6 현대 안산의 변화와 발전』, 안산 : 안산시사편찬위원회, pp.422-423 ; 문태훈·이재준(2012), 「시화지구개발에서 시화지속발전협의회의 역할에 대한 평가와 전망 : 환경문제 해결기구로서의 역할을 중심으로」, 『한국행정학보』 제46권 제3호, 한국행정학회 참조. 이밖에 시민사회 단체 사이의 입장 차이는 「시화호에 새 공단 착공…찬반 논란 가열」, 『한겨레』, 2007.8.16. ; 이현구(2009), pp.176-178 참고.

다. 2002년 확정한 조력발전소 건설 계획에 따라 시화호 홍수위에 영향을 주는 배수 능력이 좋아지고 홍수위가 낮아지리라 예상되었지만, 수공은 홍수위를 재산정하지 않아 시화MTV와 송산그린시티 개발사업의 공사비가 과다 소요될 우려가 있다는 것이다. 이에 감사원은 공사비 낭비를 막기 위해 홍수위를 재산정하여 개발계획을 변경할 것을 수공에 요청했다. 둘째, 시화호 오염퇴적물 준설사업 추진의 문제이다. 시화호 퇴적토가 환경오염에 미치는 영향과 오염 정도 등을 종합적으로 분석하지 않은 채 퇴적물 준설사업을 추진하면 사업비를 낭비할 우려가 있다는 지적이었다. 이에 감사원은 수공에 시화호 조력발전소 건설에 따른 수질개선 효과 등을 고려해 오염퇴적물 준설사업 추진을 재검토하라고 통보했다.[76]

다음으로 수공이 시화MTV와 송산그린시티 개발이익금을 선납하여 조성한 환경개선기금이 실효성 있게 집행되지 않았다. 수공은 2004년 환경개선특별대책 로드맵을 수립해 4,471억 원을 투입하기로 하고 대기환경 개선에 3,551억 원, 수질환경 개선에 920억 원을 배정했다. 그런데 이 로드맵은 전문기관의 용역 등을 통해 세밀하게 책정된 액수가 아니라는 주장이 있었다. 환경단체 '시화호 생명지킴이'에서는 수공이 환경개선기금을 크게 하는 만큼 시화MTV 개발 면적을 늘릴 수 있는 명분이 생긴 것이라며 비판하기도 했다.[77] 이것이 제대로 책정된 기금이라고 하더라도 산업단지 개발에 대비하여 환경개선 기금이 적절하게 쓰이지 않는 문제도 있었다. 예를 들어 2013년 말 시화MTV의 분양률은 계획 대비 80%를 웃돌고 있었지만, 환경개선기금 총 4,471억 원은 2013년 9월 말 기준 약 29%인 1,312억여 원 투입에 불과했다. 시화MTV에서의 오염물질이 배출되

---

[76] 감사원(2009), 『반월특수지역 개발사업 추진실태』(DA2011170), 감사원 ; 감사원(2009), 「감사결과 처분요구서 - 반월특수지역 개발사업 추진실태」, 감사원.
[77] 「시화MTV(첨단산업단지) 환경개선 로드맵 '빛 좋은 개살구'」, 『경인일보』, 2013.12.9.

는 만큼 환경개선 효과를 보지 못하고 있다는 지적이 '시화지구 지속가능 발전협의회' 관계자에게서도 제기될 정도였다.[78]

최근에도 이 기금은 제대로 활용되지 못하고 있다는 비판을 받고 있다. 수공은 기금 일부를 시화MTV 내 환경에너지센터 건립비에 사용하여, 2019년 1단계 설비를 준공했다. 센터는 시화MTV 단지 내 업체의 대기오염 방지시설에서 발생한 폐활성탄을 재생용 활성탄으로 만드는 시설인데, 2022년 감사원으로부터 사업수요에 대한 충분한 검토 없이 사업을 추진했고, 업체의 활성탄 공동재생사업에 대한 수요 부족이 예상되는 상황에서 사업 규모를 조정하지 않았다는 지적을 받았다.[79] 감사원 결과에 따르면 수공이 환경개선기금을 낭비한 것이 된다. 시흥시는 2012년 시흥그린센터 조성사업비 520억 원을 기금에서 지원받았는데, 이 중 246억 원을 시설매입비로 사용해 시흥시 자산으로 만들었다. 공익기금이 자치단체의 자산이 된 것이다. 또한, 기금 가운데 안산시 생태하천조성사업에 30억 원이 지출되었는데, 경관용 생태하천은 수질개선과 생태계 복원과 상관없어서 기금 사용 목적에 어긋난다는 지적을 받았다.[80]

시화호 남쪽 간척지대인 송산그린시티와 대송단지는 여러 이유로 개발이 지연되고 있다. 송산그린시티는 자금난 등으로 현재까지 사업 추진에 난항을 겪고 있다. 2008년 개발계획이 고시된 이래 2022년까지 국제테마파크와 마린리조트, 자동차 테마파크, 골프장 등을 건설할 예정이었으나, 현재 송산그린시티 동측지구의 주거단지 일부만 분양된 상태이며, 2030년까지로 전체 사업 기간이 연장되어 있다.[81] 특히 국제테마파크사업은

---

78) 「시화 환경개선 예산 투입 지연 '오염 가속화'」, 『경인일보』, 2013.12.19.
79) 감사원(2022), 「감사보고서 - 한국수자원공사 정기감사(2022.10)」, 감사원, pp.18-22 ; 「감사원, K-water 환경에너지센터⋯ '처음부터 충분한 검토 없이 사업 추진'」, 『경인미래신문』, 2023.2.16.
80) 「[사설] 공익기금 제멋대로 쓴 수자원공사와 지자체」, 『경인일보』, 2018.11.16.
81) 「오염된 퇴적토 위에 시화MTV 세워져⋯ '수질 악영향' 우려의 시선」, 『경기일보』,

이 사업의 핵심이라 할 수 있는데, 처음에 2007년 USKR PFV(롯데자산개발, 포스코건설 등)가 경기도, 화성시 등과 협약을 체결하고 아시아 최대 규모의 유니버설스튜디오코리아리조트(USKR)를 조성하고자 했으나, 여러 차례 무산된 끝에 좌절되었다. 현재는 신세계사가 파라마운트 픽처스사와 합작해 테마파크를 조성할 계획을 발표한 단계이다.

대송단지는 갯벌을 메워 농어촌공사에서 대규모 농경지로 바꾸려는 계획이 세워졌으나, 농업용수로 사용하려던 탄도호의 수질 악화와 제염 문제로 사업이 계속 연기되었다. 최근인 2024년 12월에는 정부가 '시화호 발전 전략 종합계획'을 수립하면서 대송지구를 송산그린시티와 통합 연계하는 방안을 마련하겠다는 방향 설정이 이뤄진 바 있었고, 안산시에서는 대송단지를 포함한 대부도 전체를 놓고 '5만 이상 자족도시 발전계획'을 상정하고 있다.[82] 인간의 개발이 더뎌지는 만큼 대송단지의 습지대에 저서생물과 새들이 보금자리를 마련하고 있어서, 이 구역을 생태 보호지역으로 지정하자는 의견도 꾸준히 제기되고 있다.[83] 향후 추이를 계속 지켜봐야 하는 상황이다.

4. 나가며 : 시화호가 개발을 거부할 수 있을까?

산을 깎고 바다를 메우는 거대한 이곳 우리 일터는 신공업도시 건설이란

2014.10.21. ; 한국수자원공사 송산그린시티 웹페이지, 한국수자원공사, 2025.1.10. https://www.kwater.or.kr/website/songsan.do
82) 김경태·이민형·이재성(2020), p.27 ; 「안산시, 대부동 미래 청사진 수립… 인구 5만 자족도시로 조성」, 『연합뉴스』, 2025.2.26 등 참고.
83) 최종인(2017), 「시화 대송단지 습지 보호지역 지정해야」, 『함께 사는 길』 292, 서울 : 환경운동연합 ; 「"과잉개발·생태계 훼손이 아닌, 지속가능한 안산시의 비전 필요"」, 『오마이뉴스』, 2019.7.16.

발전하는 조국의 상징입니다. 여기에 쏟는 젊음의 정열과 땀은 새 역사 창조의 밑거름이 될 것임을 자랑스럽게 생각합니다.

1977년 시흥 군자면 목내리의 반월공업도시 공사 현장에는 위와 같은 희망찬 문구가 게시되어 있었다.[84] 정열과 땀은 틀림없이 많은 사람들이 가난에서 벗어나 가족을 꾸리고 더 나은 삶을 꿈꾸게 만들었을 터이다. 다른 차원에서 바다를 막아 구불구불한 서해안을 직선으로 만들고 국토를 개조하려는 꿈은 1990년대 후반 시화호 수질오염과 생태계 파괴, 악취 문제를 겪으면서 희망에서 절망으로 바뀌었다. 2000년대 들어 시화호와 주변 생태계에 대한 오염 방지와 환경개선 활동이 이뤄지면서 절망은 다시 희망으로 돌아가고 있는 것이 아닐까 한다. 시화호 30주년을 맞아 2024년에 정부와 지자체, 한국수자원공사가 제시한 미래지향적인 청사진은 바로 그러한 새로운 희망을 보여준다.

반월공단·신도시 개발에서 시작한 시화지구 개발은 시화호가 상징하듯이 인간에 의하여 '제2의 자연'이 만들어졌다. 시화호 연안 생태계는 해수 유통이 활발해지지 않거나 하수 처리시설이 제대로 작동하지 않으면 언제든 오염되고 파괴될 수 있는 점에서 취약성을 갖고 있다. 이와 함께 '국토개조의 대역사'까지는 아니더라도 현재진행형인 시화MTV, 송산그린시티, 대송단지에서 보듯이, 시화호 연안의 갯벌과 해양생태계를 뒤바꿀 규모의 개발이 계속되고 있다. 우리는 시화호 생태 재앙의 과거를 얼마나 직시하고 있을까? 국가 주도, 자본 등 특정 세력이 중심이 된 개발독재는 많은 어민과 농민의 삶의 터전과 마을 문화를 파괴했고, 물고기, 새, 조개를 사라지게 했으며, 토취장으로 사용된 섬과 구릉을 지도 위에서 삭제시켰다. 이러한 역사를 반복하지 않으면서 목소리가 잘 들리지 않는 존재들과

---

84) 「工期 앞당기는 半月工團」, 『매일경제』, 1977.6.29.

함께하는 삶이 가능할까?

개발독재, '하이 모더니즘'의 양상은 현재도 모양을 바꾸어 진행되고 있다. 2024년 12월 무안공항에서의 제주항공 참사는 자연과 조화를 꾀하지 않은 채 진행된 인간 중심적이고 강압적인 개발의 끔찍한 결과물이라 할 수 있다. 이 참사를 계기로라도 현재 전국적으로 추진되고 있는 신공항 사업을 중단하거나 개발의 방향을 바꿀 수 없을까. 전국에 있는 공항의 적자가 계속 누적되고 있음에도 현 정부는 가덕도 신공항, 제주 제2공항, 새만금 신공항 등 10개의 추가 신공항 개발사업을 추진하고 있다. 새만금 신공항만 하더라도 근처의 군산공항을 이용할 수 있음에도, 생물다양성이 매우 풍부한 수라갯벌을 밀어내려 하고 있다. 이곳에 새 공항이 세워지면 무안공항보다 조류 충돌 위험이 610배나 된다는 연구 결과도 보도된 바 있지만,[85] 개발을 주도하는 이들은 수라갯벌에 사는 생명체는 돌아보지 않고 있다. 강압적인 개발 속에 인간을 포함한 여러 생명체는 터전을 잃고, 개발업자들은 이익을 추구한다.

다른 길이 있다. 무분별한 개발을 멈추고 인간과 비인간 사물이 함께 공존하는 시도가 전 세계적으로 일어나고 있다. 지난 10여 년 동안 자연 또는 특정 생태계, 특정 종을 자원이나 재산, 단순 보호대상이 아니라, 그 자체를 내재적 가치를 지닌 존재로 보거나 법적 호소력이 있는 법인격으로 인정하는 흐름이 이어지고 있다. 2008년 에콰도르는 새 헌법을 제정하면서 파차마마(Pachamama, 어머니 지구) 또는 자연을 권리 주체로 인정했다. 이 헌법에 따르면 자연 또는 파차마마는 "존재와 생명의 순환과 구조, 기능 및 진화 과정을 유지하고 재생을 존중받을 불가결한 권리"를 가지며, 자연환경이 침해될 때 자연 자체가 원상회복될 권리가 있다(제

---

85) 「"새만금신공항, 조류충돌 위험 무안공항의 최대 610배"」, 『오마이뉴스』, 2025.1.21. ; 「15개 공항이 있는데 10개 더? 공항 못 지어 죽은 귀신 붙었나」, 『프레시안』, 2015.1.25.

71~72조). 볼리비아는 2010년에 세계 최초로 자연에 권리를 주는 법률인 '어머니 지구의 권리에 관한 법률'을 통과시켰다. 파나마는 2022년에 '자연의 권리 법'을 공포해 "존재하고 지속하며 생명 순환을 재생할 권리"를 가진 주체로서 자연을 규정했다(제1, 10조). 뉴질랜드에서는 2014년 테우레웨라 지역에 대하여 테우레웨라법을 제정해 이 지역을 뉴질랜드의 토지도 국립공원도 아닌, 그 자체 법인으로 지정했다. 스페인은 2022년에 마르메노르 전체 해양 석호 생태계가 법인격을 가진다고 선언한 마르메노르법을 제정했다. 또한, 파나마에서는 2023년 '바다거북과 그 서식지의 보전·보호에 관한 법률'을 제정하여 바다거북의 권리주체성을 인정했다. 한국에서도 이러한 운동이 진행되고 있다. 제주 연안에 사는 남방큰돌고래를 '생태법인'으로 인정하여, 포획에 대하여 긴급 구제를 신청하거나, 인간의 관광과 개발에 대한 서식지 훼손에 제동을 거는 등 법적 권리를 인정하고자 하는 시도이다.[86]

시화호에, 시화호 연안에 법인격을 부여하거나 그곳 생명의 목소리를 키워 시화호, 시화호에 있는 생명체, 파헤쳐진 섬이 개발을 거부하는 날이 올 수 있을까? 간척사업으로 다른 지역에서는 사라진 가리맛, 흰발농게, 밤콩게와 같은 친구들이 시화호에서 발견되고 있다. 그러나 이들은 대송지구, 송산그린시티 개발 추이에 따라 언제든지 서식지를 잃고 사라질 수 있다. 2020년대 들어 시화호의 수질은 더 이상 개선되고 있지 못하며, 연안 갯벌의 생물다양성은 정체 상태에 머물러 있다.[87] 시화호의 생명체는 인간이 만든 지도 위에서는 잘 보이지 않지만, 현장에 가면 인간의 숫자만큼이나 많은 수를 이루며 살고 있음을 알 수 있다. 이들을 우리와

---

[86] 박태현(2023), 「제주 남방큰돌고래는 법인격을 가질 수 없는가」, 지구법학회 지음, 『지구법학』, 서울 : 문학과지성사, pp. 403-420.

[87] 한국해양과학기술원(2022), 『시화호 해양환경 개선 연구』, 세종 : 해양수산부, pp. 83-113.

동등하고 같이 살아갈 주체로 인식한다면, 그들이 무분별한 개발을 거부하고 자신들의 권리를 요구하면서 우리 인간의 권리를 따져 가며 공존하는 길이 불가능하지는 않을 것이다.

참고문헌

【자료】

감사원(2022), 「감사보고서 - 한국수자원공사 정기감사(2022.10)」, 감사원.
감사원(2009), 『반월특수지역 개발사업 추진실태』(DA2011170), 감사원.
감사원(2009), 「감사결과 처분요구서 - 반월특수지역 개발사업 추진실태」, 감사원.
건설교통부(1996), 『1996 시화 담수호 수질오염 관련 수공감사관계철(1)』(DA0757476), 1996.
건설부(1986), 『반월 특수지역 기본계획』(DA1264932), 건설부.
産業基地開發公社·農業振興公社(1987), 『始華地區干拓地綜合開發事業 環境影響評價書』, 産業基地開發公社·農業振興公社.
시화지역지속가능발전협의회(2007), 『시화지역지속가능발전협의회 활동평가 보고서(요약본)』, 서울 : (사)사회갈등연구소.
시흥시(2016), 『시흥시 환경보전종합계획(2016~2025)』, 시흥 : 시흥시청 환경정책과.
시흥시(2016), 『2016 시흥환경백서』, 시흥 : 시흥시.
충북대학교(2021), 『국가산단지역 주민 환경오염 노출 및 건강영향조사(3단계) - 경기·충청(Ⅳ)』, 인천 : 국립환경과학원.
해양수산부·환경부(2019), 『4단계 시화호 종합관리계획(2019년~2023년)』, 세종 : 해양수산부.
환경운동연합·(사)시민환경연구소(1996), 「['바다의 날' 기념 대토론회 자료집] 시화호 오염, 해결방안은 무엇인가?」(1996.5.31.).

국가법령정보센터 https://www.law.go.kr/LSW/main.html
네이버 뉴스라이브러리 https://newslibrary.naver.com/search/searchByDate.naver
빅카인즈 https://www.bigkinds.or.kr/
Google Earth https://www.google.com/earth/

【논저】

경기도(2017), 『환경백서 2017』, 수원 : 경기도.
국토연구원 외(2003), 「시화지구 장기종합계획(안) 공청회 자료」, 국토연구원(국회도서관 제공 자료).
김경태·이민형·이재성(2020), 『시화호, 새살이 돋다』, 서울 : 지성사.

문태훈·이재준(2012), 「시화지구개발에서 시화지속발전협의회의 역할에 대한 평가와 전망 : 환경문제 해결기구로서의 역할을 중심으로」, 『한국행정학보』 제46권 제3호, 한국행정학회.
박보식(2004), 『政策變動과 거버넌스의 변화 - 시화호 開發事業을 중심으로』, 국민대학교 행정학과 박사학위논문.
박태현(2023), 「제주 남방큰돌고래는 법인격을 가질 수 없는가」, 지구법학회 지음, 『지구법학』, 서울 : 문학과지성사.
서재철(2005), 「제4장 고속도로의 지속가능성과 한국도로공사의 문제」, 『개발공사와 토건국가』(홍성태 엮음), 파주 : 한울.
시흥시사편찬위원회(2007a), 『始興市史 1 시흥의 환경과 문화유산』, 시흥 : 시흥시사편찬위원회.
시흥시사편찬위원회(2007b), 『始興市史 3 시흥의 근현대』, 시흥 : 시흥시사편찬위원회.
시흥시사편찬위원회(2007c), 『始興市史 4 시흥시의 출범과 성장』, 시흥 : 시흥시사편찬위원회.
시흥시사편찬위원회(2007d), 『始興市史 7 시화공단과 노동자들』, 시흥 : 시흥시사편찬위원회.
안산시사편찬위원회(2011), 『安山市史 6 현대 안산의 변화와 발전』, 안산 : 안산시사편찬위원회.
양선아(2024), 『간척』, 서울 : 해남.
요한 록스트룀·오웬 가프니(2022), 전병옥 옮김, 『브레이킹 바운더리스』, 서울 : 사이언스북스.
이미홍(2005), 「제3장 물관리 공기업의 역할 : 한국수자원공사의 평가와 과제」, 『개발공사와 토건국가』(홍성태 엮음), 파주 : 한울.
이민형·김경태·남예진(2018), 『시화호 : 과거, 현재 그리고 미래』, 부산 : 한국해양과학기술원.
이융남·정갑식·장순근·최문영·최종인(2000), 「경기도 시화호 남측 간척지 공룡알과 둥지화석의 기초연구」, 『고생물학회지』 16-1, 한국고생물학회.
이현구(2009), 『백로야, 고라니야 내가 지켜줄게』, 파주 : 푸른나무.
이혜경(2012), 「시화호 간척개발사업과 환경관리정책의 변화」, 『환경법과 정책』 9, 강원대학교 비교법학연구소.
임광순(2024), 『박정희 정권기 인구분산정책의 추진과 성격』, 고려대학교 역사학과 박사학위논문.
제임스 C. 스콧(2010), 전상인 옮김, 『국가처럼 보기』, 서울 : 에코리브르.
최종인(2017), 「시화 대송단지 습지 보호지역 지정해야」, 『함께 사는 길』 292, 서울 : 환경운동연합.
한경구·박순영·주종택·홍성흡(1998), 『시화호 사람들은 어떻게 되었을까』, 서울 : 솔.

한국수자원공사(2012), 『K-water 업무편람』, 대전 : 한국수자원공사.
한국수자원공사(2005), 『어제의 시화호를 오늘의 레만호로』, 서울 : 한국수자원공사.
한국해양과학기술원(2022), 『시화호 해양환경 개선 연구』, 세종 : 해양수산부.
홍성태 엮음(2005), 『개발공사와 토건국가』, 파주 : 한울.
화성시사편찬위원회(2018), 『화성시사 4 연해지역의 간척과 주민 생활의 변화』, 화성 : 화성시.
화성시사편찬위원회(2018), 『화성시사 5 어업과 염업의 변화』, 화성 : 화성시.

논문 출전 | 게재순

저자	제목	원 논문제목	게재지 발표년도	비고
정요근	역사 지리적 관점에서 본 시흥시의 과거와 현재			새 원고
정승화	조선 후기 경기 지역의 재정운영과 시흥	조선후기 경기 지역의 재정운영과 시흥	『규장각』 63, 2023	수정 보완
김한빛	1910년대 초반 시흥 지역 간척지 소유 양상	1910년대 초반 석장둔 인근 간척지 소유 양상	『인문논총』 81(3), 2024	수정 보완
김혜원	19세기 말 시흥 지역 개신교 전래 과정 연구	19세기 말 시흥지역 개신교 전래 과정 연구	『인문논총』 81(3), 2024	수정 보완
이원식	1914년 경기도 군·면 통폐합 논의와 계획 수립 : 시흥군 및 소재 면의 사례를 중심으로	1914년 경기도 군·면 통폐합 논의와 계획 수립 : 시흥군 및 소재 면의 사례를 중심으로	『인문논총』 81(3), 2024	수정 보완
박정민	1920~30년대 후반 소래 지역의 성쇠와 지역사회의 대응	1920~30년대 후반 소래 지역의 성쇠와 지역사회의 대응	『인문논총』 81(3), 2024	수정 보완
박지현	광복을 맞이한 군자·소래염전과 소금 이야기	1945~1948년 미군정의 소금 수급정책과 군자·소래염전	『인문논총』 82(1), 2025	수정 보완
윤성민	유엔한국재건단(UNKRA)의 광업 원조 : '시흥흑연광산' 원조 사업을 중심으로	유엔한국재건단(UNKRA)의 광업 원조 : '시흥흑연광산' 원조 사업을 중심으로	『인문논총』 82(1), 2025	수정 보완
고태우	어디까지 개발해야 할까? : 시화호 30년, 오염과 개선의 이중주	어디까지 개발해야 할까? : 시화호 30년, 오염과 개선의 이중주	『인문논총』 82(1), 2025	수정 보완

필자 소개 (가나다순)

고태우 | 서울대학교 국사학과 부교수
김한빛 | 서울대학교 역사학부 강사 겸 국사학과 박사수료
김혜원 | 서울대학교 역사학부 강사 겸 국사학과 박사수료
박정민 | 서울대학교 역사학부 강사 겸 국사학과 박사수료
박지현 | 서울대학교 역사학부 강사 겸 국사학과 박사수료
윤성민 | 서울대학교 역사학부 강사 겸 국사학과 박사수료
이동원 | 서울대학교 국사학과 부교수
이원식 | 서울대학교 국사학과 박사수료
정승화 | 서울대학교 역사학부 강사 겸 국사학과 박사수료
정요근 | 서울대학교 국사학과 교수

서울대학교 국사학과 BK21 교육연구단 총서 02
시흥학 총서 02

시흥의 지역사회와 생태환경

이동원 외 지음

초판 1쇄 발행 2025년 6월 30일

펴낸이 오일주
펴낸곳 도서출판 혜안

등록번호 제22-471호
등록일자 1993년 7월 30일

주 소 ⓤ04052 서울시 마포구 와우산로35길3 (서교동) 102호
전 화 3141-3711~2
팩 스 3141-3710
이메일 hyeanpub@daum.net

ISBN 978-89-8494-753-5 93910

값 32,000원